纯电动汽车电动化系统
装调工艺

于志刚　著

天津大学出版社
TIANJIN UNIVERSITY PRESS

图书在版编目(CIP)数据

纯电动汽车电动化系统装调工艺 / 于志刚著. —天津：天津大学出版社，2020.11（2024.8 重印）
ISBN 978-7-5618-6831-7

Ⅰ.①纯… Ⅱ.①于… Ⅲ.①电动汽车－动力系统－装配（机械）－研究 Ⅳ.①U469.72

中国版本图书馆CIP数据核字(2020)第229778号

出版发行 天津大学出版社
地　　址 天津市卫津路92号天津大学内(邮编:300072)
电　　话 发行部:022-27403647
网　　址 www.tjupress.com.cn
印　　刷 北京盛通数码印刷有限公司
经　　销 全国各地新华书店
开　　本 185mm×260mm
印　　张 15.75
字　　数 393千
版　　次 2020年11月第1版
印　　次 2024年 8 月第2次
定　　价 48.00元

前　言

新能源汽车作为国家战略性新兴产业，对其进行发展已经是大势所趋。当前我国新能源汽车尚处于起步阶段，在技术领域缺乏系统阐述电动化系统装调工艺方面的书籍。

本书是由作者 2014 年以来主持电动汽车工厂规划、工艺开发、质量提升等工作实践的经验总结与提炼而成，分为基础工艺技术篇和实用工艺技术篇。本书以起步较早、广泛推广、相对成熟且搭载大规模应用的圆柱形三元锂电池的电动物流车为载体。基础工艺技术篇以纯电动汽车电动化系统基本结构原理开篇，深入浅出地阐述了纯电动汽车基础设施、特殊特性、高压安全防护及急救措施等。实用工艺技术篇紧密围绕纯电动汽车电动化系统总装工艺和电池 PACK 工艺，系统、全面地介绍了电动汽车调试技术以及自主质量保障等内容。

电动化系统是电动汽车的核心，本书紧密围绕电动化系统装调技术这一主线，紧贴重点产业体系及当下新能源汽车发展的热门，涵盖了必要的从业基础、典型的实用工艺技术以及实践探索出来的工艺技术参数，在一定程度上填补了当前电动汽车生产技术领域的空白，对新兴的新能源汽车制造行业技术从业人员、企业工艺和质量管理人员、高等院校及高职院校师生等具有较高的参考价值，可供行业、企业人员进行查阅和参考，也可供新能源汽车技术相关专业的高等院校师生进行装调工艺技术方面的学习。

由于作者水平有限，书中可能有疏漏之处，敬请同行专家和读者批评指正。

作者

2020 年 9 月

目　　录

第 1 篇　基础工艺技术

第 1 章　纯电动汽车动力构型、控制原理

1.1　纯电动汽车基本组成特点

电动汽车与燃油汽车类同，由车身、底盘、动力源、电器、内外饰等几大组件构成，电动汽车与传统燃油汽车的主要区别在于动力系统不同。

（1）传统燃油汽车动力系统主要由发动机、油箱、进排气系统等组成，动力是由燃油燃烧转化而来的。

（2）电动汽车动力系统主要由动力电池、驱动电机、电池和电机的电控系统组成，这三个系统也是纯电动汽车的核心部件，即常规所说的电动车“三电”——电池、电机、电控，如图 1.1.1 所示。电动汽车的动力源是由车载动力电池提供的，动力电池根据介质不同可以分为铅酸电池、锂离子电池、燃料电池等。

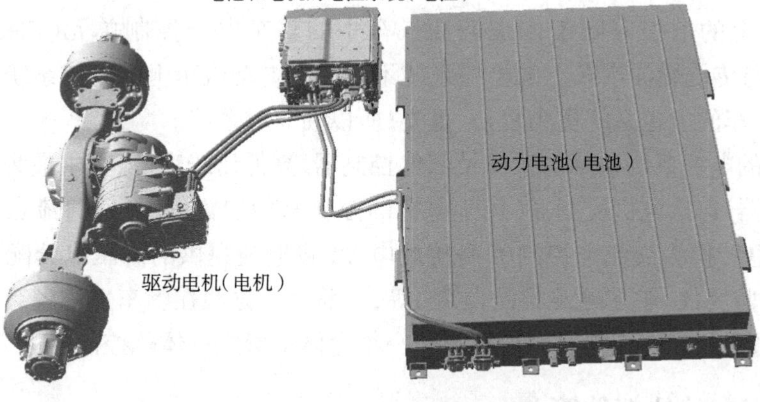

图 1.1.1　“三电”组成示意图

1.1.1　电动汽车核心部件简介

1. 电池

电池是由电芯、电池箱体、电池控制系统等组成的为整车提供动力来源的部件，根据电池内部化学介质的不同，电池可分为铅酸电池、锂离子电池、燃料电池等，随着科技的发展，多种形式的电池被发明、发现，像石墨电池、超级电容等。锂离子电池是目前纯电动汽车中最常使用的电池，具体电池形式及结构详见第 2 篇 2.1 电池 PACK 工艺介绍。

2. 电机

电动汽车上应用的电机（图 1.1.2）不同于普通民用电机，首先在电机制造质量和可靠性

方面要达到工业级水平，另外需要配置电机信号采集单元，与整车控制系统进行通信，以更好地控制电机并实现电能的高效利用以及电机空转时的能量回收。由于电动汽车上电机的功率较大，做功发热量较多，因此为了更好地保护电机，还需要为其配置电机冷却系统。

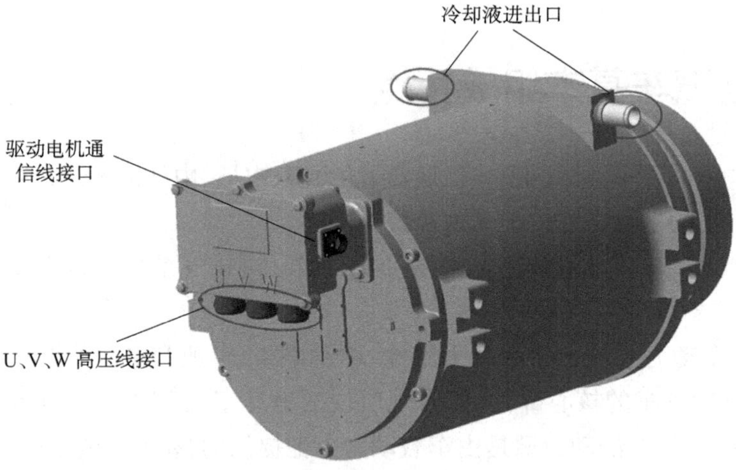

图 1.1.2 电机示意图

3. 电控

电动汽车上的电控等同于传统燃油汽车中的整车电子控制单元（Electronic Control Unit，ECU），与传统燃油汽车上的电控系统不同的是电动汽车上的电控系统涉及高压电控制，因此电动汽车的电控系统更为复杂、重要，所以独立成系统。

电动汽车的电控系统包括各系统及部件控制器、高低压线束等，其中最为关键的是各系统及部件控制器，包括电机控制器（用于电机的控制）、DC/DC（不同级直流点的转化控制）、DC/AC（直流电转换为交流电控制）、高压配电盒（将电池提供的高压电分配到各高压电用电器上）、绝缘监测仪（整车绝缘性的监测）等，目前为了方便在整车上将各系统进行布置并节省空间，各系统及部件控制器已被集成到一个盒体中形成一体化控制器。

1.1.2 电动汽车其他部件简介

1. 空调压缩机

电动汽车上空调压缩机（图 1.1.3）与传统燃油汽车的作用相同，均为降低车内乘坐空间温度（制冷），不同的是传统燃油汽车的空调压缩机附加在发动机上，由发动机带动工作，而电动汽车的空调压缩机则由动力电池提供动力进行工作，因此该部件也为高压部件。

2. 车载充电机

车载充电机（图 1.1.4）是将生活用的交流低压电转变成电动汽车充电所需的高压交流电，以满足电动汽车动力电池的充电需求，实现对电动汽车动力电池的充电，该部件也为高压部件。

图 1.1.3　某型空调压缩机实物图

图 1.1.4　某型车载充电机实物图

3. 电动真空泵

电动真空泵（图 1.1.5）与传统燃油汽车真空泵的作用相同，均为对制动助力总泵进行抽真空，产生制动所需助力，增加有效制动作用力，但该部件仅存在于液压制动的车型上，且工作电压为常规的 24 V 或 12 V，该部件为低压部件。

图 1.1.5　某型电动真空泵实物图

4. 电除霜芯体

电除霜芯体（图 1.1.6）为电动汽车上专用的高压部件，其主要作用为对前后挡风玻璃除霜及对乘客空间升温，相当于传统燃油汽车上的空调制热功能，只是电动汽车的暖风仅能由电除霜芯体通过通电发热来提供。电除霜芯体供电线束为橙色，这是高压线束的标志，也意味着该用电部件为高压部件。

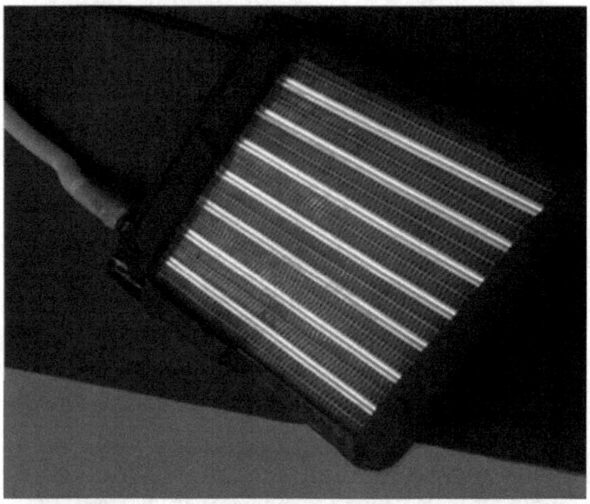

图 1.1.6 某型电除霜芯体实物图

5. 高压线束

高压线束（图 1.1.7）在整个电动汽车上用于高压电流的传输，将高压电流传输到各高压用电器上，用于各用电器及各系统的工作。大部分电动汽车的高压线束以鲜亮的橙色或红色波纹管防护套来与其他线束区分。

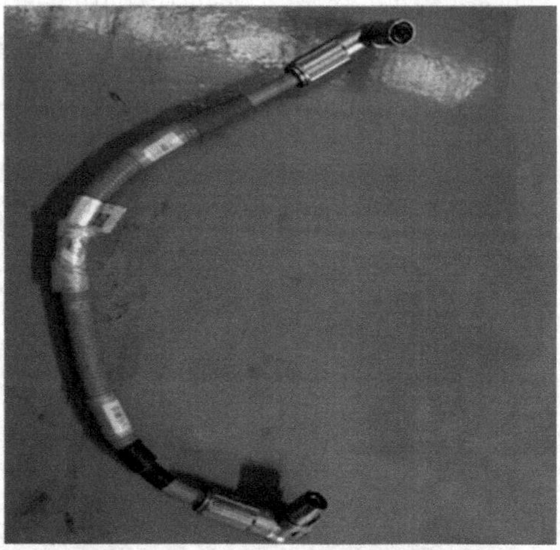

图 1.1.7 某型高压线束实物图

6. 充电线束

电动汽车的充电线束根据电动汽车的充电形式可分为慢充线束（图 1.1.8）和快充线束，

但这些线束均需在高压下工作，因此充电线束也属于高压线束。

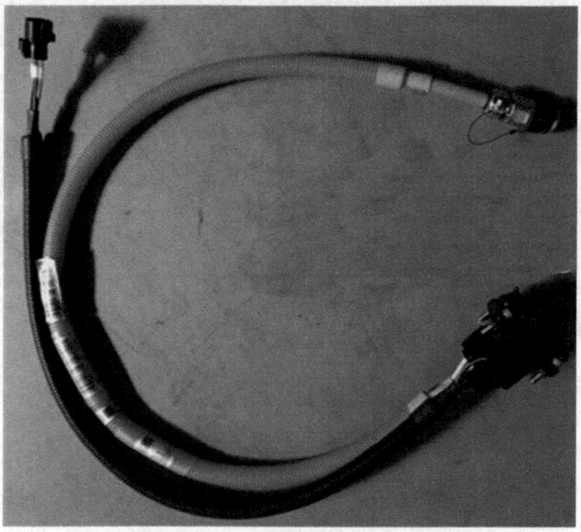

图 1.1.8　某型慢充线束实物图

7. 全球定位系统及天线

全球定位系统（Global Positioning System，GPS）及天线（图 1.1.9）主要用于车辆定位及相关信息监控。目前，国家出台了相关标准及规定，要求对电动汽车行驶轨迹、行驶过程中电池状态等进行实时监控，这就需要 GPS 及天线，然后将整车信息集成到 GPS 传输信息中，实现对电动汽车位置信息、电池信息和整车信息的监控，方便了解和掌握电动汽车状况。

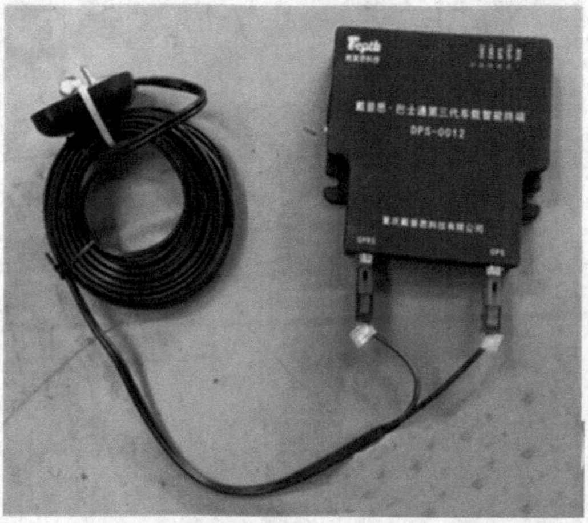

图 1.1.9　某型 GPS 及天线实物图

8. 电动助力转向泵

电动汽车的电动助力转向泵（图 1.1.10）也与其他电动汽车用电器相同，通过高压电来驱动以实现与传统燃油汽车上对应部件相同的功能。

图 1.1.10　某型电动助力转向泵实物图

电动助力转向泵的主要功能是为车辆提供转向助力，使驾驶员操作方向盘时轻便省力。

9. 换挡手柄

电动汽车是由动力电池提供的电能通过电机带动驱动设施驱动整车行驶，电机的转速通过电流直接控制，整车的速度由加速踏板信号控制的电流决定，故而电动汽车的换挡结构实现了与传统燃油汽车无级变速一样的功能，电动汽车的换挡手柄（图 1.1.11）形式与自动挡传统燃油汽车相同，主要用于控制车辆的前进、后退、停止。

图 1.1.11　某型电动汽车换挡手柄实物图

10. 电源总开关

为了防止电动汽车在维修过程中带电及长期不使用时车辆防盗、监控等也在耗电，在电动汽车上设置了一个电源总开关（图 1.1.12），另由于电动汽车上的电控方案是通过低压电控制高压电，因此该电源总开关用于断开给整车提供低压电的电源。

图 1.1.12　某型电源总开关实物图

11. 组合仪表

电动汽车上的组合仪表（图 1.1.13）和传统燃油汽车上的组合仪表相同，均是用于显示车辆相关信息（车速、电量、故障查询等），不同在于电动汽车的仪表在整车充电过程中将被唤醒，实时显示整车充电信息，让驾驶员在驾驶室就能掌握充电情况。

图 1.1.13　某型组合仪表实物图

12. 踏板

电动汽车的踏板（图 1.1.14）与自动挡传统燃油汽车的踏板相同，只有制动踏板和加速踏板，其中制动踏板主要用于整车的减速和停止，但电动汽车的加速踏板是通过将加速踏板的位置信号转化为电信号进而控制整车的电流，从而实现对电机转速的控制，也就实现了对车速的控制。

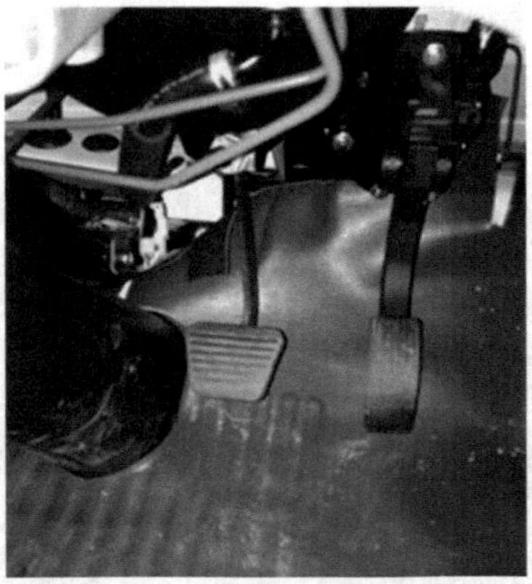

图 1.1.14 某型驾驶踏板实物图

13. 电动汽车易损件

在电动汽车上,为了电路的安全和整车的用电安全,各电流回路根据电流大小、电流回路的重要性等配备了各种规格、各种形式的电路保护开关(即保险)及预充电阻等。另外,要通过低压电安全地实现对高压电的控制,就需要继电器。以上用电器由于需要实时保护整车用电电路的安全,因此经常会出现损坏、需要更换的情况,属于电动汽车上的易损件(图 1.1.15)。为应对易损件的损坏,通常会在易损件的旁边放置几个备用件,以实现易损件损坏故障排除后的电路恢复。

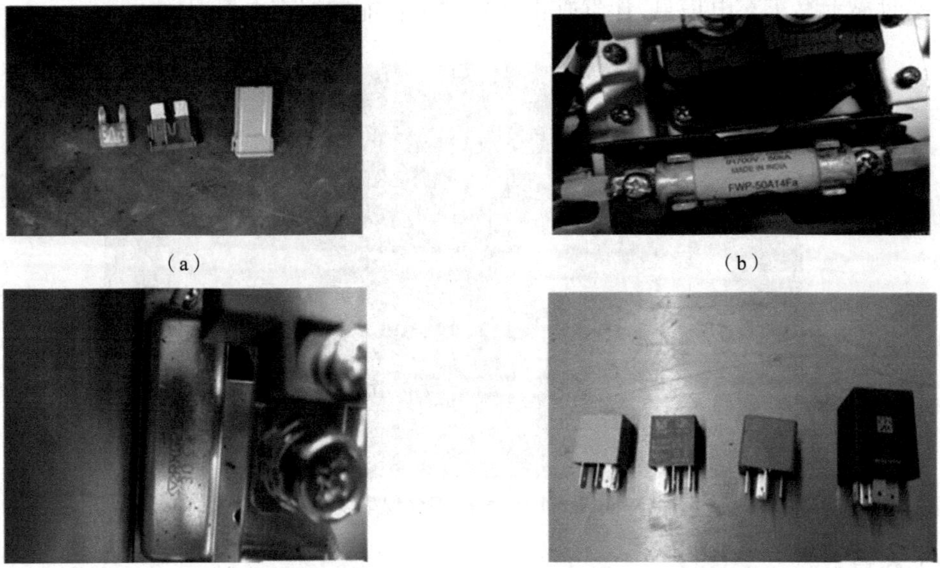

(a) (b)

(c) (d)

图 1.1.15 电动汽车易损件

(a)低压保险 (b)高压保险 (c)预充电阻 (d)继电器

1.2　纯电动汽车控制原理

1.2.1　两种基本电路控制方式

1. 直接控制电路

直接控制电路不使用继电器，控制部件与用电器串联，直接控制用电器。家用电器的电路就是最常规的直接控制电路，只是为了安全起见在电路回路中增加了保险装置。

2. 间接控制电路

在控制部件与用电部件之间使用继电器或电子控制器的电路称为间接控制电路。电动汽车电气回路多为高压回路，无防护人员直接控制高压回路，可能因为高压电造成人员伤亡，因此纯电动汽车的高压回路控制均采用间接控制电路的形式。间接控制电路是将高压回路中的开关通过由低压电控制的电磁铁的闭合和打开进行控制，而电动汽车驾驶员或维修人员只需控制对人无伤害的低压电路就可以控制整车的高压电路。

1.2.2　纯电动汽车基本控制原理

纯电动汽车的基本控制原理（图 1.1.16）如下。

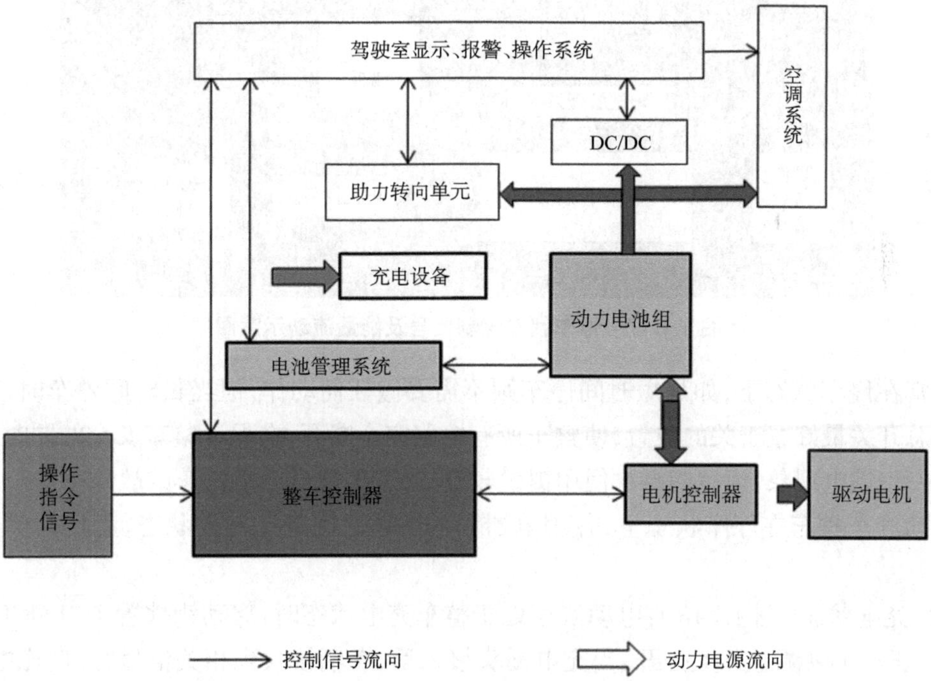

图 1.1.16　纯电动汽车控制原理示意图

（1）通过制动踏板、加速踏板、换挡手柄、驾驶室各操作按钮等向整车各系统发出操作指令。

（2）整车控制器接收到操作指令后进行逻辑分析和判断。

(3)通过整车控制器逻辑判断和分析后,整车控制器向各用电器发送操作指令对应的电信号,各用电器接到电信号后进行对应工作状态的动作,并将该动作信号反馈给整车控制器,告知整车控制器该部件的工作状态,如出现反馈信号与系统设置信号不一致,整车控制器发出报警信号,通过驾驶室仪表盘告知驾驶员等操作人员需进行维修等工作。

特别需要注意的是电动汽车内的所有回路中均设置了信号反馈判定功能,以保证动作指令执行的正确性及故障显示的准确性。

1.2.3 电动汽车几种工作模式控制

(1)停车状态(图 1.1.17):纯电动汽车处于停车状态,此时系统的控制电源主继电器断电,系统中各个节点停止运行,整车除监测安全的电路回路外其余回路无任何形式的信号传输。

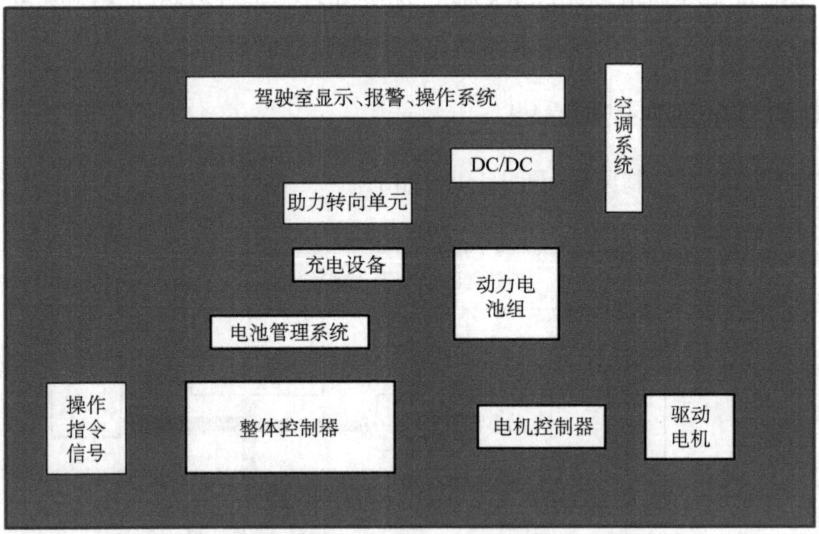

图 1.1.17 停车状态控制信号及能量流动示意图

通常在停车状态下,如是短时间停车则不需要做任何动作,但当长时间停车时,整车上的电源总开关最好置于关的位置,使整车所有电路完全断开,在保证整车安全的同时防止动力电池发生馈电现象,为后期再次使用提供较好的保障,降低电动汽车的故障率。

电动汽车整车在停车状态下,各用电器和控制器之间处于断路状态,无任何信号传输发生。

(2)充电状态(图 1.1.18):电动汽车处于整车充电状态时,启动钥匙置于“LOCK”位置上,并保证整车电源总开关打开,当充电插头接入后,车辆接收到相关信号,开启充电回路,并唤醒组合仪表,实时显示车辆的充电状态。此时整车控制器、车载充电机、动力电池管理系统、组合仪表相互配合工作,断开动力电池与其他用电器的回路。

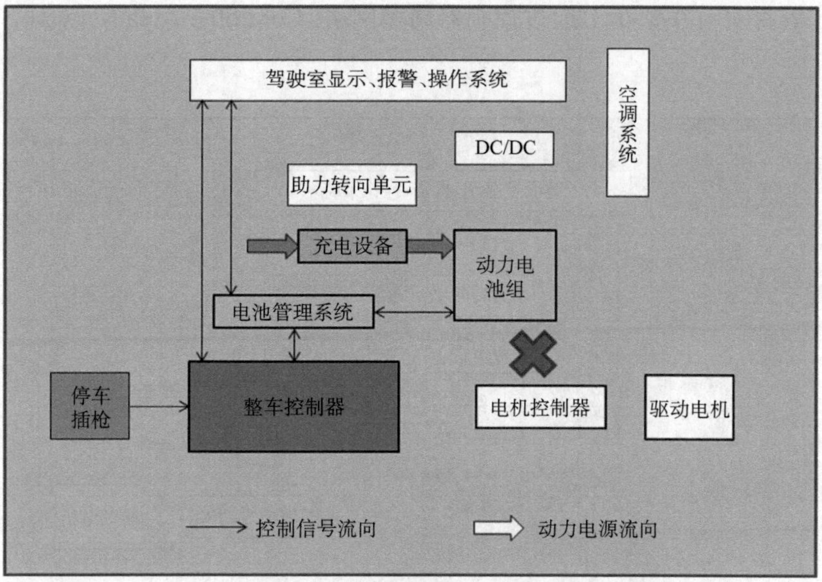

图 1.1.18　充电状态控制信号及能量流动示意图

（3）启动状态（图 1.1.19）：在整车控制器确认充电插头拔掉后，拨动汽车钥匙到“ON”位置，闭合高压回路主继电器，这时系统中各个节点进入自检状态，对整车用电回路及用电器进行自检。自检的主要作用就是保证各用电器和对应回路的正确性，保证整车运行前的安全。

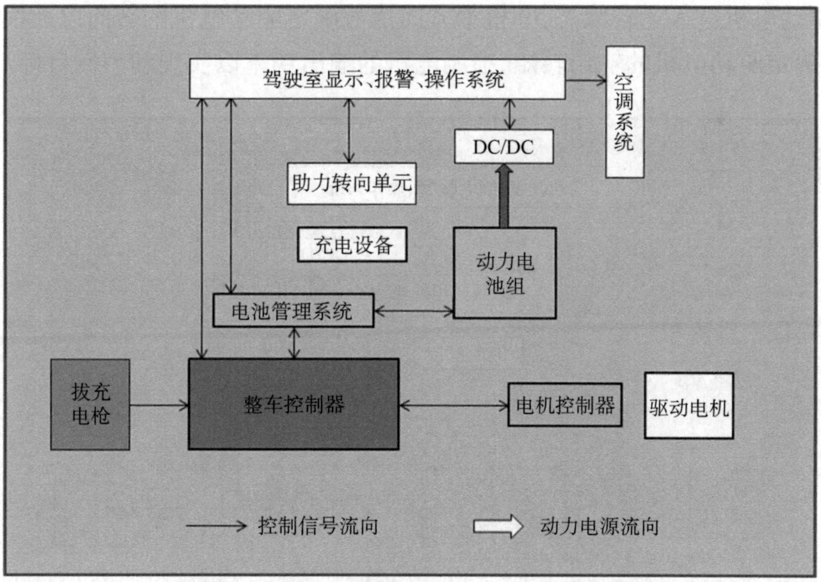

图 1.1.19　启动状态控制信号及能量流动示意图

（4）运行状态（图 1.1.20）：拨动汽车挡位到“ACC”位置，整车控制器向电机控制器发送准备开车指令；电机控制器接收到就绪指令后，进入行车程序。同时，电池管理系统进入电池放电管理程序。此时整车的所有回路均处于正常运行状态，发生指令、传输指令、执行指令、反馈指令等将实时在整车上通过控制器局域网络(Controller Area Network，CAN)信号进行传输。

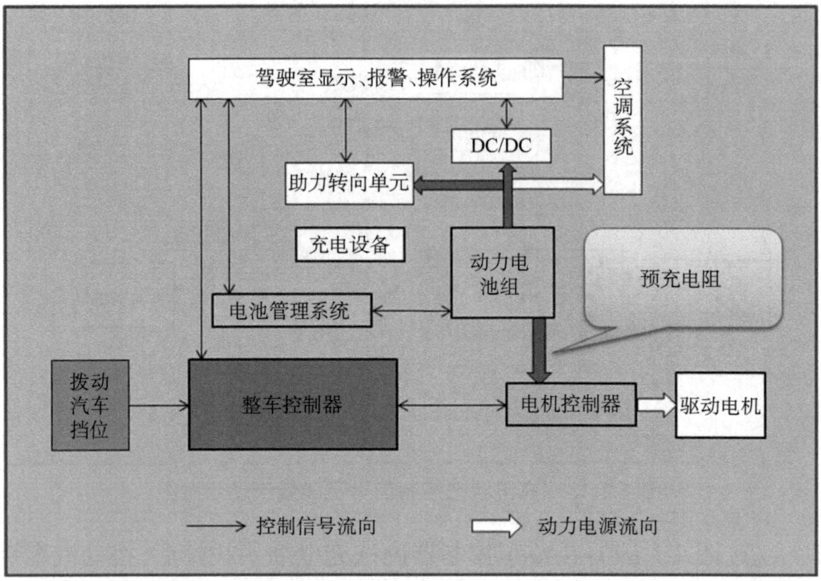

图 1.1.20 运行状态控制信号及能量流动示意图

(5)行驶状态(图 1.1.21)：整车控制器通过对当前车辆功率的要求和动力电池当前的状态进行计算，并向电机控制器发出信号，电机控制器接收到方向信号和驱动转矩给定值信号后，控制驱动电机进入运转状态，并根据方向信号确定驱动电机的转向以及根据驱动转矩给定值信号确定驱动电机的输出转矩，控制电机的输出功率以实现动力性目标。

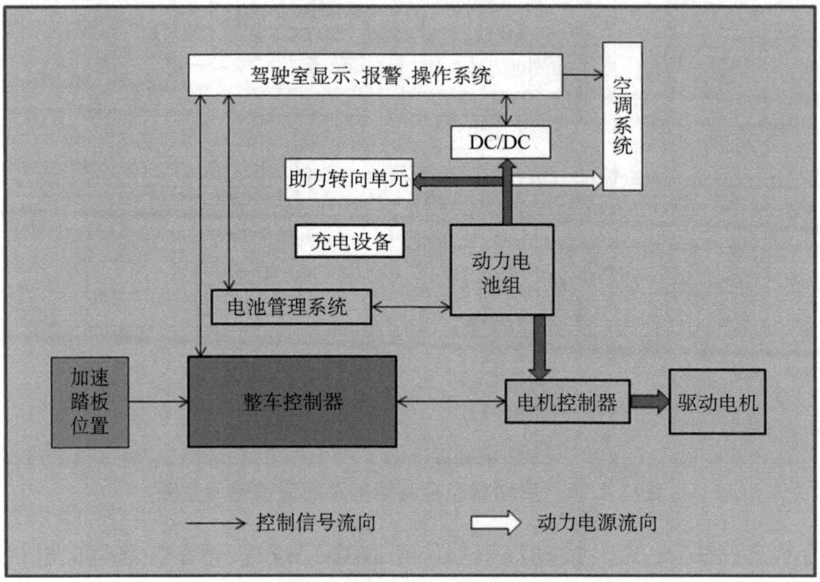

图 1.1.21 行驶状态控制信号及能量流动示意图

(6)回馈制动状态(图 1.1.22):当加速踏板回零而且制动踏板处于回馈制动区时,整车控制器发送符合回馈制动要求的负扭矩给电机控制器;电机控制器进入发电程序,电池管理系统进入电池回馈管理程序。

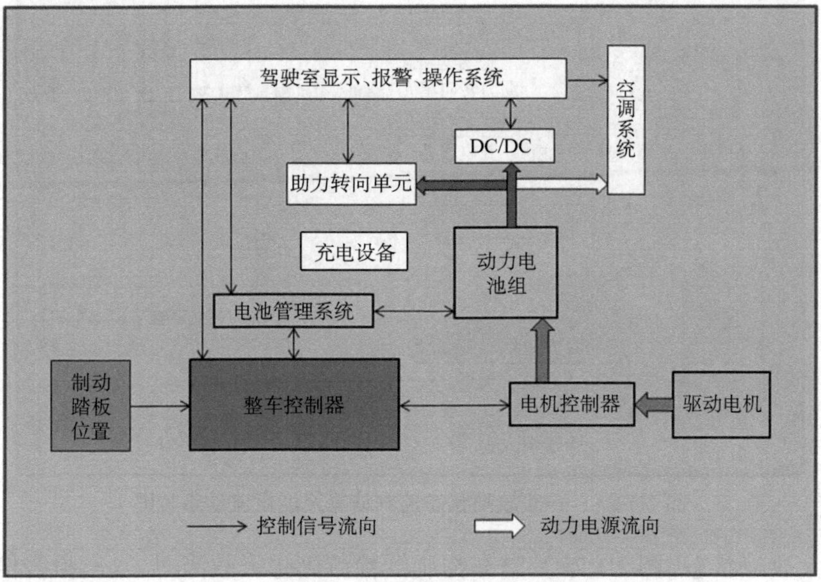

图 1.1.22　回馈制动状态控制信号及能量流动示意图

(7)机械制动状态(图 1.1.23):制动踏板离开回馈制动区,电机控制器停止发电程序,整车控制器进入机械制动程序,电池管理系统停止回馈。

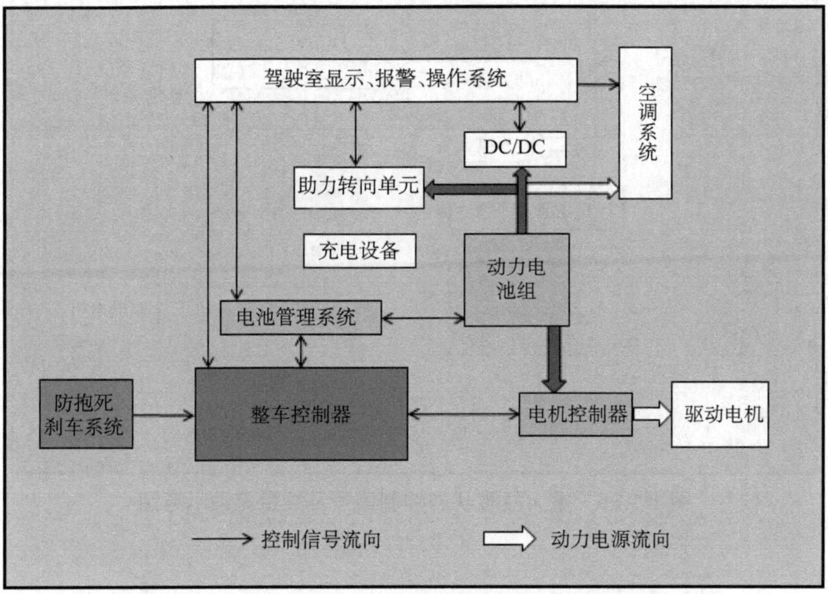

图 1.1.23　机械制动状态控制信号及能量流动示意图

(8)一般故障状态(图 1.1.24):检测到一般故障时,发出报警信息(报警灯闪烁,通过

CAN 总线发送相关的报警信息，通知其他节点），整个系统降级运行。

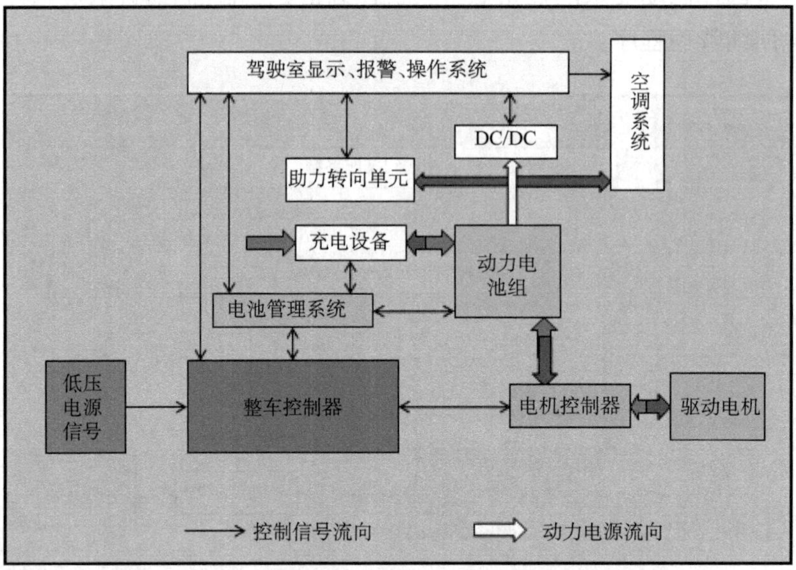

图 1.1.24　一般故障状态控制信号及能量流动示意图

（9）重大故障状态（图 1.1.25）：整车控制器检测到重大故障时，发出报警信息（紧急情况采用紧急呼叫指令通知其他节点），必要时切断主继电器电源，系统停车。

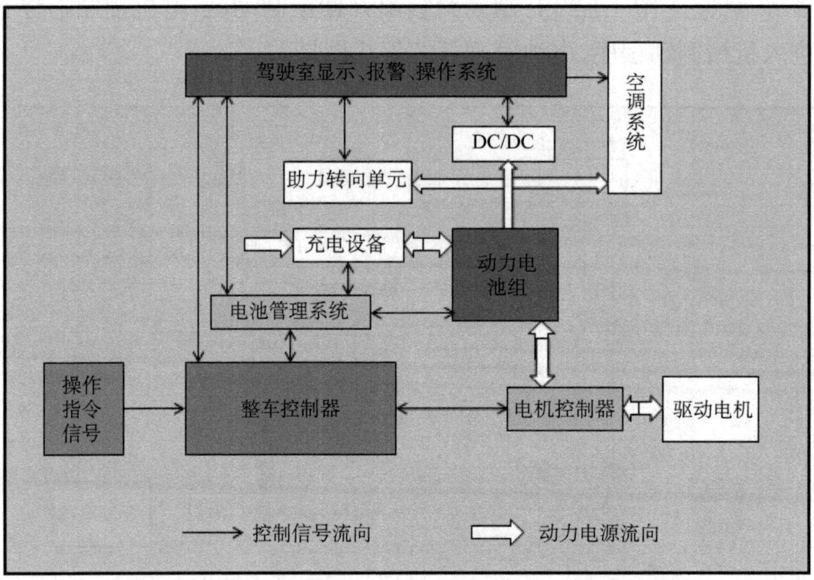

图 1.1.25　重大故障状态控制信号及能量流动示意图

第 2 章　纯电动汽车基础设施

2.1　生产基础设施

在介绍生产设备之前先介绍电池 PACK（组合电池总成）生产工艺及整车装配工艺。

2.1.1　电池 PACK 生产工艺

具体工艺路线如下。

（1）电芯分选：电芯上线 ⇨ 电芯自动测试配组 ⇨ 配组后电芯收纳 ⇨ 分选完成暂存。

（2）模组装配：电芯与支架装配 ⇨ 焊前准备 ⇨ 全自动点焊 ⇨ 点焊检查 ⇨ 模块测试 ⇨ 模组装配 ⇨ 模组测试 ⇨ 模组下线暂存。

（3）电池总成装配：箱体上线装配附件 ⇨ 装配模组 ⇨ 线束装配 ⇨ 上盖 ⇨ 电池总成测试 ⇨ 电池总成下线暂存。

（4）测试包装：电池总成测试区摆放 ⇨ 连接测试线 ⇨ 绝缘、耐压测试 ⇨ 充放电测试 ⇨ 电池总成暂存 ⇨ 绝缘、耐压测试 ⇨ 气密性测试 ⇨ 通信测试 ⇨ 包装入库。

以上电池 PACK 的生产工艺决定所需生产设备如下。

1）电芯筛选机（图 1.2.1）

电芯筛选机根据每个电芯的电压来将不同电压级的电芯进行筛选分组，因为电池模块的焊接要求电芯的压差不能超过规定的标准范围，因此在焊接模块之前需要对电芯进行筛选分组，另外对电芯初步筛选可以选出不合格的电芯，避免不合格电芯流入下一个工序焊接到模块内，造成更多电芯的报废。

图 1.2.1　电芯筛选机

2)模块点焊机(图 1.2.2)

通过电芯筛选机筛选分组好的电芯,根据电池容量不同,组合形成模块,再由模块组装形成模组,模块是由多个电芯并联形成的一个电池小单元,该电池小单元的电压与单个电芯的电压相当,但其所能提供的电能是单个电芯的 N 倍(N 为组成模块电芯的个数),要将 N 个电芯并联就需要将电芯所有正极焊接在一起、所有负极焊接在一起,这就需要模块焊接机。在电池模块焊接中最常用的是点焊形式。

图 1.2.2　模块点焊机

3)模块检验仪(图 1.2.3)

焊接完成的模块必须先进行检测才能流入下一个工序,避免出现不合格品流入下一个工序造成产品的报废,因此模块在焊接完成后需要对模块的电压、电流等状态参数进行检测,保证产品是合格的。

图 1.2.3　模块检验仪

4)模组装配线(图 1.2.4)

模组是由 M 个模块串联组成的,模块的串联不单纯只是模块正负极相接的问题,还需要保证模块串联在一起后结构的稳定性等,因此模块串联需要使用专用的工装夹具和专业工具在装配操作流水线上进行。

图 1.2.4　模组装配线

5）电池模组吊装工装（图 1.2.5）

电池模组组装完成后，一般内部包含了不少数量的电芯，由于每个电芯需要进行循环储能，所以单个电芯的重量均要比普通所认知的电池重，在电池模组组装后模组也很重，这对组装成电池总成来说操作极为不便，因此需要吊装工装将电池模组吊装至电池箱体内，实现操作简便的目的。

图 1.2.5　电池模组吊装工装

6）电池总成测试仪（图 1.2.6）

同电池模块一样，在电池总成装配完成合盖之前，须对所装配电池总成进行基础数据检测，保证产品的合格性，在检测合格后才能进行合盖形成电池总成，这就需要电池总成测试仪。需要注意的是，这时候的电池总成虽然未合盖形成最终的电池总成，但此时电池总成内部的模组已经进行串联形成了高电压的电池，因此电池总成的测试必须进行高压防护，测试人员必须穿戴绝缘劳保用品进行操作。

图 1.2.6　电池总成测试仪

7）下线吊装及盛具（图 1.2.7）

电池总成在通过检测合盖后形成真正的电池总成，由于还需要进行特定场所的充放电测试、指定地点的打包装运等，因此电池总成需要在装运之前进行暂存，且暂存时要方便随时拿取进行测试，这就需要专用的电池总成盛具以及将电池总成吊装至盛具上的专用吊具。

图 1.2.7　下线吊装及盛具

8）动力电池组综合测试系统（图 1.2.8）

在电池总成装配完成后，一个电池包即可视为一个电池总成，但由于整车空间等的布置限制，往往一个电池包无法满足整车动力能量的需求，因此就需要几个电池包组成一组形成动力电池组。在每个电池总成检验合格以后，同样还是需要对组成一个动力电池组的多个电池总成按工作状态串接后进行整体测试，主要包括充放电检测等，在测试完成后，被测试动力电池组内的电池总成则作为一个单元进行包装使用，不可混用。在进行动力电池组的检测过程中就需要动力电池组综合测试系统。

图 1.2.8　动力电池组综合测试系统

9）汽车电池总成气密性检测系统（图 1.2.9）

在进行动力电池组综合测试前，电池箱体合盖后，必须对电池总成进行的一个检测就是电池总成的气密性检查，以保证电池总成达到国标规定的防护等级（IP67），这就需要汽车电池总成气密性检测系统。

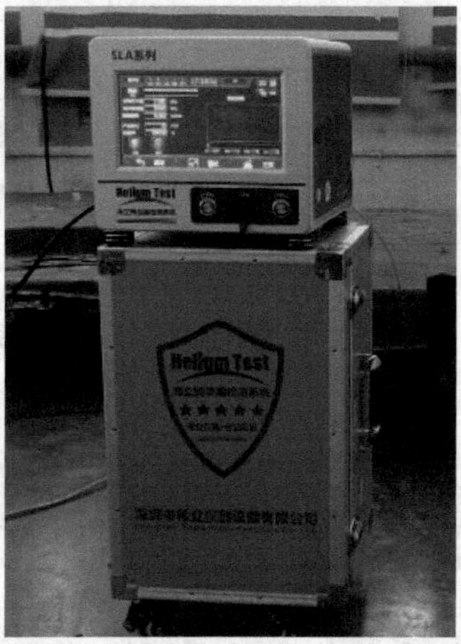

图 1.2.9　汽车电池总成气密性检测系统

2.1.2　整车装配工艺及基础设施

1. 装配工艺及生产线设备、设施

电动汽车与传统汽车的装配零部件及工艺存在较大差别，差别部分需要新的设备、设施来进行辅助装配或保证工艺。

传统汽车、电动汽车、电动汽车三电的装配工艺路线如图 1.2.10 至图 1.2.12 所示。

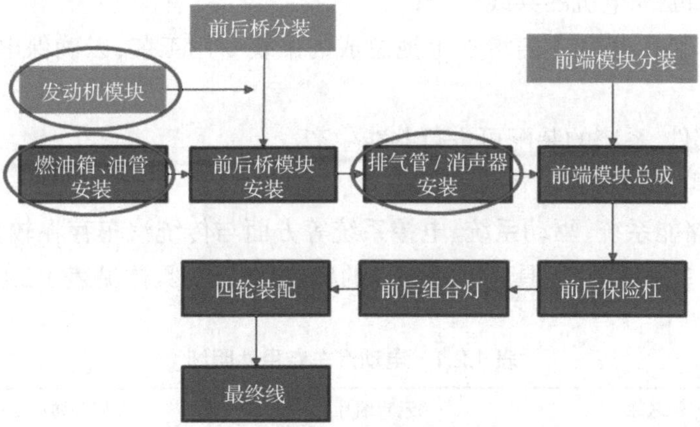

图 1.2.10　传统汽车装配工艺路线图

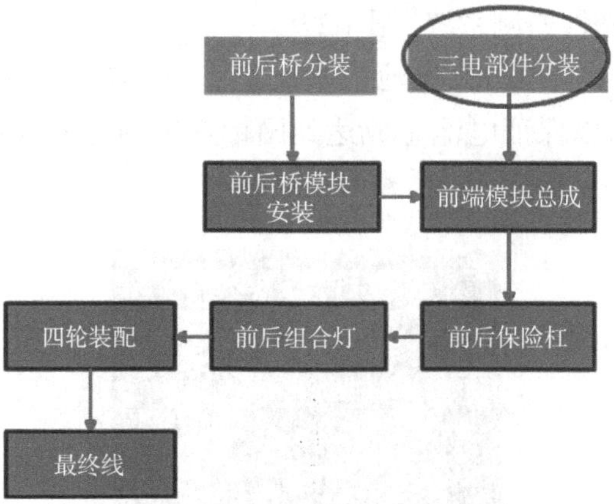

图 1.2.11 电动汽车装配工艺路线图

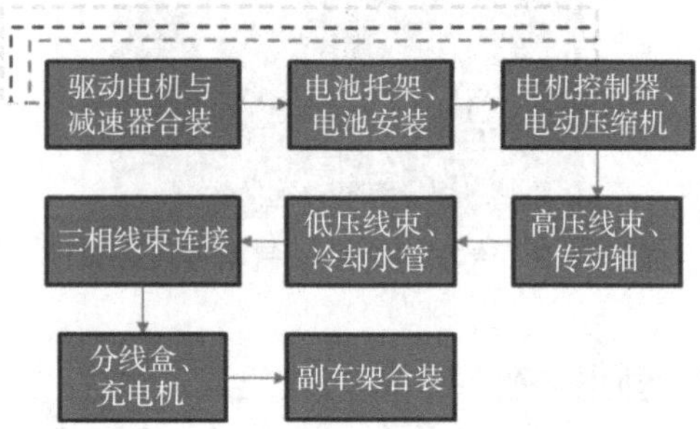

图 1.2.12 电动汽车三电装配工艺路线图

从电动汽车与传统汽车的装配工艺对比可知：

(1)两者最本质的区别为动力总成部分；

(2)动力总成的装配生产线可共线生产，但相应的设备设施及随行夹具等需进行改造才可进行发动机和驱动电机的共线生产；

(3)电动汽车装配过程中需增加电池总成的吊装专用工装，以确保电池总成吊装的安全可靠；

(4)其余零部件、系统的装配可进行共线生产。

2. 零部件盛具、运具

电动汽车在储能系统、驱动系统、电控系统等方面与传统汽车存在较大差异，相应零部件差异也较大，需专用盛具、运具进行零部件的盛放和转运，具体见表 1.2.1。

表 1.2.1 电动汽车专用件明细

序号	零件名称	示意图片	存放和转运要求	备注
1	驱动电机		1. 避免重物撞击； 2. 向上	

续表

序号	零件名称	示意图片	存放和转运要求	备注
2	一体化电源柜		1. 避免震动； 2. 防水、防尘	
3	车载充电机		避免撞击	
4	电池总成		1. 避免撞击； 2. 避免暴晒	
5	高压线束及信号线束	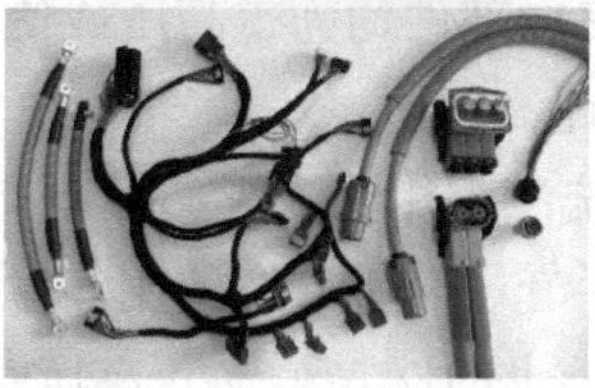	1. 避免挤压； 2. 防水、防尘	

从电动汽车与传统汽车不同的专用件的存放和转运要求来看，电动汽车电器、线束件均对防震、防尘、防水、防晒等有不同的要求，因此电动汽车的零部件的存放和转运必须设计制作专用的存放用具和转运用具。

电动汽车零部件的存放用具和转运用具要按照零部件的特性来特别设计并实现不同产品的兼容性，这与传统汽车零部件的存放用具和转运用具的设计原则相同。

电机与一体化控制柜存放工装如图 1.2.13 所示。

图 1.2.13　电机与一体化控制柜存放工装

电池托架与车载充电机安装板存放工装如图 1.2.14 所示。

图 1.2.14 电池托架与车载充电机安装板存放工装

3. 装配、检测工具

电动汽车的核心为三电，且该三电部件均为带高压或使用高压电的部件，因此三电的装配、检测需专用工具，特别是需要能耐高压电。

电动汽车的装配和检测，与传统汽车相比最大的不同点为带高压。因此需要在操作过程中对操作者进行防护，佩戴绝缘手套、穿绝缘鞋，使用经过绝缘处理的工具，如图 1.2.15 所示。另外，需要采用耐高压检测工具（图 1.2.16），防止高压对检测工具造成损害。

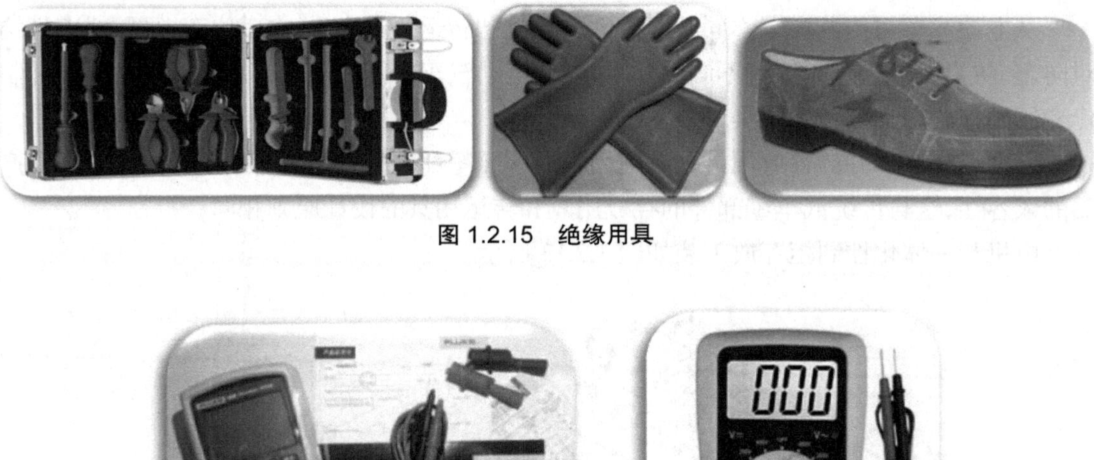

图 1.2.15 绝缘用具

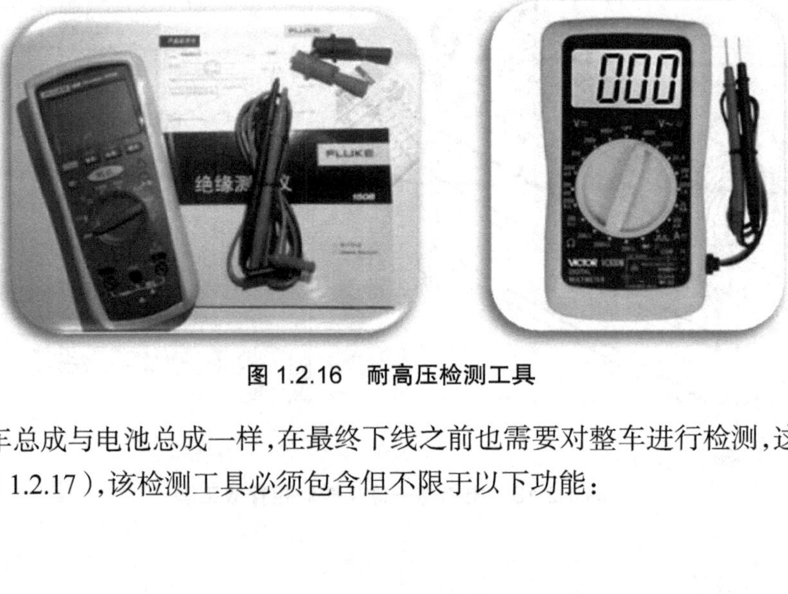

图 1.2.16 耐高压检测工具

电动汽车总成与电池总成一样，在最终下线之前也需要对整车进行检测，这就需要整车检测工具（图 1.2.17），该检测工具必须包含但不限于以下功能：

（1）整车通信测试；

（2）整车绝缘检测；

（3）整车充电检测；

（4）整车车载自诊断系统（On-Board Diagnostics，OBD）检测。

电动汽车的整车检测，不只是下线前的仪器检测，还包括整车的制动测试、淋雨测试、强化路面测试等与传统汽车相同的整车测试，另外电动汽车对于整车的涉水试验比对传统汽车的要求更为严格。

图 1.2.17　整车检测工具

2.2　使用基础设施

对于电动汽车而言，充电桩和充电站（图 1.2.18）就像传统汽车的加油站一样，是电动汽车进行能源补充的设施，不过目前来看电动汽车的充电时间无法与传统汽车的加油时间相比，这是目前电动汽车饱受诟病的问题。虽然电动汽车有快充模式，可实现最快半个小时左右充电 80% 以上电量，但相比于传统汽车几分钟便加满一箱油而言时间上并不占优势。

图 1.2.18　充电桩和充电站

第 3 章　纯电动汽车特殊特性

特殊特性是指可能影响产品的安全性、法规符合性以及配合、功能、性能等相关特性，包含产品特性和制造过程特性。

电动汽车特殊特性的分类如下。

（1）重要特性：指那些对顾客满意程度重要的产品、过程和试验要求；通常以字母 Z 表示。

（2）关键特性：指会影响政府法规或车辆 / 产品的安全功能的被要求特殊控制的产品要求（尺寸、性能试验）或过程参数，例如特殊供方、组装、装运或控制计划包括的监督活动等，通常以字母 G 表示。

通俗地说，重要特性是对公差配合、性能有重大影响的严重影响顾客满意度的特性，关键特性是指符合法律法规的和对安全性能有显著影响的特性。

3.1　纯电动汽车基本结构及其特点

3.1.1　纯电动汽车基本结构及特殊特性

1. 储能系统

储能系统主要包括电池总成、车载充电机、充放电高低压线束及其附件等，其主要作用是储存电能为整车提供动力来源。

储能系统各零部件的特殊特性如下。

（1）电池总成的特殊特性见电池的特殊特性介绍。

（2）车载充电机的特殊特性见表 1.3.1。

表 1.3.1　车载充电机的特殊特性

特性描述	特性值描述	级别
输入电压	85~265 V，50 Hz	Z
输出高压电压	400~650 V	G
额定功率	6.1 kW	G
保护功能	过压、欠压、短路保护，反接保护，过温保护	Z
防护等级	IP65（除散热风扇）	Z
工作环境湿度	5%~95%	Z
储存温度	−40~105 ℃	Z
海拔	海拔≤ 2 000 m 时应能额定运行	Z

（3）高压线束的特殊特性见表1.3.2。

表1.3.2 高压线束的特殊特性

特性描述	特性值描述	级别
耐高压	在DC 1 500 V下无击穿或火花现象	Z
插接牢靠	插接头插接后牢靠无脱开、位移	G
防护等级	IP67（插接头插接后）	Z
漏电电流	<5 mA	Z
绝缘电阻	≥1 000 MΩ	Z

2. 整车控制系统

整车控制系统主要包括一体化电源柜、整车控制器及其附属零部件，其主要作用是控制整车各系统间的匹配和使用。

整车控制系统各零部件的特殊特性如下。

（1）一体化电源柜的特殊特性见表1.3.3。

表1.3.3 一体化电源柜的特殊特性

特性描述	特性值描述	级别
输入直流高压电压	250~500 V	Z
工作环境温度	-40~85 ℃	G
防护等级	IP67（插接头插接后）	Z
DC/DC转换器适配电机	永磁同步电机	Z
绝缘值	≥20 MΩ	Z

（2）整车控制器的特殊特性见表1.3.4。

表1.3.4 整车控制器的特殊特性

特性描述	特性值描述	级别
抗干扰	抗任何形式的电磁干扰	Z
工作环境温度	-40~85 ℃	G
防护等级	IP67	Z

3. 驱动系统

驱动系统包括驱动电机等附件，其主要作用为驱动电机利用电能带动驱动桥进而带动车辆行驶。

驱动电机的特殊特性见表1.3.5。

表 1.3.5　驱动电机的特殊特性

特性描述	特性值描述	级别	备注
噪声	≤ 82 dB,1 600 r/min 空载	Z	
工作环境温度	-40~85 ℃	Z	
防护等级	IP67(插接头插接后)	Z	
防水 PG 头	金属带屏蔽环外追式线缆固定头	Z	
定子绕组与机壳、定子绕组间绝缘电阻稳态绝缘要求	≥ 20 MΩ	G	绝缘等级 H 级
电机定子绕组匝间耐电压	AC 2 500 V,60 s,定子绕组应无击穿和闪络的现象	G	
定子绕组与机座耐电压	AC 2 500 V,60 s,定子绕组应无击穿和闪络的现象	G	

4. 制动系统

制动系统主要由制动管路、真空泵、负压传感器、制动踏板和制动器等零部件组成,其主要作用是提供制动力使整车实现减速和停车。

制动系统各零部件的特殊特性如下。

(1)制动管路的特殊特性见表 1.3.6。

表 1.3.6　制动管路的特殊特性

特性描述	特性值描述	级别
制动硬管连接	连接螺母拧紧力矩为(16 ± 3)N·m	Z
制动软管膨胀量	公称内径 3.2 mm 的制动软管,在 6.9 MPa 和 10.3 MPa 的压力作用下,液压制动软管总成的最大膨胀量不得超过 1.08 mL/m 和 1.38 mL/m	G
制动软管抗爆强度	在液压试验时,软管总成的每条样品必须在 27.6 MPa 压力作用下,保持 2 min,软管总成不得损坏,软管总成的最低爆裂压力为 34.5 MPa	Z
硬管无表面缺陷	硬管表面处理,盐雾试验 >196 h,无折皱、鳞层、凹痕和减少截面压扁等缺陷	Z

(2)真空泵的特殊特性见表 1.3.7。

表 1.3.7　真空泵的特殊特性

特性描述	特性值描述	级别
极限真空度	真空泵在 DC 12 V 供电下,输出的极限负压 >0.086 MPa	Z
抽气速率	真空泵对 5 L 真空罐抽真空,从 0 kPa 到 60 kPa 时间 <8 s	G

(3)负压传感器的特殊特性见表 1.3.8。

表 1.3.8 负压传感器的特殊特性

特性描述	特性值描述	级别
负压 - 信号曲线	传感器输出信号与负压对应曲线与图纸定义曲线之间的误差不得超过 2.5%	Z
螺纹接头	负压传感器螺纹接头为 NPT 1/8 标准接头	G

（4）制动踏板的特殊特性见表 1.3.9。

表 1.3.9 制动踏板的特殊特性

特性描述	特性值描述	级别
角度 - 信号曲线	传感器输出信号与踏板角度对应曲线与图纸定义曲线之间的误差不得超过 2.5%	Z
安装孔位空间尺寸	安装孔位尺寸保证与图纸标注一致	G

5. 辅助系统

辅助系统包括空调压缩机、电动助力转向泵、散热风扇、散热器、水泵等零部件，其主要作用是实现整车空调、转向、冷却等功能，保障整车运行顺畅。

辅助系统各零部件的特殊特性如下。

（1）空调压缩机的特殊特性见表 1.3.10。

表 1.3.10 空调压缩机的特殊特性

特性描述	特性值描述	级别
输入高压范围	430~650 V	Z
排量	27 cc	G
压缩机整机测试性能	压缩机制冷量≥ 2 440 W，功率≤ 1 444 W	Z
绝缘值	>20 MΩ	G
耐电压	AC 2 000 V，持续时间 60 s，漏电流≤ 20 mA	Z
噪声	≤ 77 dB	Z

（2）电动助力转向泵的特殊特性见表 1.3.11。

表 1.3.11 电动助力转向泵的特殊特性

特性描述	特性值描述	级别	备注
泄压压力值	10~10.7 MPa	Z	
控制流量	10 L/min	Z	
噪声	<75 dB	Z	
绝缘电阻	≥ 200 MΩ	G	绝缘等级 F 级
耐压值	AC 2 000 V，持续时间 60 s，漏电流≤ 20 mA	Z	
防护等级	IP67	Z	

(3)冷却水泵的特殊特性见表 1.3.12。

表 1.3.12　冷却水泵的特殊特性

特性描述	特性值描述	级别	备注
流量	50(1 ± 15%)L/min(0 扬程时)	Z	
扬程	(10 ± 1)m(0 流量时)	Z	
绝缘等级	F 级	Z	绝缘材料最高允许温度 155 ℃
防护等级	IP67	G	
电源反接保护	输入电压在 DC 20 V 以内,电源正负极反接,水泵不会工作也不会产生不可恢复的故障	Z	
密封性	≥ 0.4 MPa(持续 1 min 的压力无漏气)	Z	

(4)电除霜芯体的特殊特性见表 1.3.13。

表 1.3.13　电除霜芯体的特殊特性

特性描述	特性值描述	级别
额定电压	与电池总成额定输出电压相同	Z
发热量	风机风速 9 m/s,距出风口 30 mm,风温应达到(45 ± 5)℃	Z
温度控制	正温度系数热敏材料(Positive Temperature Coefficient,PTC)表面 110 ℃时断开,75 ℃时闭合	G
耐压特性	能承受 DC 1 250 V 耐压测试	Z
常态绝缘电阻	大于 500 MΩ	Z
漏电流	小于 0.5 A	Z
工作环境温度	−40~50 ℃	Z
防护等级	不低于 IP44	Z

3.1.2　纯电动汽车特点汇总

从纯电动汽车较传统汽车最大区别的系统分析来看,纯电动汽车的主要特点如下。

(1)高压:纯电动汽车从电池到电器元件均为高压电,使用过程中有绝缘值要求。

(2)防水等级:由于纯电动汽车使用过程中存在高压电,因此在防水等级上要求严格,必须达到 IP67 等级。

(3)使用环境:纯电动汽车的各电器元件,特别是电池总成,在使用环境上要求相对苛刻,因为环境温度对电池总成中电芯的充放电及使用有较大的影响,特别是在一代车的电池总成中,因为电池总成设计时未体现冷却方式,所以电池总成的使用环境尤为重要。

(4)噪声:由于纯电动汽车少了传统的发动机,因此对其余零部件的噪声要求较高。

（5）耐压：在纯电动汽车整车使用过程中将出现高压电，因此要求高压线束及高压用电器必须具有耐压性。

（6）过保护：由于电池使用过程中存在电压不稳定的情况，因此对各用电器或线路必须进行过保护，或自带或安装保险。

（7）插接头插接牢靠：纯电动汽车中，各用电器与电池总成的连接是通过各线束实现的，线束与用电器及电池总成的连接是通过各插接头实现的，因此插接头必须插接牢固可靠，否则将存在整车断电的情况。

（8）抗干扰：纯电动汽车的整车控制是通过整车控制器中相应程序实现信号的传递和功能，在信号存储和传输中必须避免其他信号或干扰源的干扰，避免整车控制紊乱或失效。

纯电动汽车的特点包括但不限于以上八点，以上八点仅是针对纯电动汽车较传统汽车较为明显的特点进行的汇总。

3.2 纯电动汽车特殊特性的识别

3.2.1 特殊特性的识别

根据产品特性、特点或制造过程参数，如果其对部件或系统的影响会导致各对应部件或系统影响产品的安全性或法规符合性、配合、功能、性能或其后续过程，则视为特殊特性。

3.2.2 纯电动汽车的特殊特性

（1）绝缘性：由于纯电动汽车运行使用过程中存在高压电，因此对各电器及整车的绝缘性有特别高的要求，整车出现绝缘故障时将出现报警并会对整车限制功率，车辆无法正常使用，当出现绝缘故障时可能发生漏电隐患。

（2）防水性：由于纯电动汽车运行及使用过程中存在高压，因此纯电动汽车整个高压用电器、高压线束等均不得进水，要防止进水引起电路短路或整车断电。

（3）环境适应性：各电器元件或用电器特别是电池总成的使用，对使用环境要求苛刻，否则将影响到电池总成的性能及寿命，进而影响到整车性能。

（4）噪声：由于纯电动汽车缺少发动机这个主要的噪声源，因此其余零部件的噪声情况就表现得较为明显，根据市场上的故障反馈，转向电机、驱动电机、空调压缩机等均存在异响噪声的现象，因此将噪声识别作为纯电动汽车的特殊特性。

（5）耐压性：在纯电动汽车使用过程中将出现高压，最高电压可达 650 V，因此要求各用电器及高压线束具有很好的耐压性，如耐压性不足将出现电器及线束击穿致使整车断电现象。

（6）过保护能力：由于纯电动汽车使用过程中存在高压，虽然各电器及高压线具有耐压性，但为保证整车线路及部分关重部件的有效性和完整性，需要部件及整车具有过保护能力（在纯电动汽车上体现为车载充电机的过保护能力及各系统闭合回路中的保险机构）。

（7）连接可靠性：目前纯电动汽车中各电器与电器之间、电器与电源之间的连接均采用带插接头的线束进行连接，插接头插接存在问题时整个用电器将无法使用或者发生故障。就市场反馈来看，电池高压线束插接头松动将出现整车断电、插接头过温烧蚀断电等故障，影响整车使用。

（8）抗干扰能力：纯电动汽车的整车控制是通过整车控制程序由线束传递对各用电器的控制以实现各种功能的，且纯电动汽车上各用电器在工作过程中将不同程度产生电磁信号，因此要求纯电动汽车的各用电器及线束具有一定的抗干扰能力，防止外界信号的干扰对整车造成影响，故将抗干扰能力识别为电动汽车的特殊特性。

3.3　纯电动汽车特殊特性的介绍

与传统汽车相比，纯电动汽车包含绝缘性、防水性、环境适应性、噪声、耐压性、过保护能力、连接可靠性、抗干扰能力等特殊特性，现就以上八种特殊特性从定义、评定、要求和检测四个方面进行介绍。

3.3.1　绝缘性

（1）定义：绝缘性就是使用不导电的物质将带电体隔离或包裹起来的特性，以防止触电的一种安全措施。良好的绝缘性可以保证电器设备与线路的安全运行。

（2）评定：整车及电器的绝缘性能以绝缘电阻值进行评定。

（3）要求：纯电动汽车整车绝缘性要求为整车绝缘电阻≥ 20 MΩ。

（4）检测：纯电动汽车整车绝缘电阻的检测是通过一体化电源柜中的绝缘检测仪实现的，在整车上电后将一直对绝缘性能进行实时检测，出现绝缘值小于规定值时会报警提示。

3.3.2　防水性

（1）定义：防水性是指使用刚性的或柔性的物质使不能与水接触的物质与水隔绝的性能。

（2）评定：防水性能以防水等级进行评定，电子仪器的防水等级反映了仪器防潮和防尘的能力，特别是对于户外活动，免不了处于高湿或多尘沙的恶劣环境中，仪器的密封和防水能力对于保证仪器的安全运转和寿命至关重要。为此，国际制定《电气设备外壳防护等级》（IEC 529—1986）标准，以 IP×× 表示。

（3）要求：纯电动汽车防水等级要求为 IP67，其中 6 代表完全防止粉尘进入；7 代表常温常压下，当外壳暂时浸泡在 1 m 深的水里将不会造成有害影响。

（4）检测：纯电动汽车的整车防水性能是通过各零部件的防水性能及装配过程来保证的，在各零部件及装配过程中保证防水等级为 IP67，则整车防水等级即可视为达到 IP67，在整车底盘装配完成后进行一定时间的淋雨试验来检测装配过程是否满足防水等级要求，对各零部件的防水等级需通过质量管控实现检测。

若纯电动汽车整车存在防水性能达不到 IP67 等级要求，在淋雨或涉水后整车会报绝缘故障或整车断电。

3.3.3 环境适应性

（1）定义：环境适应性是指装备在其寿命周期内的贮存、运输和使用等状态预期会遇到的各种极端外部作用下实现其预定的全套功能的能力，即不产生不可逆损坏和能正常工作的能力。

（2）评定：纯电动汽车的环境适应性主要表现为整车及零部件的耐高低温性能，通过整车或零部件所处温度范围进行评定。

（3）要求：纵观纯电动汽车各零部件的工作温度要求，以电池总成最为苛刻（其余电器工作温度范围要求均为 -40~85 ℃），因此以电池总成的工作温度要求作为整车温度要求，具体要求如下。

工作温度范围：充电为 0~55 ℃，放电为 -20~60 ℃。

从以上电池总成工作温度范围看，装配电池总成的整车底盘应进行覆盖遮蔽，避免阳光直射及暴晒，避免引起电池总成内温度过高，影响电池总成使用。

（4）检测：纯电动汽车使用温度的检测可通过激光温度检测仪在电池总成表面进行。

出于对整车底盘总成存储场地的考虑，整车底盘总成不能存储在室内且不是实时检测温度，因此制作了电池总成防晒罩对底盘总成上的电池总成进行包罩庇护。

若整车底盘总成在阳光下暴晒，上层电池总成的表面温度可达到 70 ℃以上，这样上下层电池总成将会出现温差过大的故障报警并出现整车无法启动现象。

3.3.4 噪声

（1）定义：凡是妨碍人们正常休息、学习和工作的声音以及对人们要听的声音产生干扰的声音都称为噪声。

（2）评定：纯电动汽车的整车噪声主要体现在各用电器的噪声，因此整车的噪声通过各零部件的噪声来评定。

（3）要求：整车的噪声评定以各用电器要求的最大噪声进行评定，综合各零部件整车噪声要求，噪声要求为≤ 82 dB。

（4）检测：整车的噪声以噪声检测仪进行检测，以空载电机转速为 1 600 r/min 时的噪声作为整车检测基准。

3.3.5 耐压性

（1）定义：耐压性是指在高压电下继续使用和工作的能力。

（2）评定：按各零部件或线束要求通规定高压，观测在规定时间内是否存在击穿、闪络等现象来进行评定。

（3）要求：综合整车电器耐压性，对整车耐压性要求为 DC 1 250 V 和 AC 2 000 V 60 s

的耐压测试。

（4）检测：目前纯电动汽车的整车耐高压无法检测，均通过各电器的耐高压检测实现。

3.3.6　过保护能力

（1）定义：对于纯电动汽车来说，过保护能力包括各电器、线束、电池总成等在超过其使用电流、使用温度等时会通过断电等方式实现自我保护的能力。

（2）评定：各电器及电路的过保护能力通过设置熔断保险进行评定。

（3）要求：纯电动汽车各用电器或用电器回路闭合前必须增加熔断保险，熔断保险是通过达到额定的熔断电流时可熔化进而达到断开电路的目的。

（4）检测：过保护能力的检测是通过检查熔断保险的全面性及熔断保险的熔断电流是否符合规定要求来实现的。

3.3.7　连接可靠性

（1）定义：连接可靠性是指对于电器连接插头在一定时间内、一定条件下无故障地执行指定功能的能力或可能性。

（2）评定：通过连接插头的可靠度、失效率、平均无故障间隔等来评定连接插头的可靠性。

（3）要求：线路插接头连接牢靠，无松脱、晃动等不合格及影响使用性能的现象。

（4）检测：线束插接头插接后通过反拔、振动、晃动等均无脱落及位移。

3.3.8　抗干扰能力

（1）定义：干扰是指对系统的正常工作产生不良影响的内部或外部因素，抗干扰能力就是指系统自身对抗内部或外部因素产生影响的能力。

（2）评定：纯电动汽车各电器的抗干扰能力的主要评定方式为电器设计要求及接地。

（3）要求：整车具有很强的抗干扰能力，能抵抗来自外界或自身的任何形式的干扰。

（4）检测：对整车的抗干扰能力可使用 EMC 测试仪进行检测，来料及整车装配过程中必须保证线束有屏蔽层、装配过程中有接地线。

说明

纯电动汽车的特殊特性包括但不限于上文中涉及的特殊特性，并且文中所提到的特殊特性仅仅是针对不同于传统燃油汽车的特殊特性，在纯电动汽车和传统燃油汽车相同部件上所体现出来的特殊特性同样适用于纯电动汽车，这里不再详述。

第 4 章　高压安全防护及急救措施

4.1　基本安全知识

4.1.1　人体安全电压

电击对人体的危害程度主要取决于通过人体电流的大小和通电时间的长短。电流强度越大，致命危险越大；持续时间越长，死亡的可能性越大。人体对电流的反应见表 1.4.1。

表 1.4.1　人体对电流的反应

电流（mA）	50 Hz 交流电	直流电
0.6~1.5	手指开始感觉发麻	无感觉
2~3	手指感觉强烈发麻	无感觉
5~7	手指肌肉感觉痉挛	手指感觉灼热和刺痛
8~10	手指关节与手指感觉痛，手已难以脱离电源，但尚能摆脱	灼热和刺痛感增加
20~25	手指感觉剧痛、麻痹，不能摆脱电源，呼吸困难	灼热和刺痛感更甚，手的肌肉开始痉挛
50~80	呼吸麻痹，心房开始震颤，持续 5~10 min 心脏开始麻痹并危及生命	强烈灼痛，手的肌肉痉挛，呼吸困难

（1）能引起人感觉的最小电流值称为感知电流，一般交流为 1 mA，直流为 5 mA。

（2）人触电后能自己摆脱的最大电流称为摆脱电流，一般交流为 10 mA，直流为 50 mA。

（3）在较短的时间内危及生命的电流称为致命电流，致命电流为 50 mA。

人体电阻值是影响触电后人体受到伤害程度的重要物理因素。人体电阻不是一个固定的数值，除人自身的电阻外，还要附加上人体以外的衣服、鞋、裤等的电阻，人体电阻一般可达 5 000 Ω。但影响人体电阻的因素很多，如皮肤潮湿出汗、皮肤有伤口、带有导电性粉尘、加大与带电体的接触面积和压力以及衣服、鞋、袜的潮湿油污等情况，均能使人体电阻降低，所以通常流经人体电流的大小是无法事先计算出来的。因此，安全条件往往不采用安全电流进行估算，而采用安全电压进行估算。

人体电阻由体内电阻和皮肤组成，体内电阻基本稳定，约为 500 Ω。一般认为，接触到真皮，一只手臂或一条腿的电阻大约为 500 Ω。因此，由一只手臂到另一只手臂或由一条腿到另一条腿的通路相当于一只 1 000 Ω 的电阻。一般情况下，人体电阻可按 1 000~2 000 Ω 考虑。人体安全电阻取限值 800 Ω，致命电流为 50 mA。由欧姆定律计算 $U=IR=40$ V，通常安全电压设定为 36 V。

4.1.2　纯电动汽车高压部件识别

1. 高压线

一般纯电动汽车上的高压线外部会有波纹管、热缩套管保护套。为了警示和区分，高压线波纹管的颜色采用橙色（GB30）。

高压线还采用不同颜色的热缩套管对高压电极极性进行区分，正极为红色，负极为黑色，U 相为黄色，V 相为绿色，W 相为红色。

2. 高压部件

高压部件上均有高压电警示标识，纯电动汽车整车涉及的主要高压零部件如下。

（1）电源部件：电池总成，负责电能的储存和输出。

（2）充电部件：车载充电机（将 220 V 交流电转化为直流电给动力电池输入电能）、交流充电接口、直流充电接口。

（3）配电部件：一体化电源柜（DC/DC、DC/AC、绝缘检测、高压配电、电机控制）。

（4）用电部件：电动助力转向油泵、空调压缩机、驱动电机、电除霜芯体。

3. 与纯电动汽车相关的外部设备

与纯电动汽车相关的外部设备有慢充充电桩（交流）、快充充电桩（直流）。

4.1.3　电动汽车高压安全隐患

在纯电动汽车中，高压部件工作电压均在 220 V 以上：3360 系列车型 -75° 电池总成的总电压为 DC 518.4 V；转向电机工作电压为 AC 380 V，三相；驱动电机工作电压为 AC 380 V，三相；电除霜芯体工作电压为 DC 538 V；空调压缩机工作电压为 DC 512 V；车载电机输入电压为 AC 220 V、输出电压为 DC 538 V。

1. 触电隐患

（1）当员工未按作业规程操作（主要是调试高压）以及万用表使用不当时，会直接导致工作人员触电。

（2）当电源线绝缘介质受到破坏，电池总成自身产生漏液、受潮等时，均会导致绝缘程度下降。电源线或电池通过受潮绝缘层和底盘构成漏电回路，使底盘电位上升，会危及驾驶人员和乘客的人身安全。

2. 火灾隐患

当高压电路发生短路，高压线虚接，或者电池总成受到撞击时，均会导致导电回路的热积累效应，从而可能造成车辆的电气火灾。

3. 交通事故隐患

（1）当车辆高压部件出现绝缘故障时，一体化电源柜检测出绝缘故障后会将输出电路断开。

（2）当出现短路或线路接头虚接时，保险开关可能会熔断或跳闸，进而致使输出电路断开。

若在高速行驶过程中出现上述两种情况，首先车辆动力丢失，其次转向助力泵停止工作导致转向困难，这样就很容易引发车毁人亡的事故。

4.2 电池总成装调安全

4.2.1 电池总成安全特性及装调注意事项

1. 电特性

（1）连接方式：电池系统是采用多个电池单元（3.6 V）通过并联成为模块（3.6 V），模块再串联形成模组（32.4 V），模组串联再形成电池总成（129.6 V/194.4 V），电池总成串联最后形成电池系统。

（2）电压范围：微卡电池系统额定电压为 388.8 V，轻卡电池系统额定电压为 518.4 V。

基于电特性的注意事项如下。

（1）装配环境需要无尘、干燥、整洁。

（2）装配工具需要绝缘，工作人员佩戴手套、工作帽，双手干燥无水。

（3）模组间的铜排线需要错开连接。

（4）保险开关装置手动维护开关（Manual Service Disconnect，MSD）移除后才能装卸电池系统，所有电池模块连接起来后才能安装保险装置。

（5）模组、模块装配时注意正负极安装方向，禁止颠倒；禁止电池两极短路，短路过热易损坏电池。

（6）使用过程中，电池散发出奇怪的味道、温度升高、变形或者出现其他不正常的现象时，应该立即断开电池保险开关。

（7）严禁过充或者过放，过放容易造成电池报废。

（8）严禁非专业人员私自拆开电池，私自拆开可能会造成内部结构短路或使人员触电。

2. 温湿特性

温湿特性见表 1.4.2。

表 1.4.2 温湿特性

温湿特性	温度或湿度要求	电池总成的储存周期
储存湿度	≤ 70%RH	—
储存温度	-20~60 ℃	≤ 1 个月
	-20~45 ℃	≤ 3 个月
	0~25 ℃	≤ 1 年
工作温度范围	0~55 ℃	充电
	-20~60 ℃	放电

基于温湿特性的注意事项如下。

（1）严禁将电池直接暴露在露天环境下，必须增加防雨淋、防浸泡、防直晒等措施。

（2）不要将电池置于火中或者靠近火源或者其他超过 70 ℃的高温环境中。那样的环境可能会引起电池过热或者起火，还可能导致电池性能降低，寿命缩短。

（3）电池总成储存时严格按照表 1.4.2 中的温湿度执行，储存仓库安装温湿度传感器，每日点检温度及湿度是否符合要求。

3. 机械特性

机械特性要求为勿碰撞勿挤压；密封性要求为 IP67，气密性保压 60 s，压降控制在 40 Pa 以下。

基于机械特性的注意事项如下。

（1）禁止不采用任何支撑而多层堆放电池总成。

（2）禁止踩踏或重压电池总成箱体（易造成箱体变形，从而导致内部变形）。

（3）电池总成吊装时需将 4 个吊点均固定后再起吊，起吊过程中避免碰撞。

（4）安装箱盖时注意在箱盖周边均匀涂抹密封胶，安装完成后需要对电池总成进行密封检测。

4. 电池总成装调惊险案例

案例 1.4.1　报绝缘异常故障，将箱体开箱后发现箱体内大量进水。

原因：①长时间储存在室外，未做任何遮蔽措施，阳光长期直射造成电池总成内部温度升高（80~90 ℃），加速密封胶老化，导致密封失效；②雨淋后雨水进入电池总成，导致箱体绝缘异常。

隐患：①电池总成内部短路，产热燃烧，损害电池及车辆；②电池总成漏电，容易导致人员触电。

4.2.2　整车调试安全

1. 整车高压调试防护要求

（1）现场铺设绝缘胶皮。

（2）准备作业相关绝缘防护用品及工具（图 1.4.1）：绝缘手套、绝缘鞋、绝缘工具（螺丝刀、扳手类）、绝缘检测仪、万用表等。

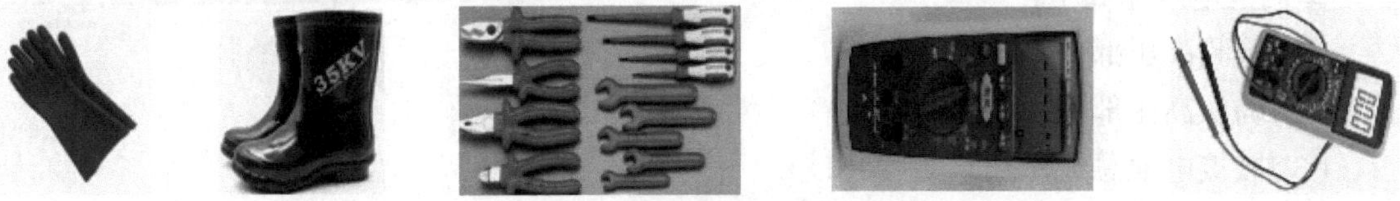

图 1.4.1　绝缘防护作用品及工具

2. 作业前做好检查及准备工作

（1）绝缘手套：检查绝缘校验日期是否在有效期内（每半年送检一次）；手套外表无磨损、划痕、破漏（有漏气裂纹的禁止使用）。穿戴时手套及双手保持干燥状态，衬衣或工装袖口需包入手套底部。

（2）绝缘胶鞋：检查绝缘校验日期是否在有效期内（每半年送检一次）；外表无磨损、划痕、破漏，鞋底无裂纹。穿戴时胶鞋及双脚保持干燥状态，裤腿口包入绝缘鞋内。

（3）绝缘工具：检查工具绝缘护套无破损，绝缘工具干净干燥（禁止工具带水使用）。

（4）工作时须佩戴工作帽，女性长发员工须将长发盘卷隐藏在工作帽中。

（5）随身金属件上岗前应全部卸下，尤其是随身钥匙串、戒指及手机等。

3. 整车高压装调安全规范

1）装配过程中的操作规范

（1）禁止非高压岗位人员对高压部件进行装配。

（2）装配时检查零部件外观是否损坏以及检测零部件绝缘性能。

（3）禁止暴力装配，禁止剪切损坏高压线束，禁止破坏高压零部件。

（4）高压线束连接要确保接头固定到位，不能虚接。

（5）高压线束连接时需要检查线束型号与连接点对应正确。

（6）装配过程中必须断开电池总成保险开关和低压电源总开关。

2）调试过程中的操作规范

（1）保证至少两人在场，一人操作，一人保持一定距离观察。

（2）整车上电前必须确认各高压部件安装到位，高压线束连接正确。

（3）确保驾驶室点火开关处于关闭状态，再插接电池总成保险，然后再打开电源总开关。

（4）对整车进行功能调试时，确保换挡手柄处于空挡，手刹处于锁止状态，以及车身周边无人员作业或其他物品干涉。

（5）在电机、驱动轮附近，底盘下方进行调试作业时须断开点火开关。

（6）高压部件带电调试时，绝缘用品必须佩戴齐全，使用绝缘工具。

（7）对一体化电源柜内部调试时需要断开电源 10 min 后才能操作。

（8）对电池总成内部进行调试时，断开点火开关，断开低压电源总开关，再断开对应的电池总成保险开关。

（9）使用绝缘表或万用表测量时尽量单手操作，避免形成回路造成触电。选择与部件匹配的挡位进行测量，避免不匹配而误伤人员和损坏设备。

车辆上电顺序如下：

（1）检测高压部件绝缘性能；

（2）确认高压部件线路连接到位；

（3）插接电池总成保险开关（MSD）；

（4）打开低压电源总开关；

（5）打开点火开关进行功能调试作业。

车辆下电顺序如下：

（1）停止高压部件的工作状态（断开点火开关）；

（2）断开整车低压供电（断开低压电源总开关）；

（3）断开电池总成的保险开关（MSD）；

（4）进行高压部件调试工作。

注意：高压系统中的接插件禁止热插拔（即工作状态）。

高压部件绝缘阻值见表 1.4.3。

表 1.4.3　高压部件绝缘阻值

序号	高压部件	绝缘阻值	备注
1	电池总成	≥ 200 MΩ	每个电池总成均须检测绝缘性能
2	一体化电源柜	≥ 50 MΩ	
3	驱动电机	≥ 20 MΩ	
4	空调压缩机	≥ 20 MΩ	
5	车载充电机	≥ 20 MΩ	
6	助力转向泵	≥ 20 MΩ	

案例 1.4.2　车辆行驶过程中动力丢失，电机不工作无法行驶。

原因：接触点螺栓未紧固到位（虚接），导致接触点电阻增大，通电后接触点发热将接触点周围绝缘材料烧蚀与接触点混合，导致接触点电阻持续增大，加大保险接入的负载，一体化电源柜保险跳闸，电机断电不工作。

隐患：①高速行驶，车辆动力丢失，若驾驶人员反应不及时，极易导致后车碰撞，发生交通事故（车毁人亡）；②若交通事故中电池总成遭受撞击，易导致电池变形短路、漏液燃烧，威胁车辆、货物以及人员的安全；③若保险未跳闸，虚接点持续发热，易导致高压部件燃烧，同样威胁车辆、货物以及人员的安全。

4.2.3　触电预防及急救措施

1. 预防触电的措施

（1）禁止无证上岗，上岗人员必须经过相应培训且取得操作许可证。

（2）高压部件装配、调试检修必须按技术作业规程进行操作，禁止私自改变作业规程。上岗人员按要求穿戴绝缘用品，使用绝缘工具。

（3）带电体之间、带电体与地面之间、带电体与其他设施之间、工作人员与带电体之间必须保持足够的安全距离，距离不足时，应采取有效的措施进行隔离防护。

（4）采用适当的保护接地措施，将电气装置中平时不带电，但可能因绝缘损坏而带上危险的对地电压的外露导电部分与大地做电气连接，降低触电的危险。

2. 触电急救措施

触电急救的要点是动作迅速，冷静，切勿惊慌失措。“迅速、就地、正确、坚持”是触电急救的八字方针。

（1）首先要冷静判断。

（2）确保自身安全（佩戴绝缘用品）。

（3）尽快使触电者脱离电源。

(4)根据触电者的具体症状进行对症施救。

3. 动力电池系统燃烧的急救措施

1)小火,未蔓延至电池内部

(1)可以采用二氧化碳或 ABC 干粉灭火器灭火。

(2)若能将火源快速转移到空旷地带则边灭火边转移。

2)电池弯曲、扭曲变形,内部燃烧

(1)持续用大量的水冲洗冷却灭火,距离 15 m 左右。

(2)火焰熄灭后,使用热成像仪观察电池内部是否冷却。若无热成像仪,监控保持电池不再冒烟后至少 1 h。

注意事项如下。

(1)电池发生火灾,灭火时需要佩戴防毒面具。

(2)检查火情时禁止与高压部件接触,始终使用绝缘工具。

第 2 篇　实用工艺技术

第 1 章　电动化系统总装工艺

1.1　汽车工艺简介

汽车工艺思路如图 2.1.1 所示。

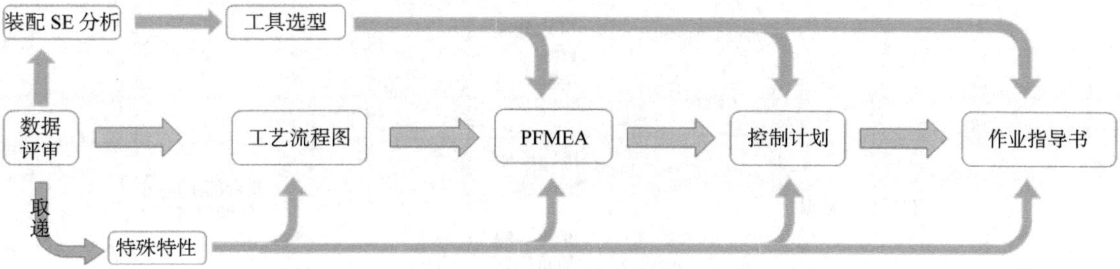

图 2.1.1　汽车工艺思路

（PFMEA 为过程失效模式及后果分析，Process Failure Mode and Effects Analysis）

装配同步工程（Simultaneous Engineering，SE）分析基本上从以下几方面进行：

（1）分析零部件加工可行性、加工成本等；

（2）分析零部件装配的可行性、方便性；

（3）分析零部件拆卸的可行性、方便性。

工艺文件开发流程如图 2.1.2 所示。

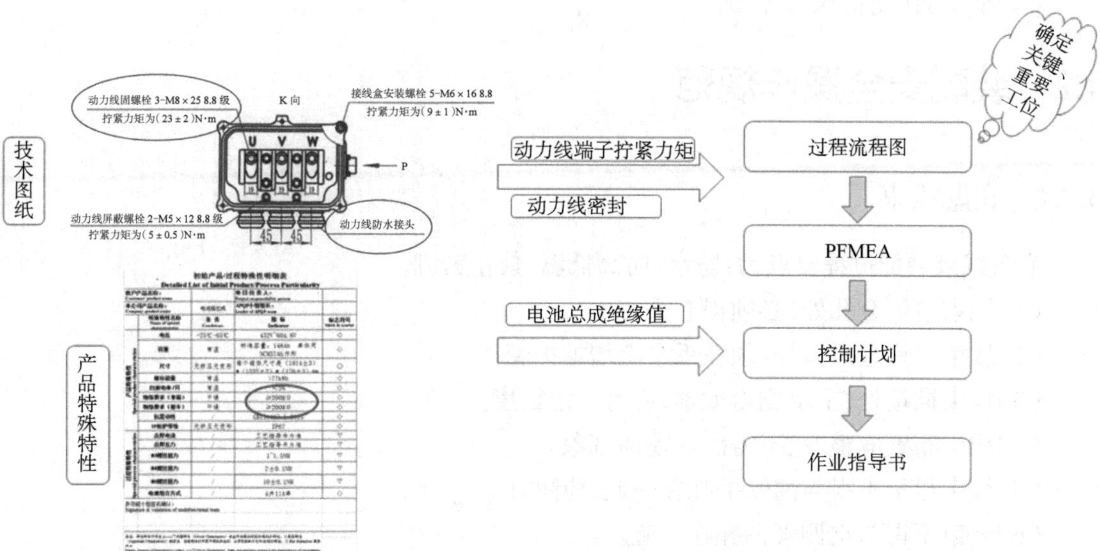

图 2.1.2　工艺文件开发流程

特殊特性与 PFMEA 是工艺开发中的两个关键环节，特殊特性识别、提取来源于技术图纸、产品特殊特性，特殊特性贯穿于整个制造文件体系。PFMEA 的主要来源如图 2.1.3 所示。

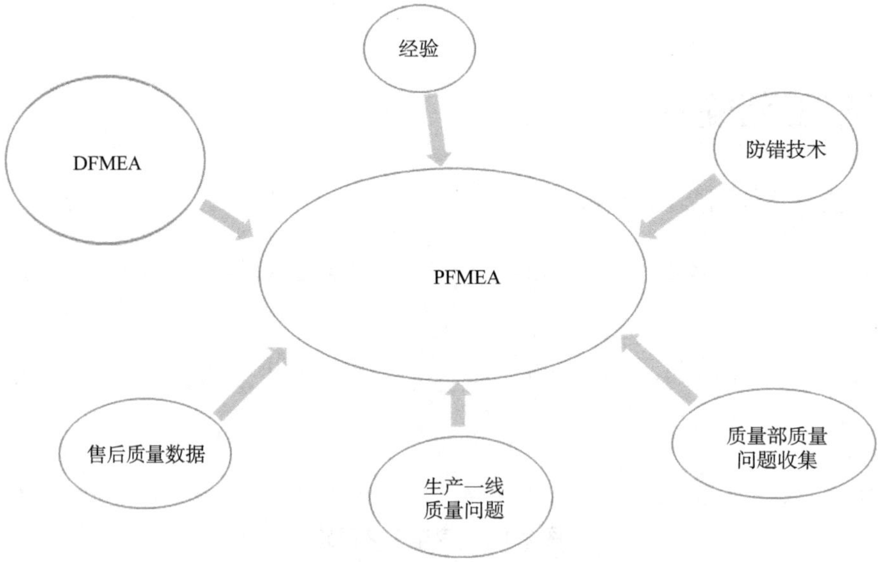

图 2.1.3 PFMEA

（DFMEA 为设计失败模式及后果分析，Design Failure Mode and Effects Analysis）

由于纯电动汽车三电的高压特性，所以在组装及调试过程中需注意以下几点：

（1）高压零部件的防护；

（2）高压零部件安装注意事项——力矩、插接头连接等；

（3）高压线束固定注意事项；

（4）整车通电前的绝缘检测。

1.2 装配安全操作规范

1.2.1 底盘线束

底盘线束装配过程要点为：防水、防高低温、禁止紧绷。

（1）线束过钣金孔处，必须得有护套。

（2）线束过钣金刃口处，须在钣金上增加护套。

（3）线束插接处，不得绷得太紧，应有一定松度。

（4）线束布置应整齐、不得出现搅曲现象。

（5）线束尽量不得与油管捆扎在一起，应隔开。

（6）线束不得与空调管捆扎在一起。

（7）线束每隔 30 cm 左右应有一个固定点。

1.2.2　高压线束

高压线束装配过程要点为：防水、防松动、防过度扭曲。

(1)线束与电机、电源柜连接端子固定时需要控制拧紧力矩。

(2)线束布置应整齐、不得出现搅曲现象。

(3)线束接头固定到位，不得出现格兰头密封不严现象(格兰头处黑色密封胶应外露)。

(4)线束不得与尖锐物或刃口直接接触。

(5)接头处避免出现急转弯现象。

(6)高压线束不得与发热零件 / 部件接触，应有一定间隙。

(7)高压线束插接头处 300 mm 以内必须有一固定点。

1.2.3　刹车踏板分装

高压线束装配过程要点为：踏板开度。

(1)销轴自由状态下穿过销孔。

(2)先分装刹车踏板与真空助力器总泵总成，后装配刹车灯开关。

(3)刹车灯开关螺纹旋出 1~3 螺纹。

(4)真空助力总泵总成推杆不得与刹车踏板干涉。

1.2.4　冷却系统

冷却系统装配过程要点为：防泄漏。

(1)所有环箍安装朝向需方便售后服务，减少维修成本。

(2)所有软管避免与尖锐物或刃口接触。

(3)环箍应卡在凸台内侧。

1.2.5　储能系统

储能系统装配过程要点为：防重击、防机械损伤、防高压。

(1)电池总成吊装前须对吊具设备进行检查(设备点检表)。

(2)电池总成安装时不得使用撬棍等铁类直接撬电池总成箱体。

(3)电池总成安装过程中不得敲击箱体。

(4)电池总成上插接头(特别是高压接头)防护罩不得在未连接前取掉。

(5)电池总成通电操作及通电后的高压电操作，须穿戴绝缘手套、绝缘鞋等绝缘防护品。

(6)高压部件检修前必须依次断低压电、断高压电后再做相关操作。

1.2.6　线束插接

线束插接装配过程要点为：防退针。

(1)插接前检查插头及插座无异物。

（2）插接或旋转到位时应听见“咔”声响。

（3）防脱机构处于锁止状态。

（4）反拔插接头无脱落或松动现象。

1.2.7 高压安全插接（返修、整改）

高压安全插接装配过程要点为：断电操作、防高压。

（1）关闭车辆低压电源（车钥匙转至“LOCK”位置并拔掉钥匙）。

（2）断掉电源总开关，使其处于断开状态。

（3）拔掉电池总成保险（须佩戴绝缘手套并穿绝缘鞋），禁止野蛮操作。

（4）电池总成保险拔掉必须等待 10 min 后，才能进行相应高压线束插拔等操作。

1.3 工艺路线、工具设备介绍、爆炸图

1.3.1 工艺路线基本概念

（1）工艺：是指操作者利用各类生产工具对各种原材料、半成品进行加工或处理，最终使之成为成品的方法与过程。

（2）工艺路线：是描述成品或半成品加工、零部件装配的操作顺序路径。

（3）工艺路线设计原则：以汽车组装为例，先布置管线、由内向外、前后工序不影响，要确保装配过程的先进性、高效性、平衡性、可实施性，工艺路线设计完成后并不是一成不变的，而是要不断优化、合并、重组、取消等，形成比初始工艺更优的工艺路线。

1.3.2 工具设备介绍

纯电动汽车的装配过程除三电外基本与传统汽车的装配相同，因此传统汽车装配过程中的改刀、扳手、套筒、万向节、风枪、电动螺丝刀、拧紧机、加注机等均可在纯电动汽车装配过程中使用。三电零部件的工具设备已经在第 1 编的第 2 章中进行了列举，此处不再介绍。

1.3.3 爆炸图

对于零部件总成的装配来说，掌握总成件的构成、各零部件的装配位置关系对零部件的装配起到很大的作用，因此目前大部分主机厂均将总成件的爆炸图写入作业指导书中以指导生产作业，且部分有条件的主机厂已实现零部件总成装配过程动画在相应工位上的循环播放，以更有效、更直观地体现装配零部件的相对关系和装配要领。某型电动商用车部分零部件总成的爆炸图如图 2.1.4 和图 2.1.5 所示。

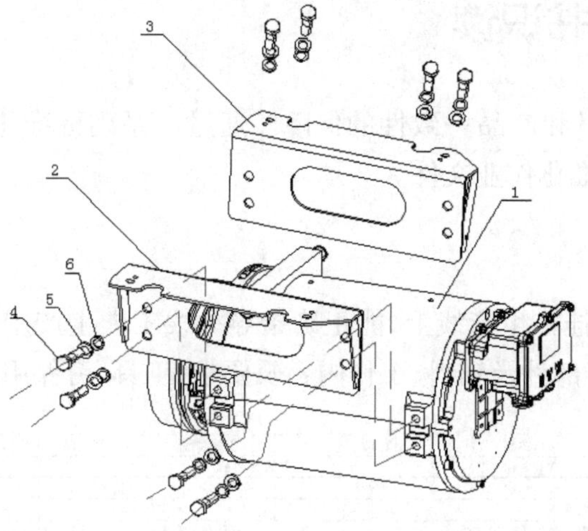

序号	名称	图号	数量	备注
1	驱动电机		1	
2	电机支架总成（右）		1	
3	电机支架总成（左）		1	
4	六角头螺栓		8	
5	平垫圈		8	
6	弹簧垫圈		8	

图 2.1.4　电机及悬置总成爆炸图

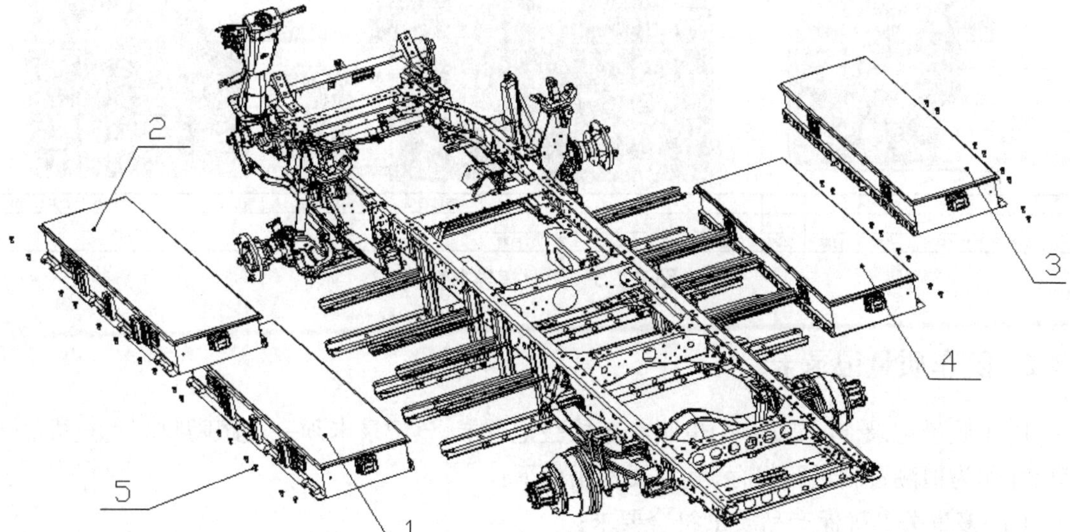

序号	名称	图号	数量	备注
1	电池总成（1号箱）		1	
2	电池总成（2号箱）		1	
3	电池总成（3号箱）		1	
4	电池总成（4号箱）		1	
5	六角法兰面螺栓	Q1801020	32	

图 2.1.5　电池装配关系爆炸图

1.4 标准化作业指导书识读

标准化作业是企业产品质量和产品一致性的保障。通过一系列标准化作业文件来实现,下面列举几个常见的典型标准化作业文件。

1.4.1 作业指导书

作业指导书(图 2.1.6)是悬挂在生产线上,能正确指导一线工人生产用的基础文件,作业指导书的主要要素有:人员、零部件及辅料、工作内容及要求、工具、劳保用品、图示。

	作业指导书		适用车型	YJ131	工序类型	关键工序	序号：YJ131-TT/ZY-AL06-0-01-A1	
			作业名称	安装传动轴			共 1 页	第 1 页
特性分类	作业人员资格		经培训合格后上岗	辅料名称	记号笔	辅料规格 蓝色	工作环境	自然环境
	序号	工步	作业内容	工时(s)	操作要领		控制方法	异常处理方案
	1	取件	取传动轴1根，螺母（M14-10.0）4颗，弹垫（M14）4颗	30	无碰伤、变形，漆面无划伤		随车卡、巡检记录表	1.返工； 2.换件； 3.通知班长； 4.在“随车质量记录卡”中做记录
	2	取工具	取气动冲击扳手1把，M21套筒1个，万向节1个，接杆1个，M18-公制两用扳手2把，扭力扳手（40～200 N·m）1把，K18开口插头1个，开口扭力扳手（40～200 N·m）1把，M21-公制两用扳手1把	40				
	3	安装	①手动拆除后桥上自带的螺栓螺母	20	传动轴箭头方向为传动轴前端			
			②将传动轴前端穿过电机螺柱	10				
			③用螺母将传动轴前端固定到电机上，手动将螺母旋入电机螺柱3～5丝	20				
			④将传动轴后端与后桥法兰盘通孔对正，并用螺栓螺母连接，手动将螺栓旋入螺母3～5丝	30			劳保用品	
			⑤用气动冲击扳手及两用扳手预紧螺栓、螺母	80	气动冲击扳手设置最低挡位		手套 防护眼镜 安全帽 安全鞋	
A			⑥用120 N·m扭力扳手安全紧固后桥螺栓	40	螺栓应用扭力扳手旋转后才响“咔”声，若螺栓未旋转就响，则应松螺栓后再用扭力扳手安全紧固			
A			⑦用130 N·m扭力扳手安全紧固电机螺栓	40				
	4	放工具	将工具还回原位	20				
	5	自检	螺栓、螺母紧固无松动，用蓝色记号笔在螺母上做标记	10			其他：	

										编制(日期)	校对(日期)	审核(日期)	标准化(日期)	会签(日期)
标记	处数	更改文件号	签字	日期	标记	处数	更改文件号	签字	日期					

图 2.1.6 作业指导书系列

1.4.2 随车质量记录卡

随车质量记录卡(图 2.1.7)也叫汽车检验记录卡,该记录卡须一直跟随整车直至成品入库后才作为追溯资料进行保存,其主要作用如下:

(1)多重关卡确保产品质量符合要求;

(2)加强员工的质量意识;

(3)提高产品一次下线合格率;

(4)方便问题收集。

随车质量记录卡

序号	工位	装配项目	检验项目及技术要求	检验等级	自检	互检	巡检	质量门	交检
1	驾驶室	拆仪表台	检测仪表台表面无碰划伤等缺陷	C					
2	驾驶室	拆中网	检查中网卡脚无断裂、无掉落、外面漆面无划伤	C					
3	驾驶室	△安装驾驶室线束	线束布置正确，捆扎牢固，搭铁点接触良好，与钣金棱边干涉处增加 U 形防护套	A					
4	驾驶室		左右车门转向小灯线束连接牢靠	A					
5	驾驶室		左右雾灯、大灯线束无拉扯紧绷（驾驶室翻转状态），线束插接牢固	A					
6	驾驶室	△安装制动踏板	锁销开口弯曲 90° 以上	A					
7	驾驶室		刹车灯开关螺柱（螺纹）露出安装座底部端面 1～3 螺纹	A					
8	驾驶室		螺栓拧紧力矩：40 N·m	A					
9	驾驶室	安装真空助力器总泵分装总成	螺栓拧紧力矩：60 N·m	C					
10	驾驶室	安装电除霜芯体	①高压线束端靠近压线板侧； ②芯体安装到位确保限位装置能卡入； ③注意防止芯体泡沫不被破损； ④限位块安全卡装入限位装置正中； ⑤不得破损线束护套、不出现直角转弯现象	C					
11	驾驶室	△安装 GPS（数据采集终端）	①天线与数据采集终端插接头颜色对应插入； ②方形天线安装在仪表台左侧表面，粘贴牢固； ③线束整理、捆扎牢固	B					
12	驾驶室	安装仪表台总成	检查仪表台表面无划伤，螺钉紧固到位，无松动	C					
13	驾驶室	△安装保险盒	电阻二极管组插接到位	B					
14	驾驶室	△安装组合仪表	组合仪表外观良好、无划伤；针脚无	B					

图 2.1.7　随车质量记录卡示意

1.4.3　工艺更改通知单

工艺更改通知单（图 2.1.8）用于现行工艺的更改，方便工艺变更管理，使工艺变更有据可依，变更方式明确、变更内容清晰。

1.4.4　重点管理表

重点管理表（图 2.1.9）能清晰地展示合格与不合格状态，警示员工按要求操作。

工艺更改通知单

产品型号	产品名称	零件图号	零件名称	文件编号	文件名称	共 页
					总装作业指导书	第 页
更改原因	工序调整	制品处理			是否需要评审验证	否
更改标记		更改处数	1		更改实施日期	自批准之日起

更改前：	更改后：	发往部门
1.“总装作业指导书”附图 A01（发动机罩气弹簧）第 4 页、第 5 页；附图（背门气弹簧）第 6 页；工序号：A01-c	1.“总装作业指导书”附图 A01（发动机罩气弹簧）第 4 页、第 5 页；附图（背门气弹簧）第 6 页；工序号：A01-b	技术规划部
		同时更改资料

会签				编制	校对	审核	标准化	批准

××××××　　　　编号：×××××××××

备注：工艺更改需要验证时，须附“评审报告”方可审批。

图 2.1.8　工艺更改通知单示意

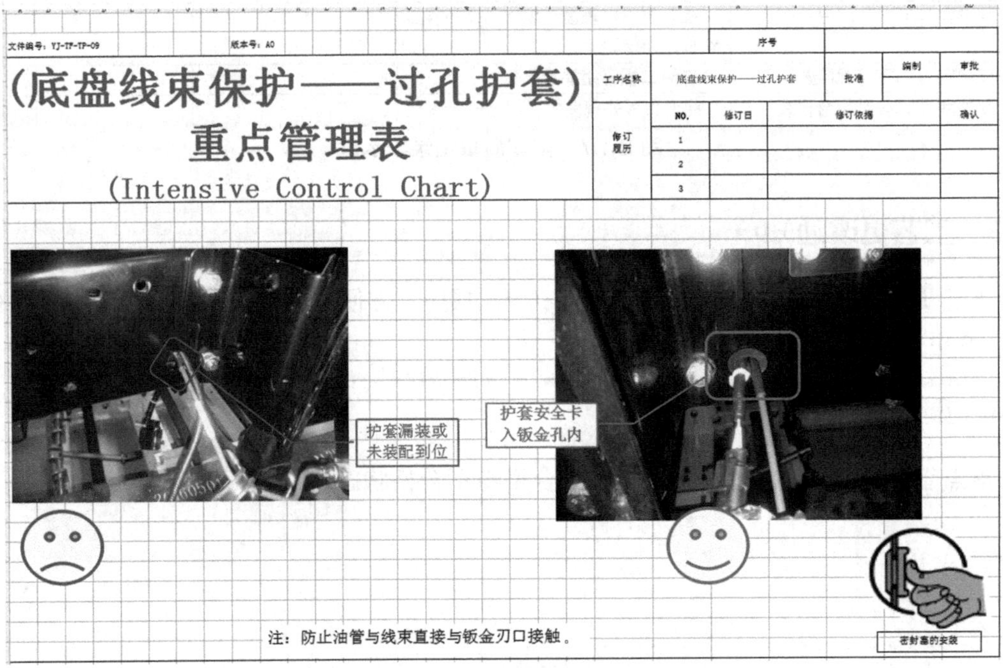

图 2.1.9　重点管理表示意

1.4.5　自主检查表

自主检查表如图 2.1.10 所示。

			自主检查表 (Self-Inspection Check Sheet)	产品型号		产线名称		
				工位	AL08	执行部门	共 1 页	第 1 页
序号	类别	自主检查项目	检查标准	等级	检测方法	检测工具	图示说明	标识
1	自检	充电机托板	托板无变形、漆面无划伤；螺栓、螺母与钣金贴合	C	目测			
2	自检	PTC线束支架	支架无变形、漆面无划伤；螺栓、螺母与钣金贴合	C	目测			
3	自检	VCU支架	VCU支架无变形、漆面无划伤；螺栓、螺母与钣金贴合	C	目测			
4	自检	整车控制器	外观无划伤；螺栓、螺母与支架贴合；插接头防脱卡装配到位，反拔无脱落	B	目测、反拔			
5	自检	车载充电机	充电机无碰伤、插接头无破损；安装方向正确；螺栓与车载充电机贴合	C	目测			
6	自检	电动助力转向泵	无碰划伤、减震块无破损；螺母与电动助力转向泵贴合，拧紧力矩为(80±8)N·m	B	目测、计量	定扭扳手		蓝色（画线）
7	自检	高压转向油管（泵到机） 低压转向油管（壶到泵）	密封垫无破裂；油管走向正确、铺设整齐、平顺；空心铰接螺栓拧紧力矩为(60±6)N·m；管接头拧紧力矩为(50±5)N·m	B	目测、计量	定扭扳手		蓝色（画线）
8	自检	散热器下托架	托架无变形、漆面无划伤；装配位置方向正确；螺栓、螺母与车架贴合	C	目测			
9	自检	高压线固定支架	支架无变形、漆面无划伤；螺栓、螺母与钣金贴合到位	C	目测			
10	自检	空调压缩机高压线束 电除霜高压线束	线束完好无破损；插接到位，反拔无脱落；线束固定到位；开口夹一定要分开	C	目测			
11	互检		电机支架与电机连接螺栓力矩色标；悬置力矩螺栓色标；电机支架力矩螺母色标；传动轴力矩螺栓色标；电池托架力矩螺栓色标	B	目测			白色（打点）
12	互检		底盘线束与驾驶室线束、电机、水泵、轮速传感器、空调压缩机、整车控制器、车载充电机插接到位、反拔无脱落	B	目测、手拔			白色（打点）

图 2.1.10　自主检查表示意

1.4.6　过程巡检表

过程巡检表中包括用什么工具、什么标准、怎样的检查频次、检查什么内容、做好怎样的标识。

1.4.7　质量门检查表

质量门检查表如图 2.1.11 所示。

质量门检查表

编号：
版本号：

车架号：		车型号：	
交检日期：		完成日期：	
货厢号及类型：			

类别	工序	序号	项目	检验内容	自检确认	下工序确认
	电气控制调试	26	传统车电气	整车灯光正常开闭、切换，仪表指示灯正常切换；喇叭声音正常且喇叭开关正常开闭；收音机开关按钮正常调节，USB 接口正常工作；按下点烟器正常加热且回位；鼓风机风量及风道调节不卡滞，内外循环切换力度适中且有效；雨刮器正常调节刮动挡位，喷水正常；驾驶室内照灯开闭调节正常、随车门开闭亮熄		
		27	绝缘测试	整车绝缘阻止应大于 20 MΩ		
		28	空调	冷风空调正常制冷，且温度降到一定程度后空调压缩机会自动停止工作；电除霜开关切换正常，加热到一定程度后电除霜加热芯体会自动停止工作		
		29	助力电机	方向盘转向助力正常、助力电机正常工作无异响		
		30	真空泵	真空泵正常工作、无异响，真空管路无漏气现象		
		31	动力电池	动力电池信息采集无异常，高低压线束规整、接插到位，仪表界面无报警		
		32	集成控制器	高低压线束规整、接插到位，仪表界面无报警		
		33	GPS 测试	GPS 设备正常工作		
		34	程序更新	按要求更新整车 VCU 程序版本，确认仪表界面		
		35	加速、制动踏板	缓慢踩下加速、制动踏板，仪表对应信号在 0~100% 变化		
		36	充电测试	交流充电、直流充电均能正常充电		

问题记录表

序号	工序	问题描述	记录人	返修人
1				
2				
3				
4				
5				

备注：

1. 交检日期为货厢下线交检日期，完成日期为调试完成交付质量检验的日期；
2. 自检确认有问题时，表格自检确认项不填写，将问题记录至问题记录表并在记录人处签字，返修完成后返修人在返修人处签字，随后交至自检人进行确认。

图 2.1.11 质量门检查表

1.5　三电总装工艺

下面以某型电动物流车底盘总成组成为例进行介绍。

工艺步骤如下。

工位 1:底盘总成上线,规划人数 2 人。

工序 1:无动力二类底盘上线。

第 1 步:取件。取无动力二类底盘 1 个。

注意:无动力二类底盘表面油漆无磕碰,制动硬管无变形,车架纵梁无明显扭曲;关键点螺栓色标;有无备胎。

第 2 步:取工具。取行车 1 台(5 t)、车架吊具 1 套。

第 3 步:安装。

(1)将行车小车放置到无动力二类底盘正上方。

操作要领:确认原底盘无传动轴吊架。

(2)将车架吊具一端悬挂到行车保险钩内。

操作要领:行车保险钩完好,如图 2.1.12 所示。

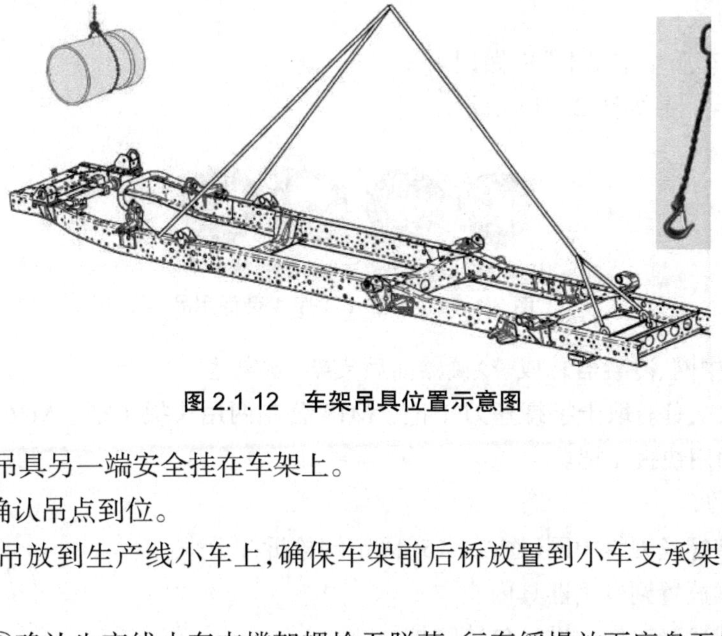

图 2.1.12　车架吊具位置示意图

(3)将车架吊具另一端安全挂在车架上。

操作要领:确认吊点到位。

(4)将车架吊放到生产线小车上,确保车架前后桥放置到小车支承架上,如图 2.1.13 所示。

操作要领:①确认生产线小车支撑架螺栓无脱落,行车缓慢放下底盘至生产线小车上;②前后桥分别安全平稳吊放到支撑小车聚氨酯防护区域内。

图 2.1.13 吊装示意图

(5)取下车架吊具与车架吊装端,移出行车。

第 4 步:放工具。将工具还回原位。

本工序控制方法:自检、互检。

本工序异常处理方案如下:

(1)返工;

(2)换件;

(3)通知班长;

(4)在“随车质量记录卡”中做记录。

本工序劳保用品如图 2.1.14 所示。

图 2.1.14 工位 1 工序 1 劳保用品

工序 2:拆中网、冷凝器总成、冷凝器前后支架、蓄电池。

第 1 步:取工具。取十字螺丝刀 1 把、M13 公制两用快扳 1 把、M16 公制两用快扳 1 把、M14 公制两用快扳 1 把。

第 2 步:拆卸。

(1)取十字螺丝刀将中网(图 2.1.15)固定螺栓拆卸下来。

(2)将中网放置到专用器具内。

(3)用塑料薄膜对中网进行包装防护。

操作要领:拆卸前检查中网卡脚无断裂、外观漆面无划伤。

注意:中网由专人从第一工位转运到第十四工位,另外应收集拆卸下来的固定卡扣,防止丢掉。

图 2.1.15　中网

(4)取两用扳手将冷凝器(图 2.1.16)总成固定螺栓拆卸下来。

图 2.1.16　冷凝器

(5)将冷凝器总成放置到专用器具内。

操作要领:①拆卸前检查冷凝器总成完好、百叶片无破损;②线束插接头完好、无退针。

注意:冷凝器由专人从第一工位转运到第七工位。

(6)取两用快扳将冷凝器前后支架固定螺栓拆卸下来。

(7)将冷凝器前后支架放置到专用器具内。

操作要领:拆卸前检查支架无变形、漆面无划伤。

(8)取两用快扳将蓄电池(图 2.1.17)压板固定螺栓拆卸下来,将蓄电池放置到指定位置。

(9)用两用快扳将蓄电池托架螺栓拆卸下来,并将托架放置到指定位置。

操作要领:①拆卸蓄电池前检查表面无变形、油漆无划伤;②观察蓄电池是否过期;③正负极保护套无脱落。

注意:蓄电池及蓄电池压板由专人从第一工位转运到第六工位。

图 2.1.17 蓄电池

第 3 步:放工具。将工具还回原位。

本工序控制方法:自检、互检。

本工序异常处理方案如下:

(1)返工;

(2)换件;

(3)通知班长;

(4)在“随车质量记录卡”中做记录。

本工序劳保用品如图 2.1.18 所示。

图 2.1.18 工位 1 工序 2 劳保用品

工序 3:车架钻孔。

第 1 步:取工装。取磁力电钻 1 把,电钻 1 把,M5 钻花 1 个,M10 钻花 1 个,毛刷 1 把,充电机托板钻孔工装 1 个,电池总成托架钻孔工装 1 个。

第 2 步:钻孔。

(1)取充电机托板钻孔工装放置到充电机托板安装位置处,借用充电机托板后两安装点作为定位孔,将工装定位到车架上。

(2)先用 M5 钻花在工装钻孔位置处钻孔。

(3)取走工装,再用 M10 钻花将先前钻的 M5 孔钻成 M10 孔,如图 2.1.19 所示。

(4)取电池总成托架 1 钻孔工装安装到电池总成托架 1 安装位置上,并将工装定位到车架上。

(5)先用 M5 钻花在工装钻孔位置处钻孔。

(6)取走工装,再用 M10 钻花将先前钻的 M5 孔钻成 M10 孔,如图 2.1.20 所示。

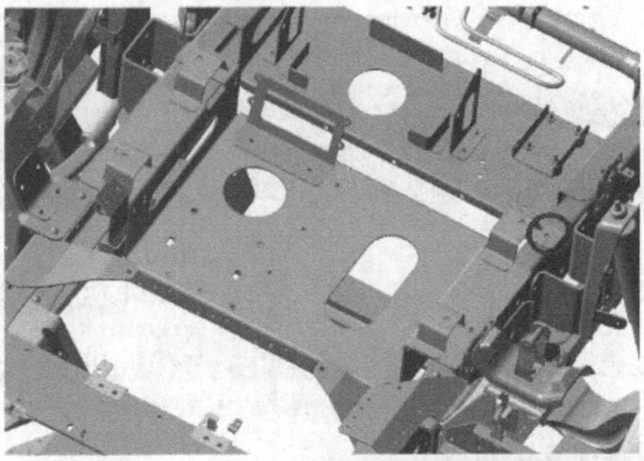

图 2.1.19　充电机托板钻孔后效果图

图 2.1.20　电池总成托架钻孔后效果图

(7)用毛刷将钻孔周围的铁屑清除干净。

(8)用黑色自喷漆对新钻的孔进行喷漆。

第 3 步:放工具。将工具工装放回原处。

本工序控制方法:自检、互检。

本工序异常处理方案如下:

(1)返工;

(2)换件;

(3)通知班长;

(4)在“随车质量记录卡”中做记录。

本工序劳保用品如图 2.1.21 所示。

手套　防护眼镜　安全帽　安全鞋

图 2.1.21　工位 1 工序 3 劳保用品

工序 4:安装冷凝器前支架总成。

第 1 步:取件。取冷凝器前支架总成 1 个,螺栓(M10×25-8.8)2 颗,螺母(M10-8.0)2 颗。

注意:支架无变形、无划伤。

第 2 步:取工具。取气动冲击扳手 1 把,M15 公制两用快扳 1 把,扭力扳手(20~100 N·m)1 把,M13 套筒 1 个。

第 3 步:安装(图 2.1.22)。

(1)用螺栓、螺母将冷凝器前支架分别连接到车架上,位置如图 2.1.22 所示。

(2)用气动冲击扳手预紧前支架螺栓。

(3)用扭力扳手安全紧固螺母,拧紧力矩为(60±5)N·m。

操作要领:①螺栓应用扭力扳手旋转后才响“咔”声,若螺栓未旋转就响,则应松螺栓后再用扭力扳手安全紧固;②扳手班前校验。

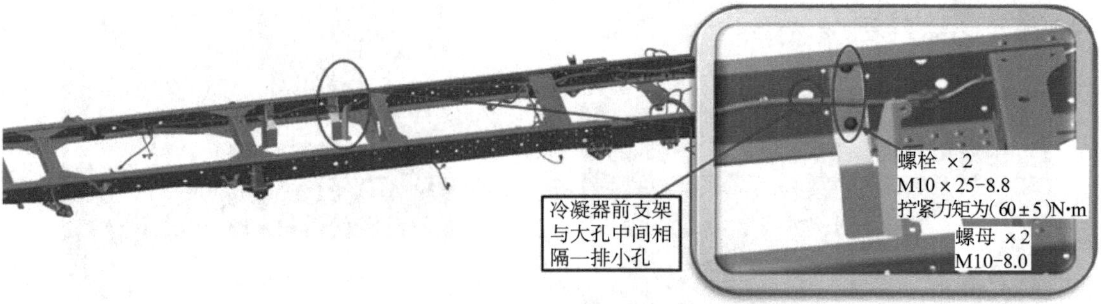

图 2.1.22 安装冷凝器前支架总成

第 4 步:放工具。将工具还回原位。

第 5 步:自检。螺栓紧固无松动,用蓝色记号笔在螺栓上做标记。

本工序控制方法:随车质量记录卡、过程巡检表。

本工序异常处理方案如下:

(1)返工;

(2)换件;

(3)通知班长;

(4)在“随车质量记录卡”做记录。

本工序劳保用品如图 2.1.23 所示。

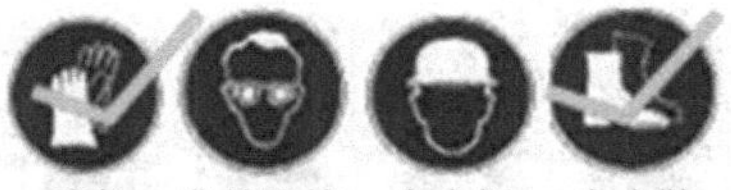

图 2.1.23 工位 1 工序 4 劳保用品

工序 5:安装真空泵负压传感器。

第 1 步:取件。取真空泵负压传感器 1 个。

注意:传感器螺纹完好,线束无破损、插接头完好。

第 2 步:取工具。取 K27 开口扳手 1 把。

第 3 步:安装(图 2.1.24)。

图 2.1.24 安装真空泵负压传感器

（1）将传感器螺纹打一条德邦胶。

注意：德邦胶型号为 2567。

（2）手动将传感器螺纹旋入真空罐螺纹孔内 3~5 丝。

（3）用开口扳手将传感器紧固到位。

（4）将传感器线束与驾驶室线束插接到位。

操作要领：反拔无脱落。

第 4 步：放工具。将工具还回原位。

第 5 步：自检。传感器与真空罐贴合，用蓝色记号笔在螺栓上做标记。

本工序控制方法：随车质量记录卡、过程巡检表。

本工序异常处理方案如下：

（1）返工；

（2）换件；

（3）通知班长；

（4）在“随车质量记录卡”中做记录。

本工序劳保用品如图 2.1.25 所示。

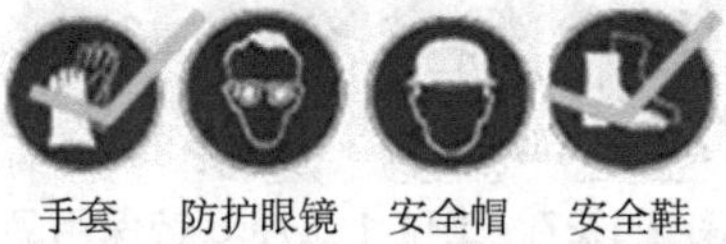

图 2.1.25　工位 1 工序 5 劳保用品

工序 6：安装空调管支架。

第 1 步：取件。取空调管支架（1）2 个，空调管支架（2）2 个，空调管支架（3）1 个，空调管支架（5）1 个，螺栓（M8×20-8.8）11 颗，螺母（M8-8.0）11 颗，螺栓（M6×20-8.8）1 颗，螺母（M6-8.0）1 颗。

注意：支架无变形、漆面无划伤。

第 2 步：取工具。取电动螺丝刀 1 把，M8 螺丝刀头套筒 1 个，M10 螺丝刀头套筒 1 个。

第 3 步：安装（图 2.1.26）。

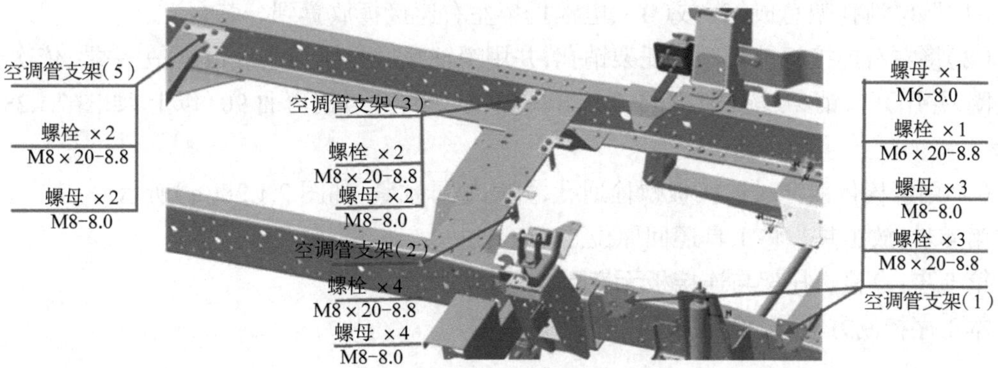

图 2.1.26　安装空调管支架

(1)将空调管支架(1)安装到图 2.1.26 所示位置,并用电动螺丝刀紧固到位。

(2)将空调管支架(2)安装到图 2.1.26 所示位置,并用电动螺丝刀紧固到位。

(3)将空调管支架(3)安装到图 2.1.26 所示位置,并用电动螺丝刀紧固到位。

(4)将空调管支架(5)安装到图 2.1.26 所示位置,并用电动螺丝刀紧固到位。

操作要领:空调管支架朝向正确。

第 4 步:放工具。将工具还回原位。

第 5 步:自检。螺栓、螺母无松动,用蓝色记号笔在螺栓上做标记。

本工序控制方法:随车质量记录卡、过程巡检表。

本工序异常处理方案如下:

(1)返工;

(2)换件;

(3)通知班长;

(4)在"随车质量记录卡"中做记录。

本工序劳保用品如图 2.1.27 所示。

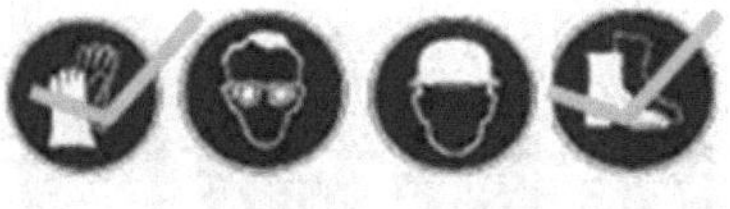

图 2.1.27 工位 1 工序 6 劳保用品

工位 2:安装电机支座、悬置。

工序 1:电池托架总成(2)(4)分装。

第 1 步:取件。取电池托架总成(2)2 个,电池托架总成(4)2 个,电池托架左右连接板 2 个,销轴(ϕ16×100)4 个,平垫圈(M16)4 个,开口销 4 个,螺栓(M12×110-8.8)8 个,螺母(M12-8.0)8 个。

注意:托架及连接板外观无变形、无掉漆、无锈蚀。

第 2 步:取工具。取尖嘴钳 1 把。

第 3 步:安装。

(1)取电池托架总成(2)或(4)、电池托架左右连接板放置到分装台上。

(2)将左右连接板销孔对正托架销孔,并用销轴穿过托架与连接板,在另一端,依次套入平垫圈,并用开口销穿过销孔,如图 2.1.28(a)所示。将开口销弯曲 90° 以上,如图 2.1.28(b)所示。

(3)用螺栓依次穿过连接板螺栓通孔,并用螺母预紧,如图 2.1.28(a)所示。

第 4 步:放工具。将工具还回原位。

第 5 步:自检。托架与连接板无变形、漆面无划伤。

本工序控制方法:自检、互检。

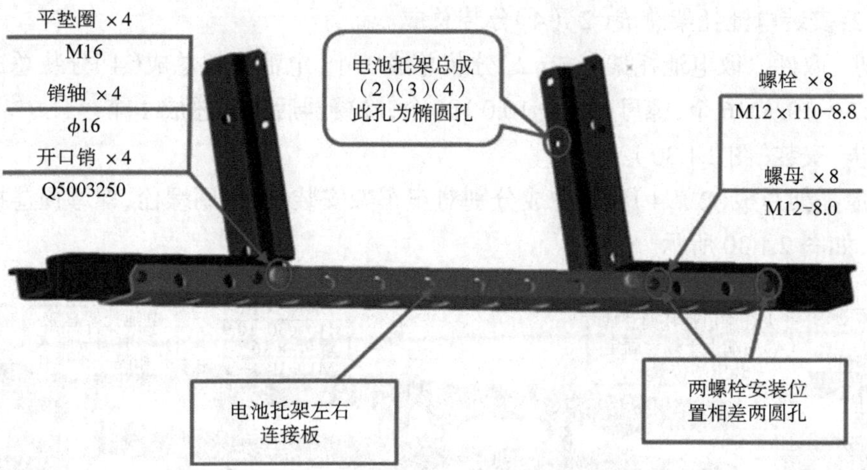

(a)

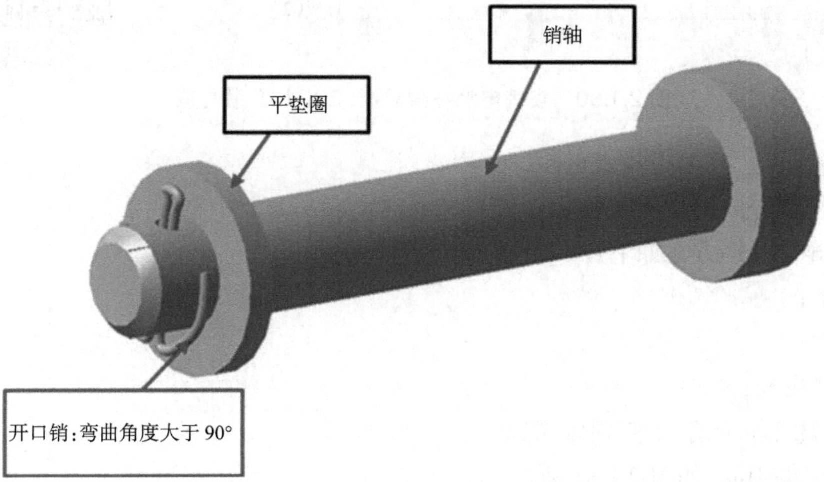

(b)

图 2.1.28　电池托架总成(2)(4)分装

(a)标准件安装示意图　(b)开口销装配要求示意图

本工序异常处理方案如下：

(1)返工；

(2)换件；

(3)通知班长；

(4)在“随车质量记录卡”中做记录。

本工序劳保用品如图 2.1.29 所示。

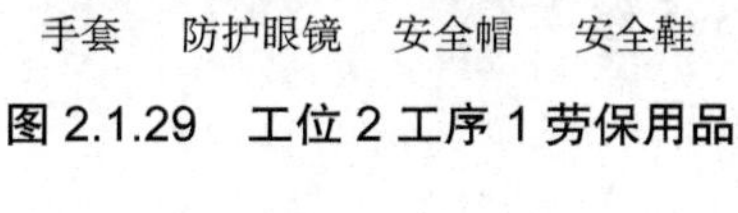

图 2.1.29　工位 2 工序 1 劳保用品

工序 2:安装电池托架总成(2)(4)分装总成。

第 1 步:取件。取电池托架总成(2)分装总成 1 个,电池托架总成(4)分装总成 1 个,螺栓(M10×30-10.9)16 个,螺母(M10-10.0)16 个,冷凝器后支架总成 1 个。

第 2 步:安装(图 2.1.30)。

将电池托架总成(2)(4)分装总成分别对正车架安装孔,并用螺栓、螺母预连接,手动旋入 3~5 丝,如图 2.1.30 所示。

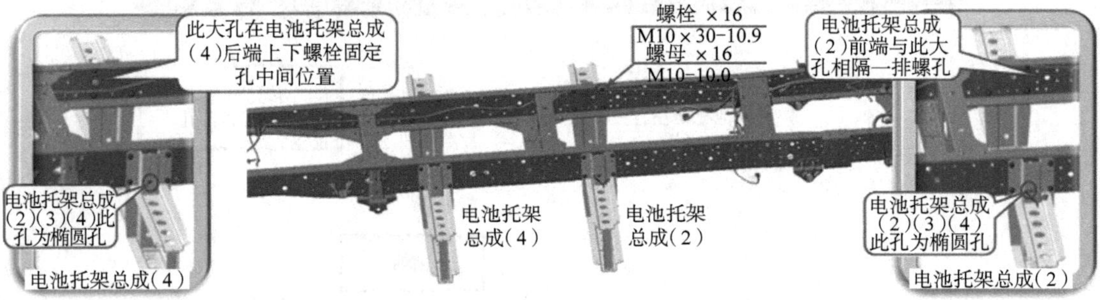

图 2.1.30 安装电池托架总成(2)(4)分装总成

第 3 步:自检。有无错漏装螺栓。

本工序控制方法:自检、互检。

本工序异常处理方案如下:

(1)返工;

(2)换件;

(3)通知班长;

(4)在"随车质量记录卡"中做记录。

本工序劳保用品,如图 2.1.31 所示。

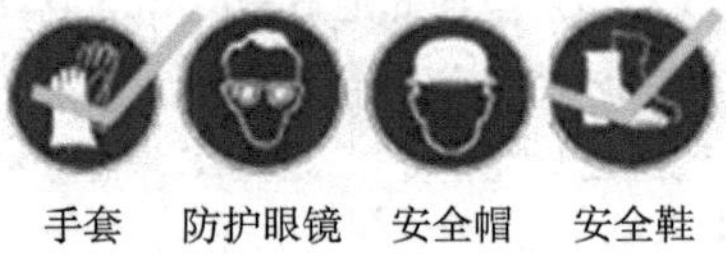

图 2.1.31 工位 2 工序 2 劳保用品

工序 3:安装冷凝器后支架总成。

第 1 步:取件。取冷凝器后支架总成 1 个。

注意:支架无变形、无划伤。

第 2 步:安装(图 2.1.32)。

(1)旋出电池托架总成(4)左侧后端螺母。

(2)将冷凝器后支架螺孔穿过电池托架总成(4)安装螺栓,并用螺母连接。

(3)手动将螺母旋入螺栓 3~5 丝。

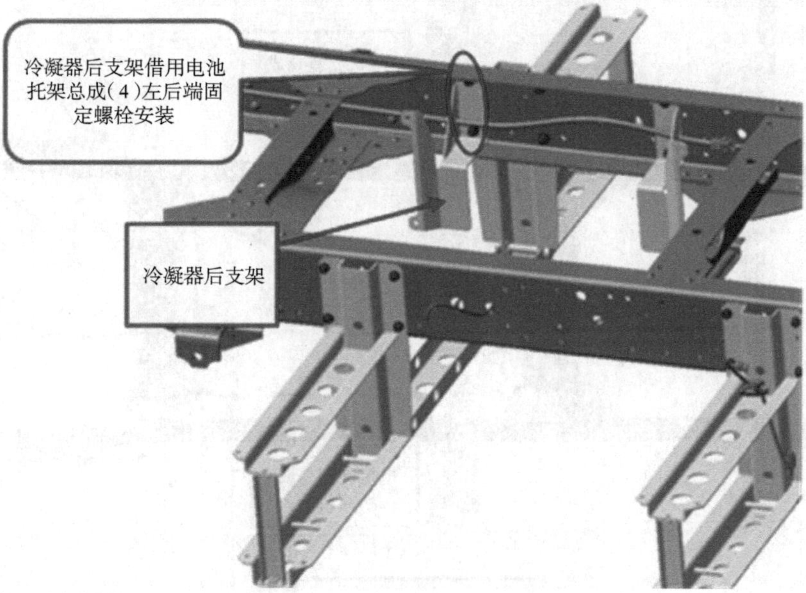

图 2.1.32　安装冷凝器后支架总成

第 3 步：自检。冷凝器后支架无变形。

本工序控制方法：自检、互检。

本工序异常处理方案如下：

(1)返工；

(2)换件；

(3)通知班长；

(4)在“随车质量记录卡”中做记录。

本工序劳保用品如图 2.1.33 所示。

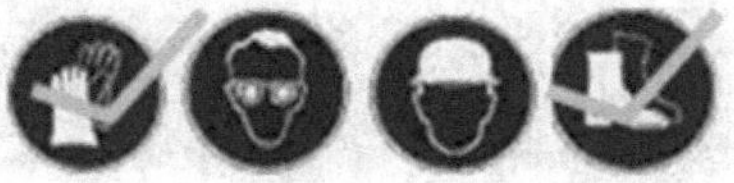

图 2.1.33　工位 2 工序 3 劳保用品

工序 4：安装电机支座总成。

第 1 步：取件。取电机支座总成(左)2 个，电机支座总成(右)2 个，螺栓(M10×30-10.9)12 颗，螺母(M10-10.0)12 颗。

注意：电机支座总成无变形、毛刺、飞边、焊渣，表面黑色面漆无划伤。

第 2 步：安装(图 2.1.34)。

(1)取电机支座总成左将其安装至车架左侧。

(2)用螺栓、螺母总成固定电机支座左。

(3)手动将螺母旋入螺栓 3~5 丝。

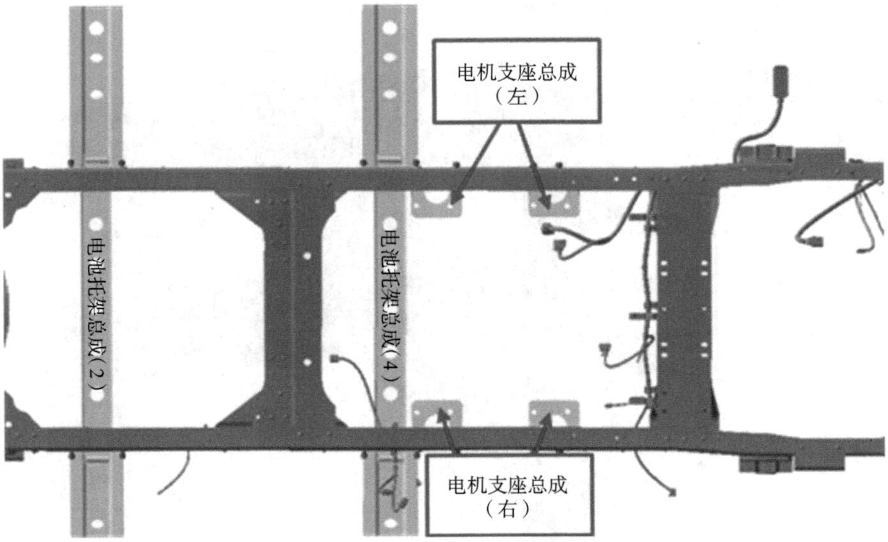

（a）

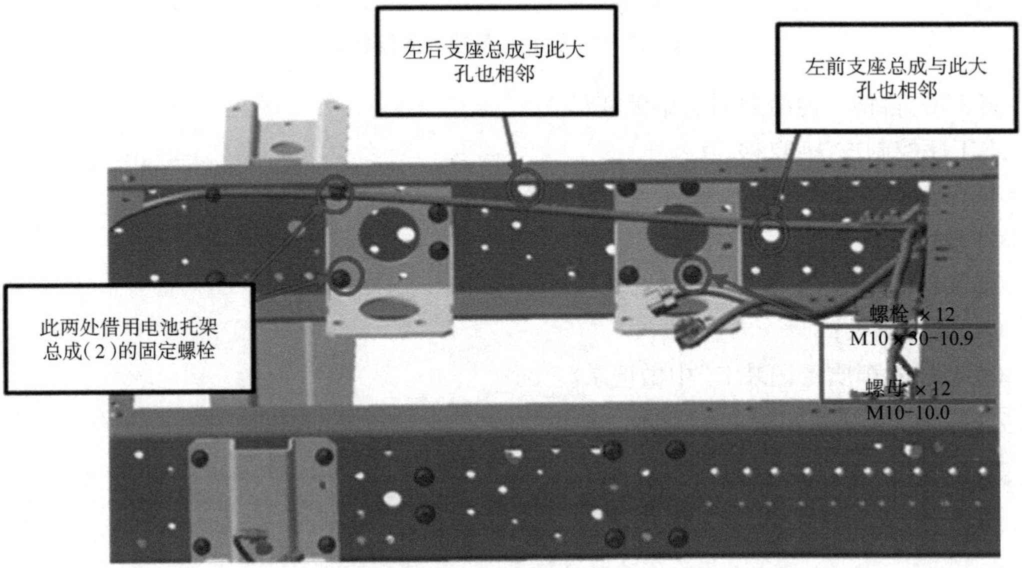

（b）

图 2.1.34 安装电机支座总成

（a）电机支座总成安装位置示意图 （b）支座固定螺栓分布图示

（4）按相同步骤安装电机支座总成右。

操作要领：左后支座总成与电池托架总成共用两螺栓。

第 3 步：自检。检查支座总成左右标识，确认无装反。

本工序控制方法：自检、互检。

本工序异常处理方案如下：

（1）返工；

（2）换件；

（3）通知班长；

（4）在“随车质量记录卡”中做记录。

本工序劳保用品，如图 2.1.35 所示。

图 2.1.35　工位 2 工序 4 劳保用品

工序 5：螺栓紧固（电池托架及电机支座）。

第 1 步：取工具。取气动冲击扳手 2 把，M13 套筒 3 个，M15 套筒 2 个，M15 公制两用扳手 2 把，M18 公制两用扳手 2 把，扭力扳手（20~100 N·m）2 把。

操作要领：气动冲击扳手挡位设置为最低。

第 2 步：紧固螺栓（图 2.1.36）。

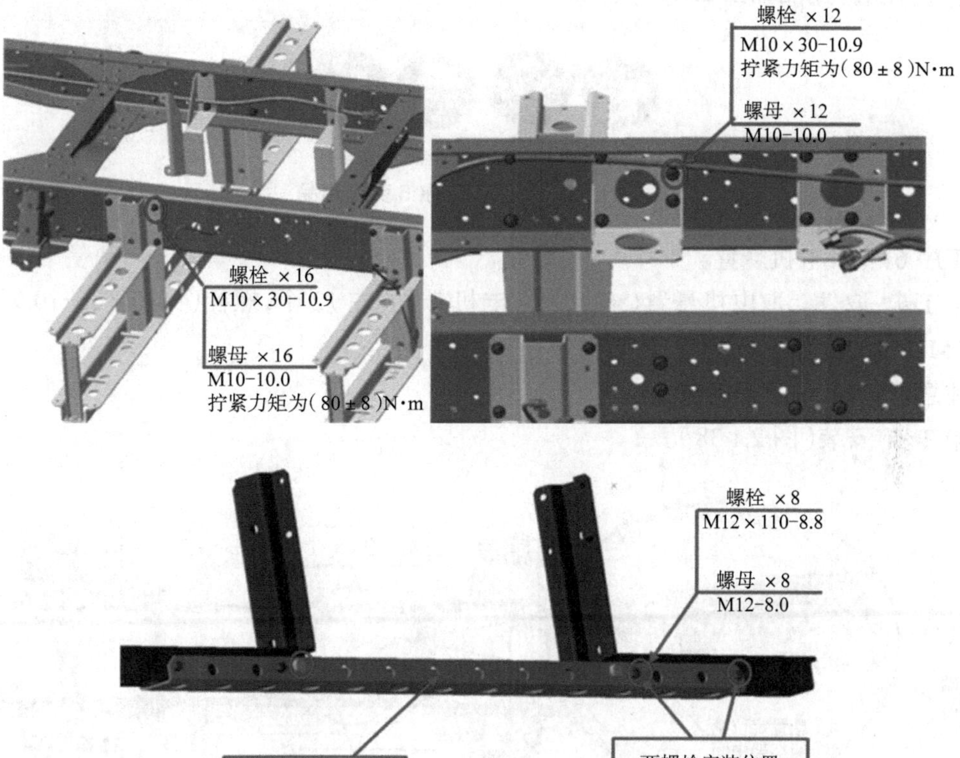

图 2.1.36　螺栓紧固

（1）用气动冲击扳手依次紧固电池托架总成（2）（4）固定螺栓。

（2）用气动冲击扳手依次紧固电池托架总成左右连接板固定螺栓。

（3）用气动冲击扳手依次紧固电机支座总成固定螺栓。

(4)用扭力扳手安全紧固电机支座及电池托架螺栓、螺母,拧紧力矩为(80 ± 8)N·m。

操作要领:①紧固前将托架压至最低,且对角紧固螺栓;②前后托架高度差应≤1 mm;③螺栓应用扭力扳手旋转后才响"咔"声,若螺栓未旋转就响,则应松螺栓后再用扭力扳手安全紧固。

第3步:放工具。将工具还回原位。

第4步:自检。螺栓、螺母紧固无松动。

本工序控制方法:自检、互检。

本工序异常处理方案如下:

(1)返工;

(2)换件;

(3)通知班长;

(4)在"随车质量记录卡"中做记录。

本工序劳保用品如图2.1.37所示。

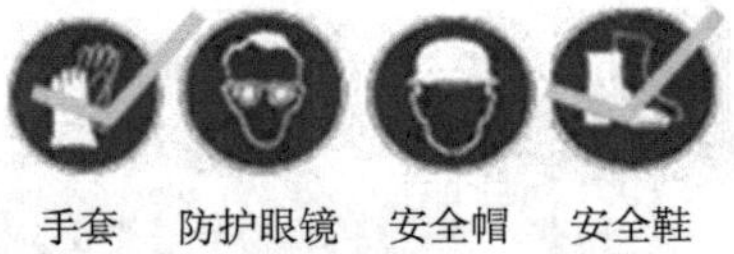

图2.1.37 工位2工序5劳保用品

工序6:安装电机悬置。

第1步:取件。取电机悬置(右)2个,电机悬置(左)2个,螺栓(M10×25-10.9)8颗,螺母(M10-10.0)8颗。

注意:减震胶块完好无破损。

第2步:安装(图2.1.38)。

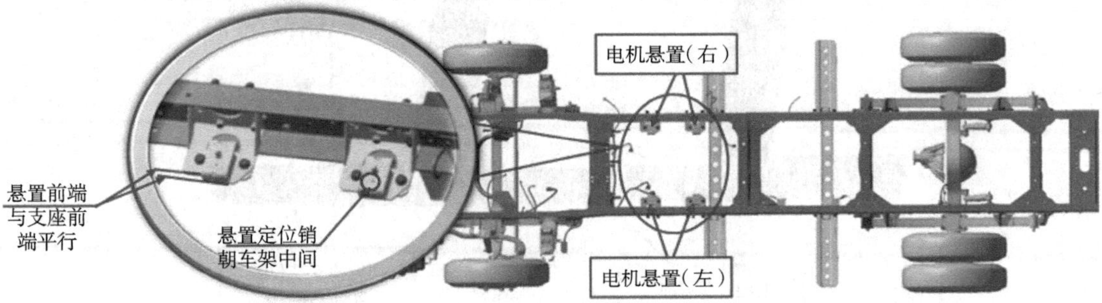

图2.1.38 安装电机悬置

(1)用螺栓、螺母将电机悬置右预安装到电机支座总成(右)上。

(2)手动旋螺栓、螺母3~5丝。

(3)用螺栓、螺母将电机悬置左预安装到电机支座总成(左)上。

(4)手动旋螺栓、螺母3~5丝。

操作要领:①注意悬置左、右标识;悬置定位销朝车架中间,且装配后悬置前端与支座前端平行。

第 3 步:检查。悬置末装反。

本工序控制方法:自检、互检。

本工序异常处理方案如下:

(1)返工;

(2)换件;

(3)通知班长;

(4)在"随车质量记录卡"中做记录。

本工序劳保用品如图 2.1.39 所示。

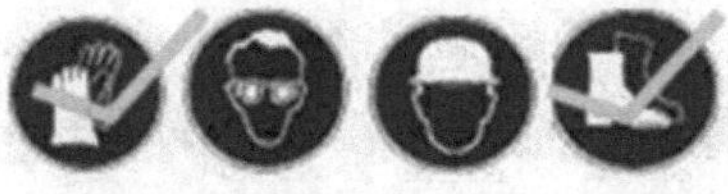

图 2.1.39　工位 2 工序 6 劳保用品

工序 7:冷却水泵与水泵支架分装。

第 1 步:取件。取冷却水泵 1 个,水泵支架 1 个,螺栓(M8×25-8.8)4 颗,螺母(M8-8.0)4 颗。

注意:检查冷却水泵堵盖是否无脱落,外观无划伤、变形;水泵支架无变形。

第 2 步:取工具。取气动冲击扳手 1 把,M10 套筒 1 个,M13 公制两用快扳 1 把。

第 3 步:安装(图 2.1.40)。

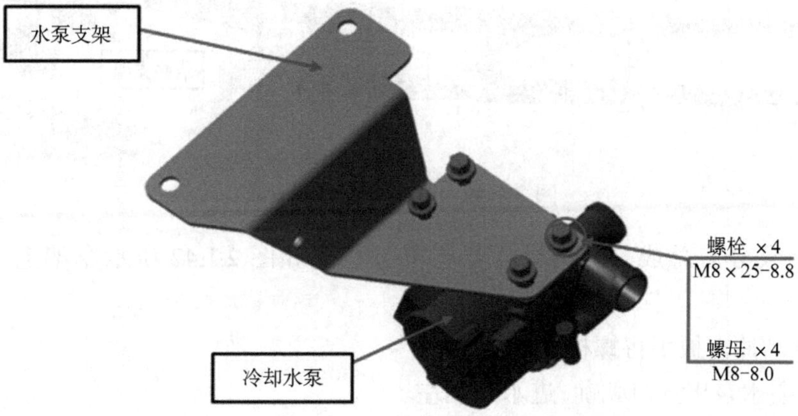

图 2.1.40　冷却水泵与水泵支架分装

(1)用螺栓、螺母将冷却水泵与水泵支架连接到一起,手动预紧螺母 3~5 丝。

(2)用冲击扳手紧固螺栓、螺母。

操作要领:①水泵进出水口与支架方向正确;②螺栓、螺母与钣金贴合。

第 4 步:放工具。将工具还回原位。

第 5 步：检查。螺栓、螺母紧固无松动，用蓝色记号笔在螺母上做标记。

本工序控制方法：自检、互检。

本工序异常处理方案如下：

(1)返工；

(2)换件；

(3)通知班长；

(4)在“随车质量记录卡”中做记录。

本工序劳保用品如图 2.1.41 所示。

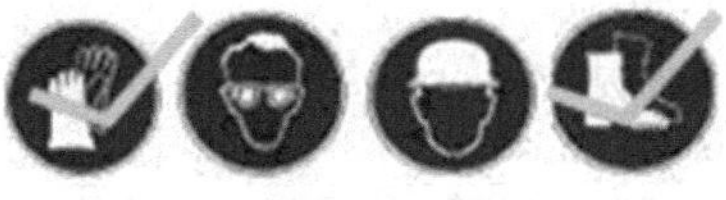

图 2.1.41 工位 2 工序 7 劳保用品

工序 8：安装水泵分装总成。

第 1 步：取件。取水泵分装总成 1 个，螺栓（M8×25-8.8）2 颗，螺母（M8-8.0）2 颗。

注意：线束插接头完好，针脚无变形；堵盖无脱落。

第 2 步：取工具。取气动冲击扳手 1 把，M10 套筒 1 个，M13 公制两用扳手 1 把。

第 3 步：安装（图 2.1.42）。

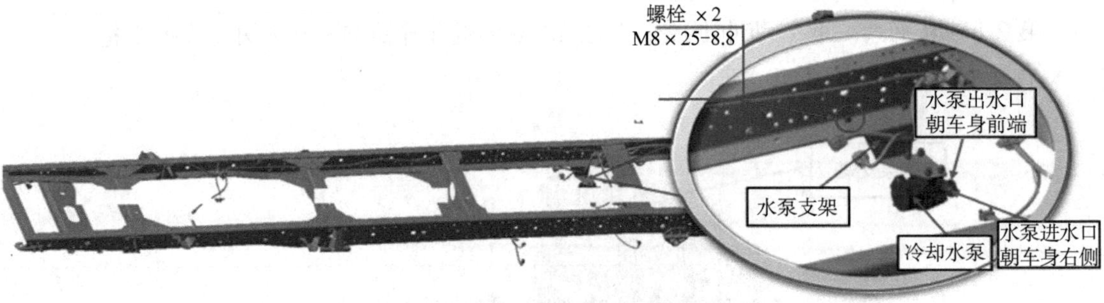

图 2.1.42 安装水泵分装总成

(1)取水泵分装总成，用螺栓、螺母将其连接到如图 2.1.42 所示车架上，手动旋螺栓 3~5 丝。

(2)用气动冲击扳手将螺栓紧固到位。

操作要领：水泵出水口朝前，进水口朝左。

第 4 步：放工具。将工具还回原位。

第 5 步：检查。螺母紧固无松动，用蓝色记号笔在螺母上做标记。

本工序控制方法：自检、互检。

本工序异常处理方案如下：

(1)返工；

(2)换件；
(3)通知班长；
(4)在“随车质量记录卡”中做记录。
本工序劳保用品如图 2.1.43 所示。

图 2.1.43　工位 2 工序 8 劳保用品

工序 9:安装 U 形防护条。
第 1 步:取件。取钢芯复合 U 形防护条 1 330 mm。
注意:橡胶无破损。
第 2 步:取工具。取剪刀 1 把,卷尺 1 把,橡胶榔头 1 个。
第 3 步:安装(图 2.1.44)。
(1)用剪刀将 U 形防护条剪成如图 2.1.44 所示尺寸规格。
(2)将剪切好的防护条卡装到图 2.1.44 所示位置。

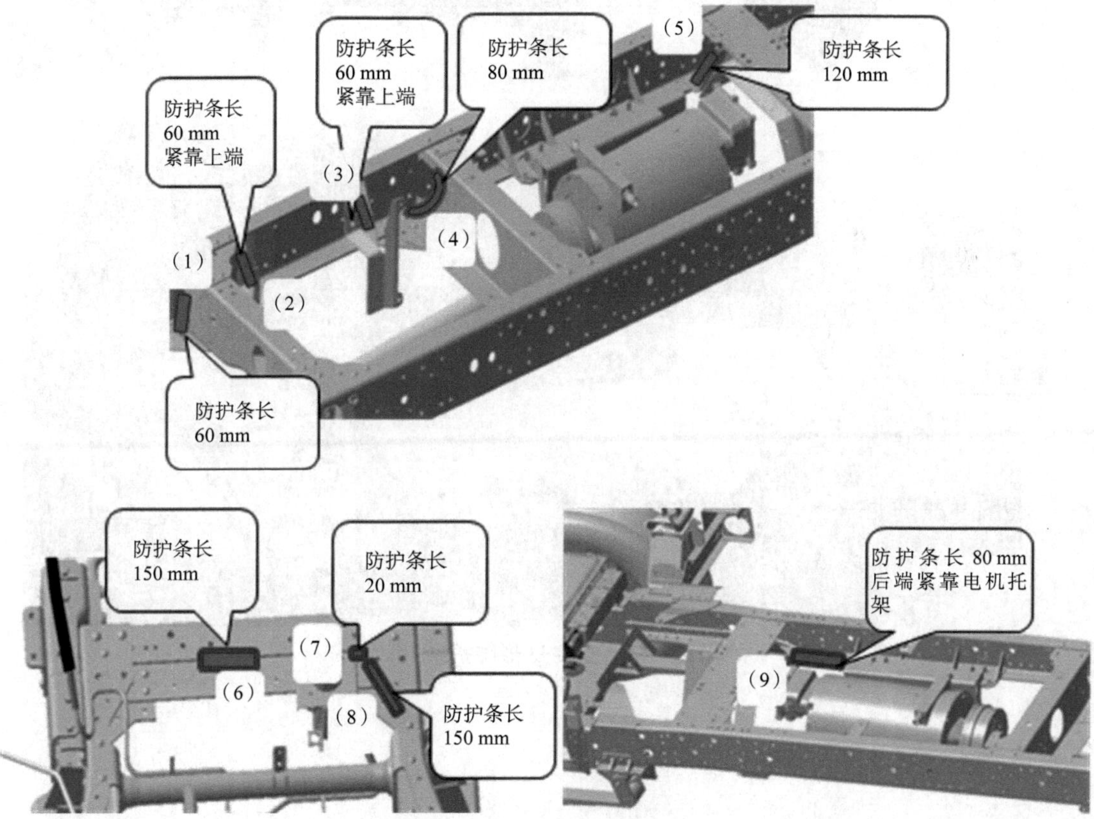

图 2.1.44　安装 U 形防护条

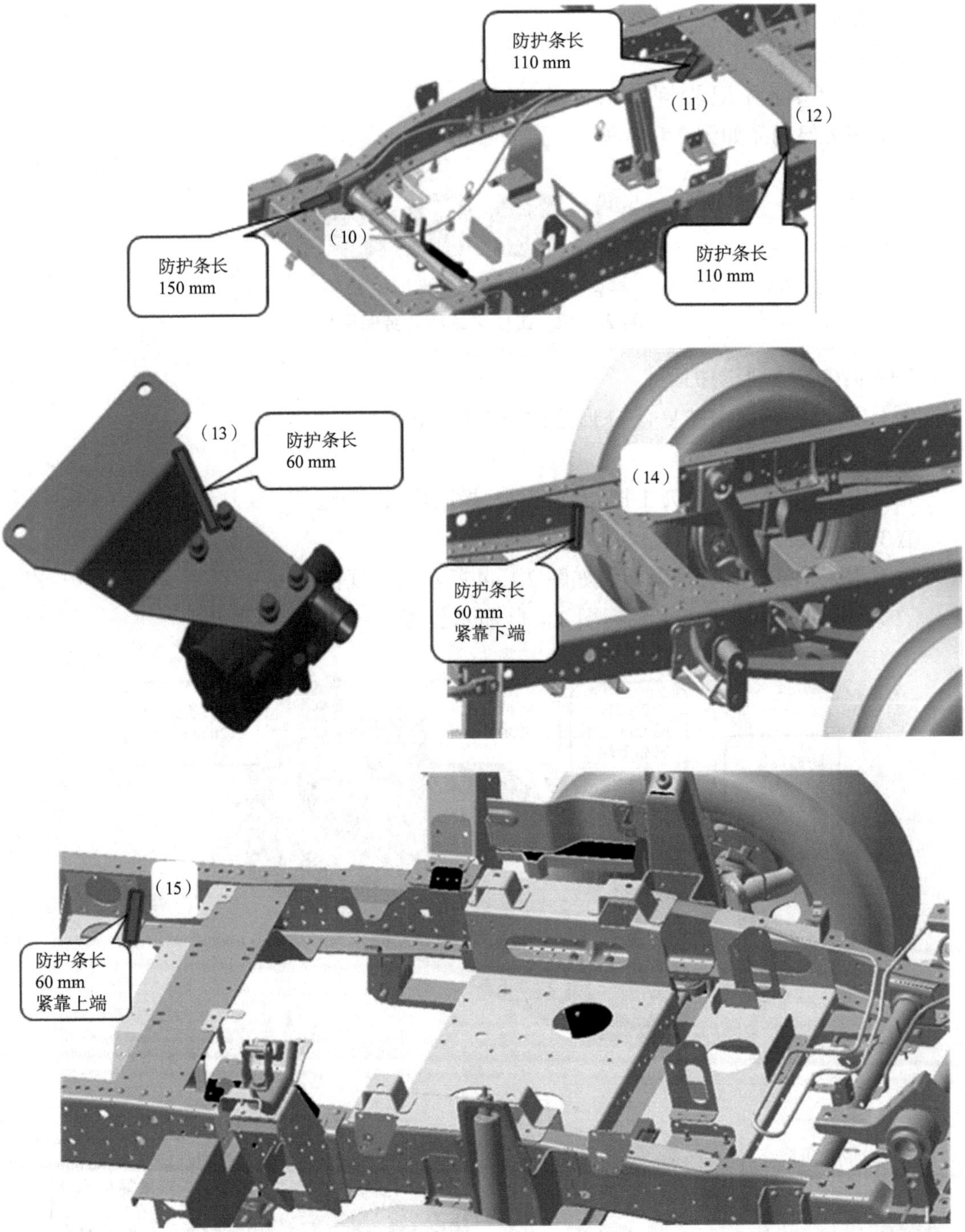

图 2.1.44　安装 U 形防护条(续)

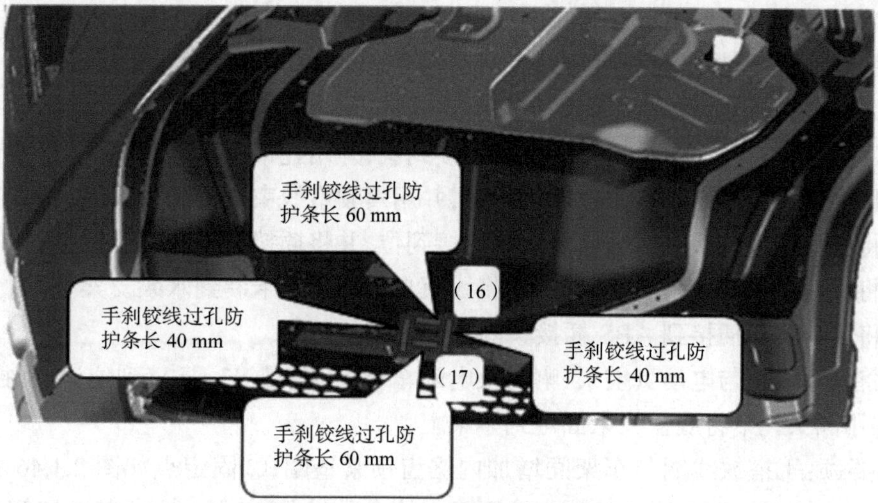

图 2.1.44　安装 U 形防护条(续)

操作要领:卡装到位,无虚卡。

第 4 步:放工具。将工具还回原位。

第 5 步:检查。防护条无虚卡。

本工序控制方法:自检、互检。

本工序异常处理方案如下:

(1)返工;

(2)换件;

(3)通知班长;

(4)在"随车质量记录卡"中做记录。

本工序劳保用品如图 2.1.45 所示。

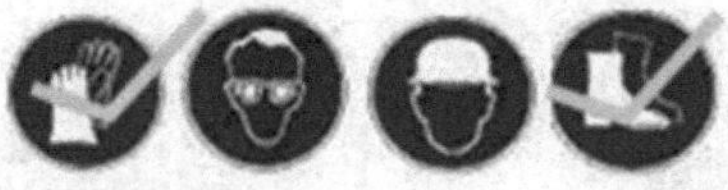

图 2.1.45　工位 2 工序 9 劳保用品

工位 3:底盘线束布置、安装电动真空泵。

工序 1:布置底盘线束。

第 1 步:取件。取底盘线束 1 根,螺栓(M8×20-8.8)2 颗,螺母(M8-8.0)2 颗,内锯齿锁紧垫圈(M8)2 个,开口夹(ϕ12)14 个,开口夹(ϕ30)7 个,塑料紧箍带 9 根,螺栓(M6×20-8.8)1 颗,螺母(M6-8.0)1 颗,内锯齿锁紧垫圈(M6)1 个,圆头扎带 1 根。

注意:线束无破损,插接头完好、无退脱针现象。

第 2 步:取工具。取棘轮扳手 1 把,M8 套筒 1 个,M10 套筒 1 个,M13 公制两用快扳 1 把、斜口钳。

第 3 步:安装(图 2.1.46)。

（1）以底盘线束与驾驶室连接线束端为起点，分别沿车架内侧左右布置。

（2）用螺栓、螺母将底盘线束搭铁点固定到车架上。

（3）用开口夹将底盘线束固定到车架上。

（4）将底盘线束与前左右轮速传感器插接到位，并用扎带固定（左右各 3 根扎带）。

（5）将底盘线束与驾驶室线束插接到位，并用驾驶室线束自带螺栓紧固。

（6）将底盘线束与后左右轮速传感器插接到位，并将插接头卡装在后桥上。

（7）将底盘线束与水泵插接到位，并将线束自带固定卡卡装到水泵支架上。

（8）将底盘线束插接到 ABS 插接头内。

（9）将底盘线束与电动真空泵、喇叭及电除霜线束（线号 X3）插接到位，并用扎带捆扎。

（10）用圆头扎带将底盘线束固定到车架上。

操作要领：①搭铁线圈与车架间增加内锯齿锁紧垫圈；②固定点如图 2.1.46 所示（1）~（7）用开口夹（ϕ30）共 7 处，（8）~（21）用开口夹（ϕ12）共 14 处；③线束插接到位时听见“咔”声响，反拔无脱落；④检查锁止机构锁止到位，轻反拔无脱落；⑤线束整理齐整，不得凌乱；⑥固定牢靠，线束不得紧绷。

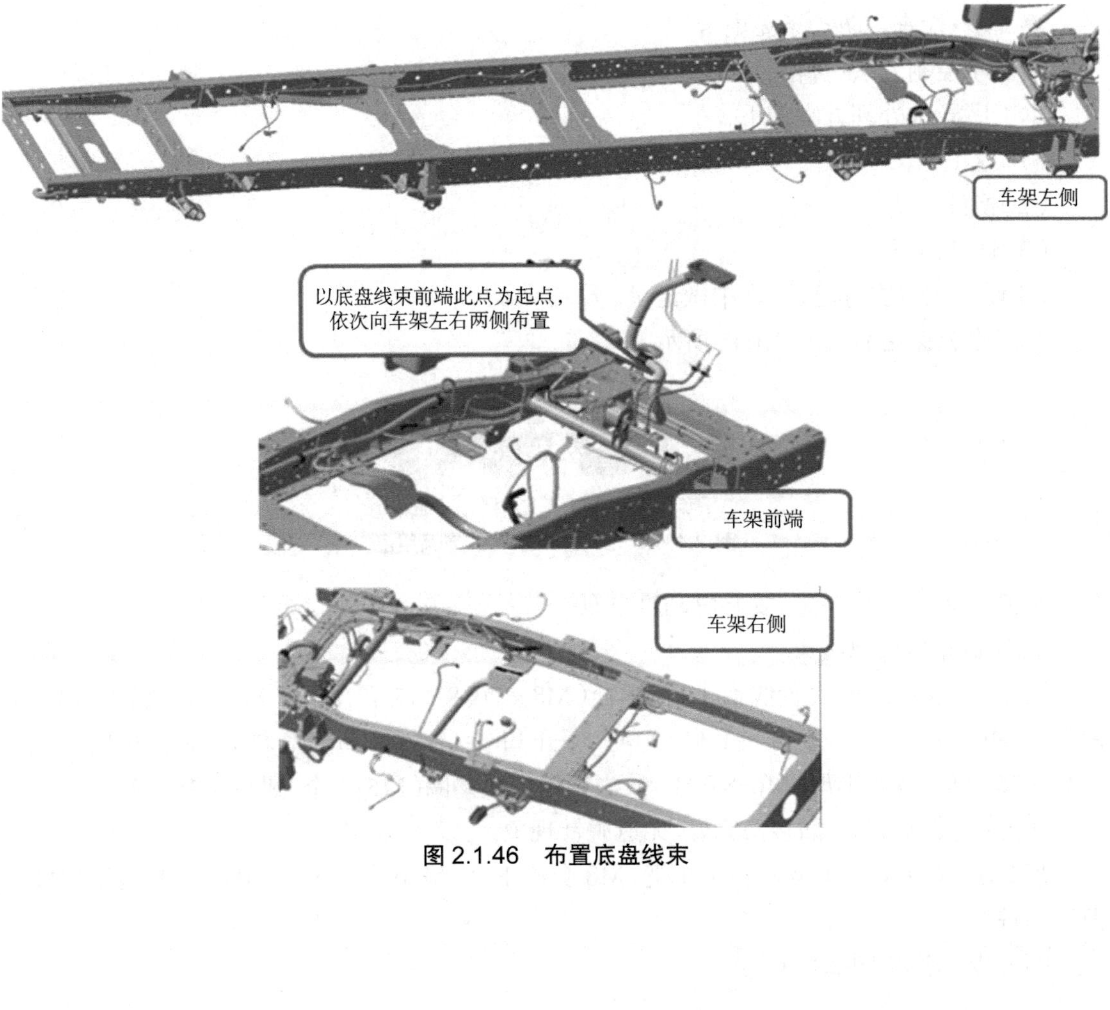

图 2.1.46　布置底盘线束

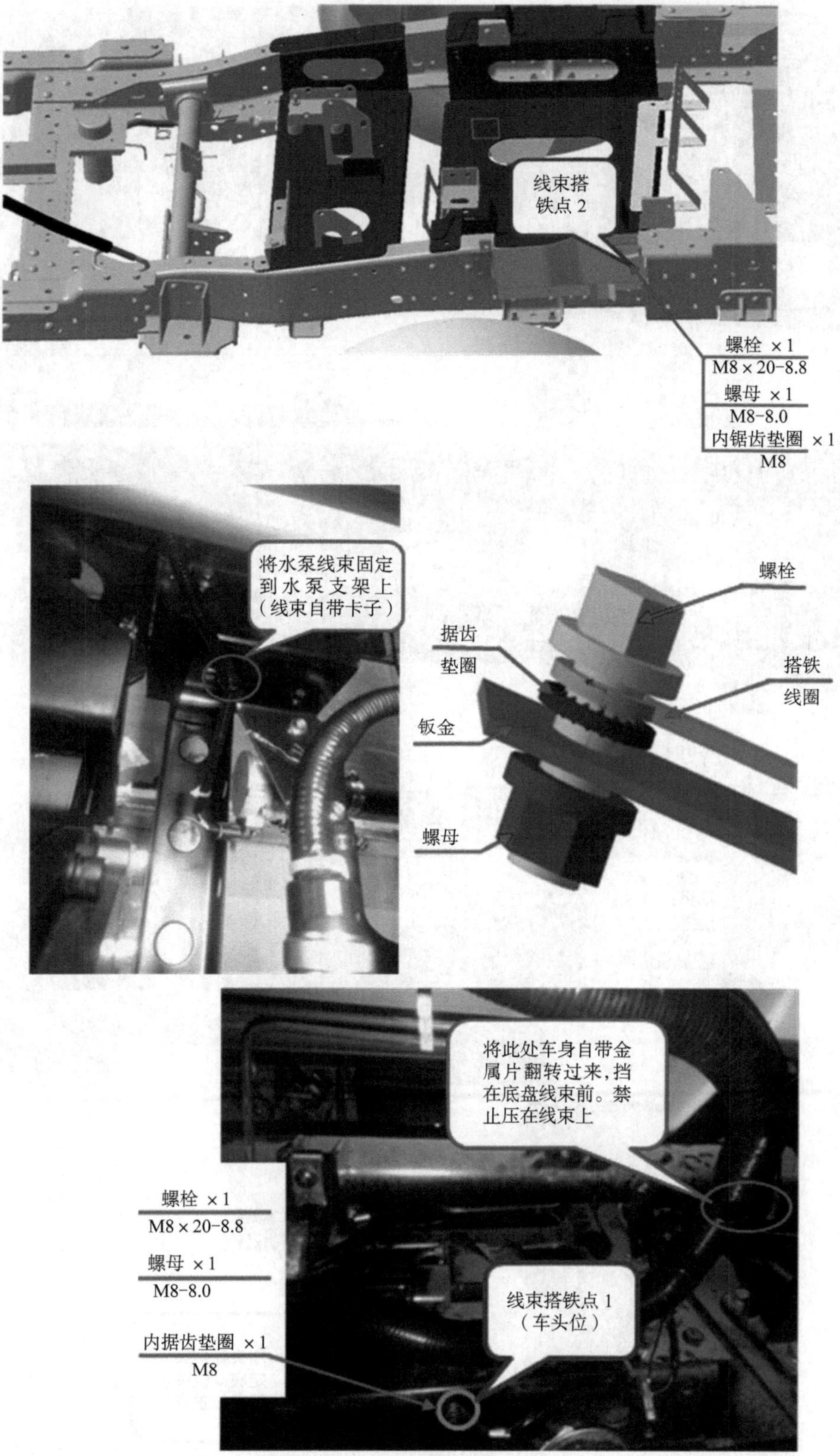

图 2.1.46　布置底盘线束(续)

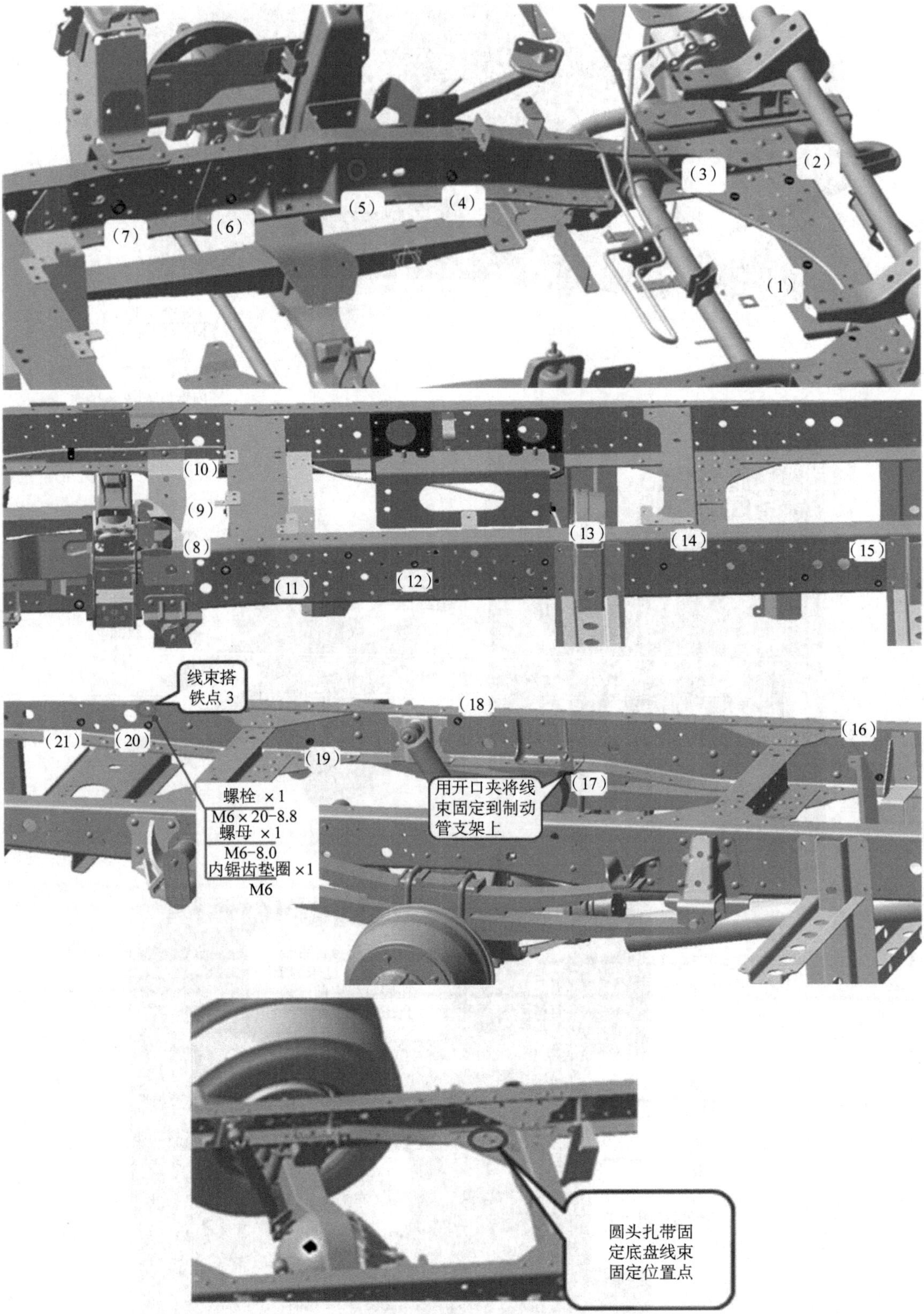

图 2.1.46 布置底盘线束(续)

第 4 步：放工具。将工具还回原位。

第 5 步：检查。螺栓、螺母紧固无松动，用蓝色记号笔在螺母上做标记。

本工序控制方法：自检。

本工序异常处理方案如下：

（1）返工；

（2）换件；

（3）通知班长；

（4）在“随车质量记录卡”中做记录。

本工序劳保用品如图 2.1.47 所示。

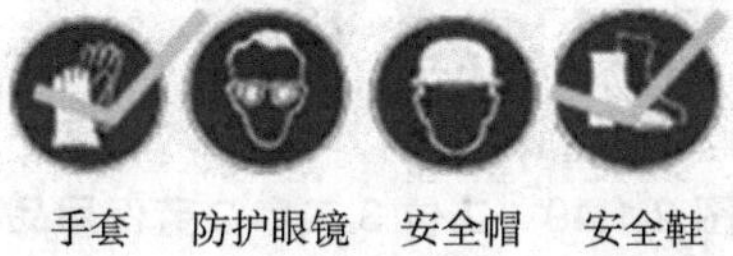

图 2.1.47　工位 3 工序 1 劳保用品

工序 2：电动真空泵分装。

第 1 步：取件。取电动真空泵总成 1 个，真空泵支架总成 1 个，螺栓（M6×45-8.8）2 颗，螺母（M6-8.0）2 颗。

注意：真空泵表面无破损、堵盖无脱落、插接头完好无退针，支架无变形。

第 2 步：取工具。取棘轮扳手 1 把、M8 套筒 1 个、M10 公制两用快扳 1 把。

第 3 步：安装（图 2.1.48）。

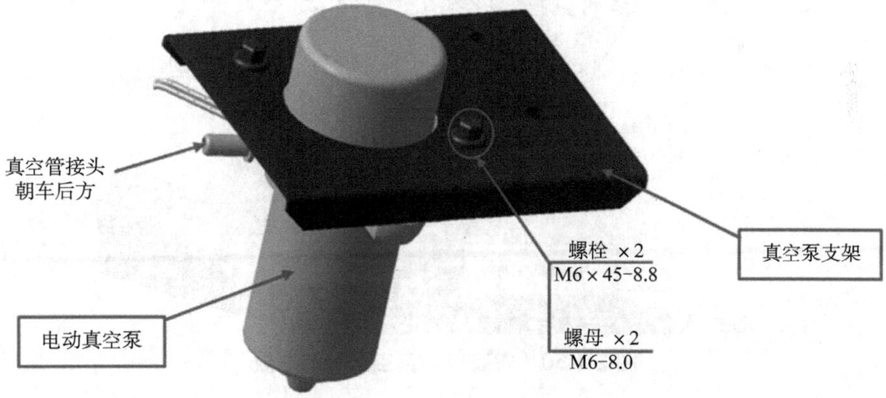

图 2..1.48　电动真空泵分装

（1）将真空泵穿过支架。

（2）用螺栓、螺母将真空泵与支架连接在一起。

（3）紧固螺栓、螺母。

操作要领：①真空管接头朝车后方；②螺栓、螺母安装到位。

第 4 步：放工具。将工具还回原位。

第 5 步:检查。螺栓、螺母紧固无松动,用蓝色记号笔在螺母上做标记。

本工序控制方法:自检、互检。

本工序异常处理方案如下:

(1)返工;

(2)换件;

(3)通知班长;

(4)在“随车质量记录卡”中做记录。

本工序劳保用品如图 2.1.49 所示。

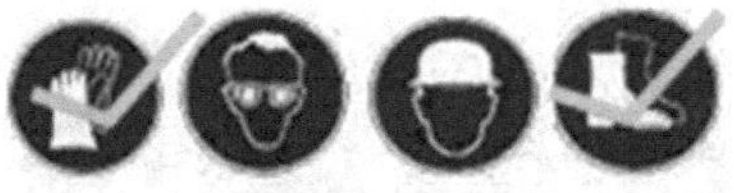

图 2.1.49 工位 3 工序 2 劳保用品

工序 3:安装电动真空泵分装总成。

第 1 步:取件。取电动真空泵分装总成 1 个,螺栓(M8×20-8.8)2 颗。

注意:检测真空管接口朝车身后端。

第 2 步:取工具。取棘轮扳手 1 把、M10 套筒 1 个。

第 3 步:安装(图 2.1.50)。

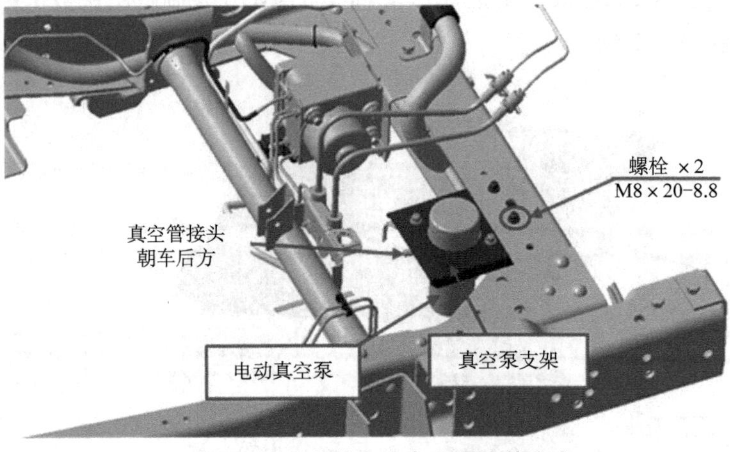

图 2.1.50 安装电动真空泵分装总成

(1)用螺栓将电动真空泵分装总成连接到车架前端。

(2)紧固螺栓。

(3)将电动真空泵与底盘线束插接到位(线号 X13)。

操作要领:①安装位置正确;②线束插接到位时听见“咔”声响,反拔无脱落。

第 4 步:放工具。将工具还回原位。

第 5 步:检查。螺栓紧固无松动,用蓝色记号笔在螺母上做标记。

本工序控制方法:自检、互检。

本工序异常处理方案如下:

(1)返工;

(2)换件;

(3)通知班长;

(4)在“随车质量记录卡”中做记录。

本工序劳保用品如图 2.1.51 所示。

图 2.1.51　工位 3 工序 3 劳保用品

工序 4:安装真空管。

第 1 步:取件。取管箍(ϕ16)1 个。

注意:真空管完好无破损。

第 2 步:取工具。取锂鱼钳 1 把。

第 3 步:安装(图 2.1.52)。

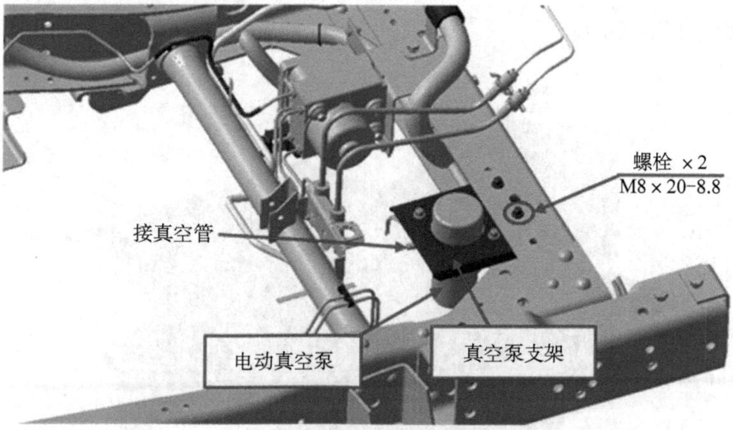

图 2.1.52　安装真空管

(1)将管箍套入底盘自带的真空泵上。

(2)将真空管插接到电动真空泵上。

(3)将管箍有效卡入真空管上。

操作要领:管箍卡在电动真空泵凸台内。

第 4 步:放工具。将工具还回原位。

第 5 步:检查。真空管安装到位,用蓝色记号笔在螺母上做标记。

本工序控制方法:随车质量记录卡、过程巡检表。

本工序异常处理方案如下：

(1)返工；

(2)换件；

(3)通知班长；

(4)在“随车质量记录卡”中做记录。

本工序劳保用品如图 2.1.53 所示。

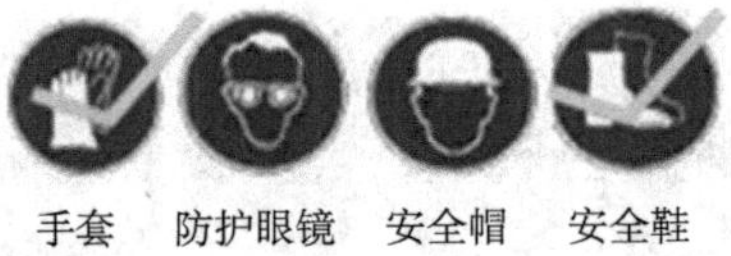

图 2.1.53 工位 3 工序 4 劳保用品

工位 4：驱动电机分装及装配。

工序 1：分装驱动电机。

第 1 步：取件。取驱动电机 1 个，电机支架总成(左)，电机支架总成(右)，螺栓(M16×40-10.9)8 颗，弹垫(M16)8 颗，平垫(M16)8 颗，驻车制动器 1 个，螺栓(M12×30-8.8)4 颗，平垫圈(M12)4 个。

注意：电机外观无碰伤，支架无变形，漆面无划伤、无毛刺、无飞边，电机钢印号清晰。

第 2 步：取工具。取气动冲击扳手 1 把，M24 套筒 1 个，扭力扳手(80~400 N·m)1 把。

第 3 步：安装(图 2.1.54)。

图 2.1.54 分装驱动电机

(1)用螺栓将电机支架总成(左)安装到电机左侧，手动预紧螺栓 3~5 丝。

(2)用螺栓将电机支架总成(右)安装到电机右侧，手动预紧螺栓 3~5 丝。

(3)用冲击扳手预紧螺栓。

(4)用扭力扳手安全紧固螺栓，拧紧力矩为(130±10)N·m。

操作要领：①气动冲击扳手设置为最低挡位；②螺栓应用扭力扳手旋转后才响“咔”声，

若螺栓未旋转就响,则应松螺栓后再用扭力扳手安全紧固。

第 4 步:放工具。将工具还回原位。

第 5 步:检查。螺栓紧固无松动,用蓝色记号笔在螺母上做标记。

本工序控制方法:随车质量记录卡、过程巡检表。

本工序异常处理方案如下:

(1)返工;

(2)换件;

(3)通知班长;

(4)在“质量记录随车卡”中做记录。

本工序劳保用品如图 2.1.55 所示。

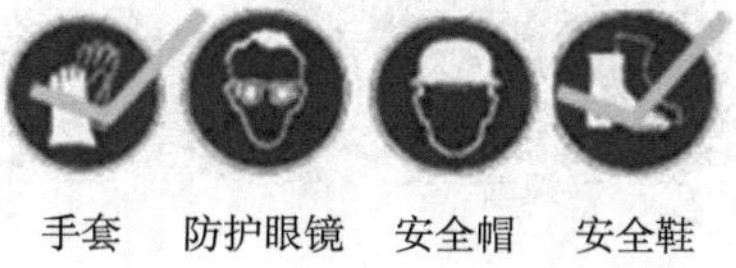

图 2.1.55　工位 4 工序 1 劳保用品

工序 2:安装电机分装总成。

第 1 步:取件。取电机分装总成 1 个,螺母(M12-8.0)4 颗,弹垫(M12)4 颗,平垫(M12)4 颗,单管夹片 5 个,螺栓(M6×20-8.8)5 颗,螺母(M6-8.0)5 颗,大垫片(M6)1 颗,螺母(M8-8.0)2 颗,螺栓(M6×25-8.8)4 颗,小垫片(M6)4 颗。

注意:电机外观无碰伤,线束插接头完好、无破裂,针脚完好。

第 2 步:取工具。取组合式起重机(Kombiniert Kran, KBK)1 套,气动冲击扳手 1 把,M13 套筒 1 个,M18 套筒 1 个,扭力扳手(20~100 N·m)1 把,长接杆 1 个,一字螺丝刀 1 把,十字螺丝刀 1 把。

第 3 步:安装(图 2.1.56)。

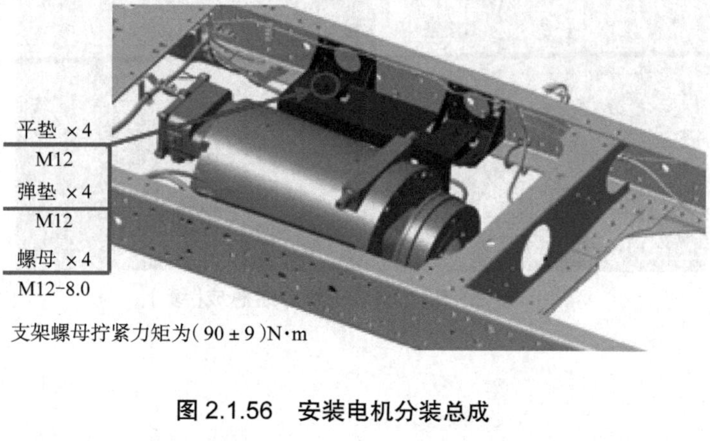

图 2.1.56　安装电机分装总成

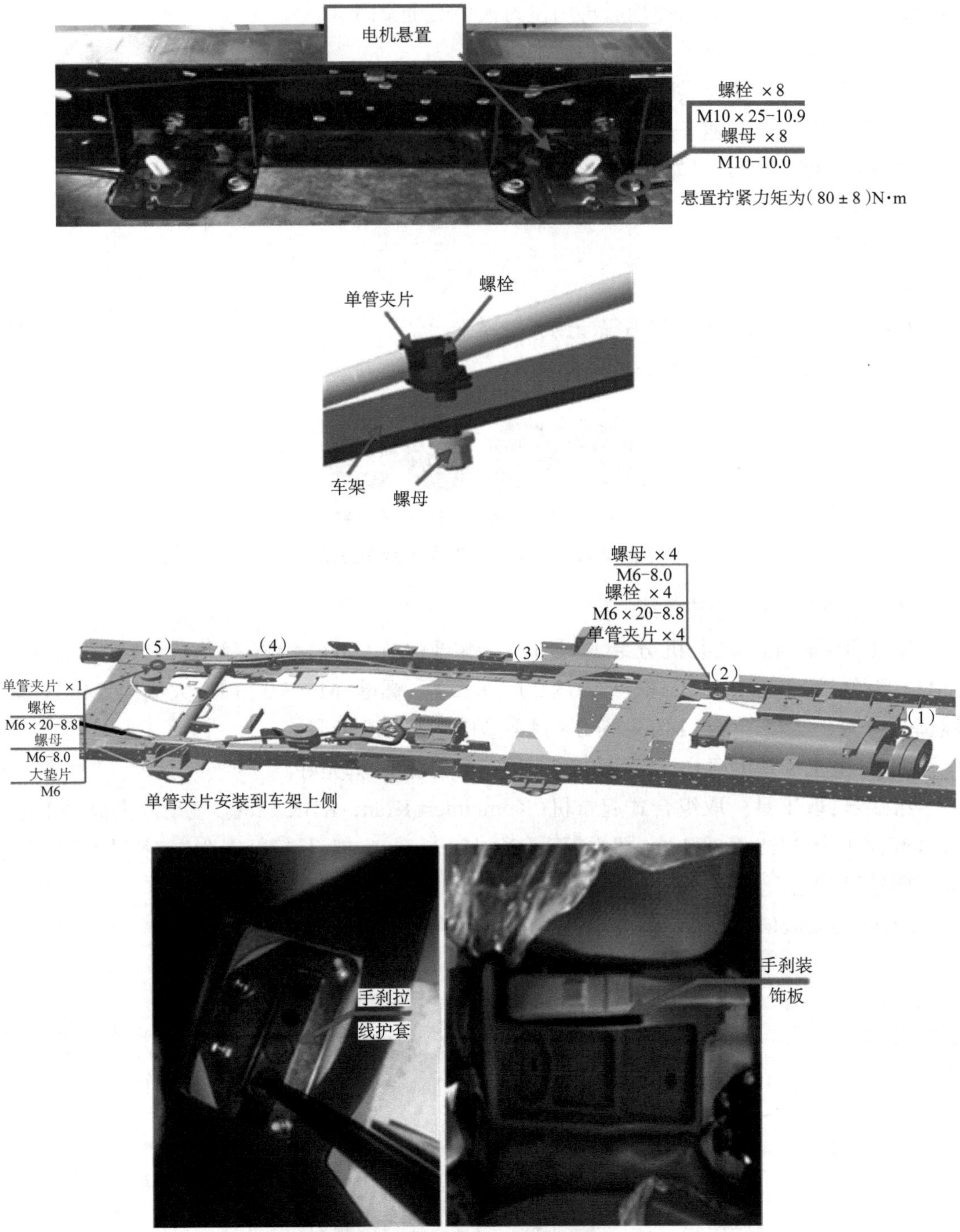

图 2.1.56　安装电机分装总成(续)

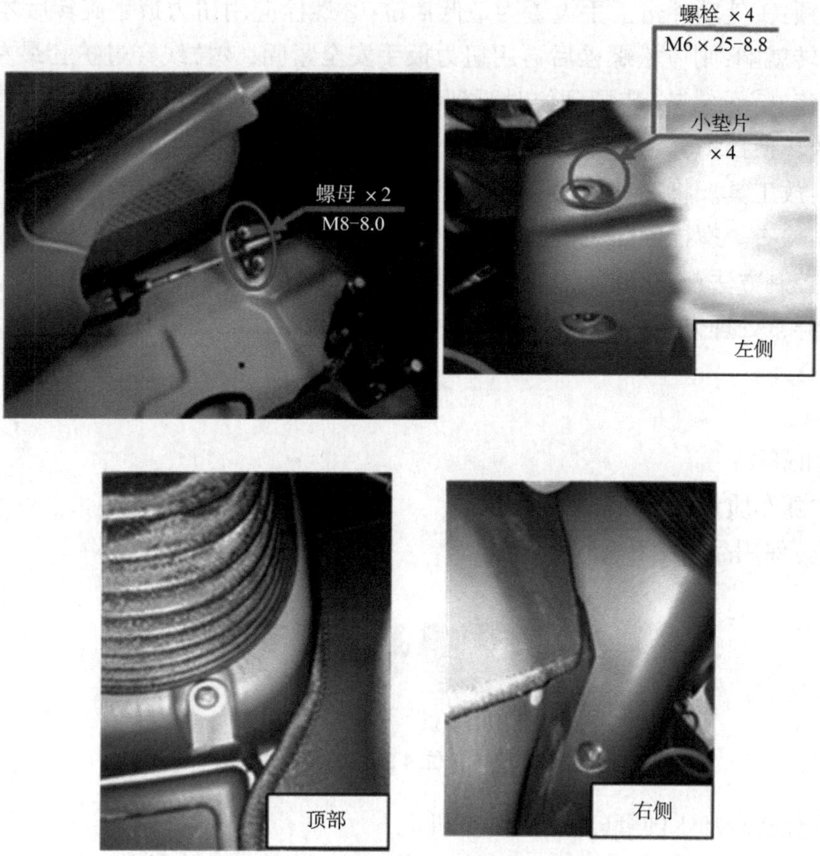

图 2.1.56　安装电机分装总成（续）

（1）用 KBK 及电机吊装工装将电机分装总成吊至车身上方，平缓放下电机至悬置上，与悬置螺柱对正。

（2）将螺母手动旋入悬置螺柱 3~5 丝。

（3）用冲击扳手紧固螺栓、螺母。

（4）用扭力扳手安全紧固悬置螺栓（M10×25-10.9），拧紧力矩为（80±8）N·m。

（5）用扭力扳手安全紧固电机支架螺母（M12-8.0），拧紧力矩为（80±9）N·m。

（6）将手刹拉线沿车架右侧依次布置，并用单管夹片固定在图 2.1.56 所示安装点，穿过制动管下方后，穿过驾驶室。

（7）将手刹装饰板及手刹拉线护套卸掉。

（8）将手刹拉线穿过手刹拉线护套，同时将手刹拉线护套固定到位；将手刹拉线与手刹手柄连接到位。

（9）将拉线支架固定到驾驶室凸焊螺柱上，并用螺母固定到位。

（10）调整手刹拉线调节螺母，将手刹装饰板安装到位（借用拆卸的标件），将底盘线束与电机连接的线束插接到电机上，将自带的换挡护套整理齐整，用螺栓及小垫片将换挡护套固定到支架上。

操作要领:①气动冲击扳手设置为最低挡位;②螺栓应用扭力扳手旋转后才响“咔”声,若螺栓未旋转就响,则应松螺栓后再用扭力扳手安全紧固;③拉线穿过护套最左侧孔;④手刹调整 7~8 齿;⑤无错装、装配到位时听到“咔”响;⑥手刹拉丝与底压线束无外露;⑦固定牢固,不得损坏换挡护套。

第 4 步:放工具。将工具还回原位。

第 5 步:检查。螺栓紧固无松动,用蓝色记号笔在螺母上做标记。

本工序控制方法:随车质量记录卡、过程巡检表。

本工序异常处理方案如下:

(1)返工;

(2)换件;

(3)通知班长;

(4)在“随车质量记录卡”中做记录。

本工序劳保用品如图 2.1.57 所示。

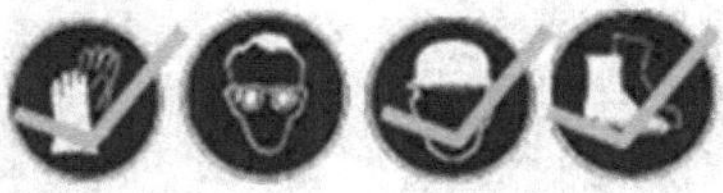

图 2.1.57 工位 4 工序 2 劳保用品

工序 3:分装冷却水硬管(电源柜到电机)。

第 1 步:取件。取冷却水硬管(电源柜到电机)1 个,冷却水软管(电机进出水软管)2 个,冷却水硬管(电机到散热器)1 个。

注意:硬管无变形,软管无破裂。

第 2 步:安装(图 2.1.58)。

(1)将冷却水软管(电机进出水软管)套入冷却水硬管(电源柜到电机)内。

(2)将冷却水软管(电机进出水软管)套入冷却水硬管(电机到散热器)内。

操作要领:插入深度为 40~50 mm。

第 3 步:检查。软管与硬管装配方向正确。

本工序控制方法:随车质量记录卡、过程巡检表。

本工序异常处理方案如下:

(1)返工;

(2)换件;

(3)通知班长;

(4)在“随车质量记录卡”中做记录。

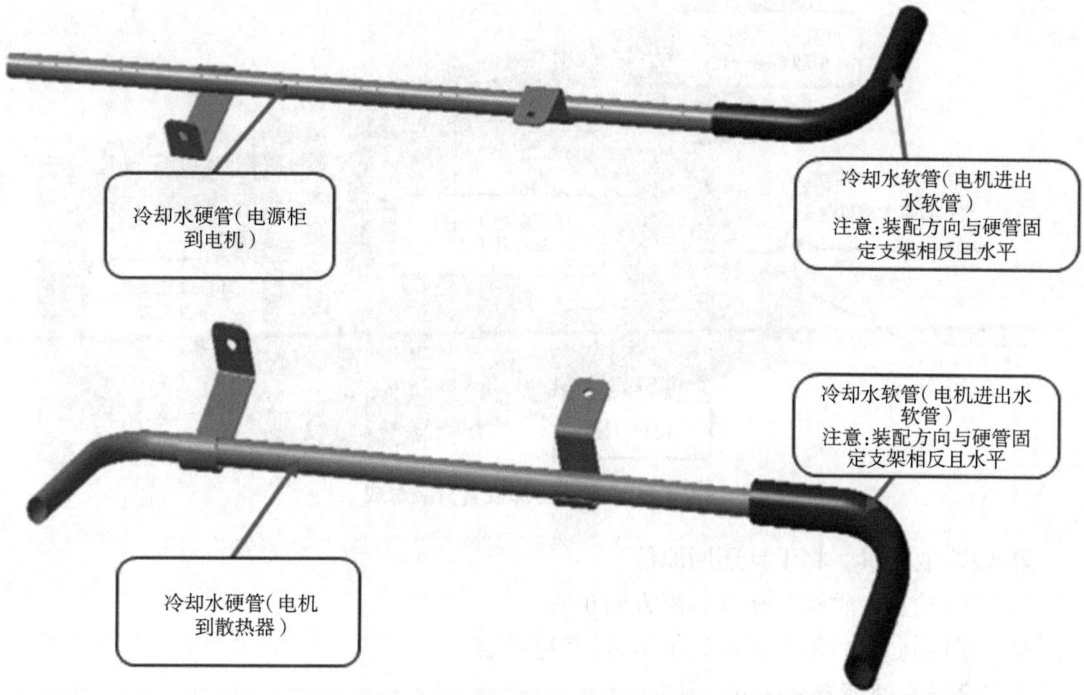

图 2.1.58　分装冷却水硬管（电源柜到电机）

本工序劳保用品如图 2.1.59 所示。

图 5.1.59　工位 4 工序 3 劳保用品

工序 4：安装冷却硬管分装总成。

第 1 步：取件。取冷却硬管（电源柜到电机）分装总成 1 个，冷却硬管（电机到散热器）分装总成 1 个，管箍（Q67638）4 个，螺栓（M6 × 20−8.8）4 颗。

注意：硬管无变形，软管无破裂。

第 2 步：取工具。取电动螺丝刀 1 把，M8 螺丝刀头套筒 1 个。

第 3 步：安装（图 2.1.60）。

（1）将管箍套在软管上。

（2）将分装好的水管依次连接到电机进出水口上，如图 2.1.60 所示。

（3）用螺栓将硬管固定到车架上，如图 2.1.60 所示。

（4）依次将环箍固定到位。

操作要领：①管箍固定位置为距软管端面 20~30 mm；②注意环箍螺栓头朝向。

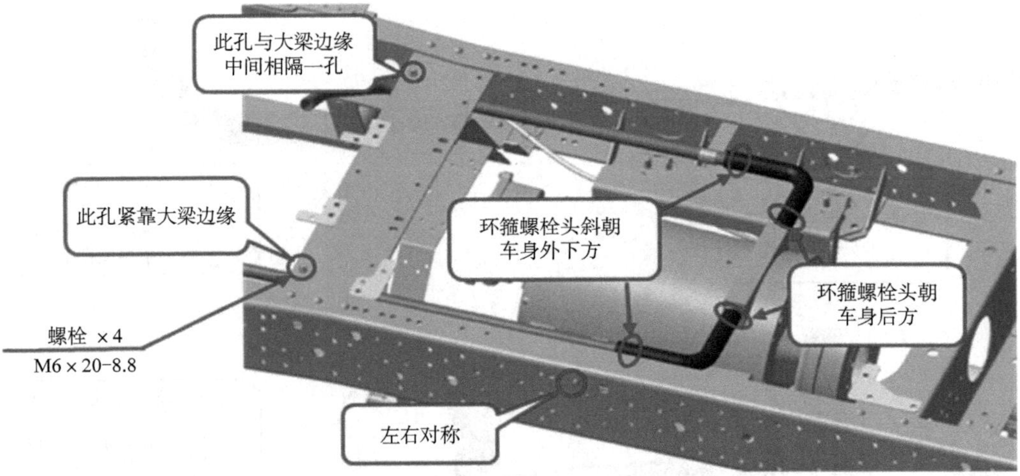

图 2.1.60 安装冷却硬管分装总成

第 4 步:放工具。将工具还回原位。

第 5 步:检查。软管与硬管装配方向正确。

本工序控制方法:随车质量记录卡、过程巡检表。

本工序异常处理方案如下:

(1)返工;

(2)换件;

(3)通知班长;

(4)在“随车质量记录卡”中做记录。

本工序劳保用品如图 2.1.61 所示。

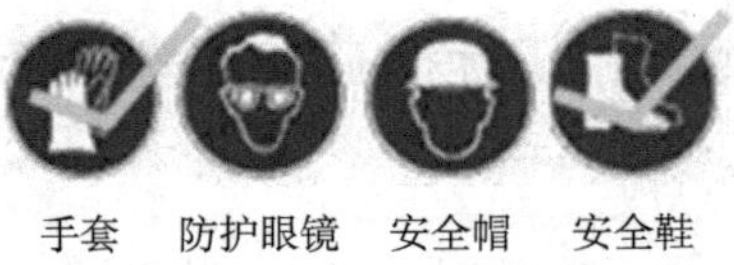

图 2.1.61 工位 4 工序 4 劳保用品

工序 5:安装空调管支架 4。

第 1 步:取件。取空调管支架(4)1 个,螺栓(M8×20-8.8)2 颗,螺母(M8-8.0)2 颗。

注意:支架无变形、无掉漆。

第 2 步:取工具。取电动螺丝刀 1 把,M10 螺丝刀头套筒 1 个,M13 公制两用快扳 1 把。

第 3 步:安装(图 2.1.62)。

(1)将空调管支架(4)安装至图 2.1.62 所示位置。

(2)用螺栓、螺母将支架固定到车架上。

操作要领:不得压住底盘线束。

图 2.1.62　安装空调管支架(4)

第 4 步:放工具。将工具还回原位。

第 5 步:检查。螺栓安装到位,无松动,用蓝色记号笔在螺栓上做标记。

本工序控制方法:随车质量记录卡、过程巡检表。

本工序异常处理方案如下:

(1)返工;

(2)换件;

(3)通知班长;

(4)在"随车质量记录卡"中做记录。

本工序劳保用品如图 2.1.63 所示。

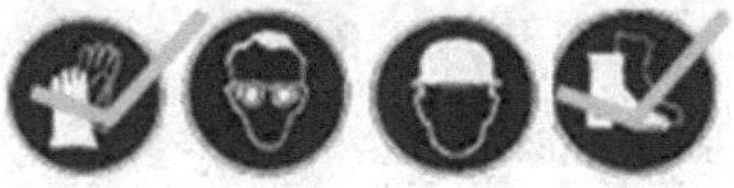

图 2.1.63　工位 4 工序 5 劳保用品

工序 6:安装电池总线固定支架。

第 1 步:取件。取电池总线固定支架 1 个,螺栓(M8×20-8.8)2 颗。

注意:支架无变形、无掉漆。

第 2 步:取工具。取电动螺丝刀 1 把,M10 螺丝刀头套筒 1 个。

第 3 步:安装(图 2.1.64)。

(1)将电池总线固定支架安装至电机前端车架上,并用螺栓连接。

(2)紧固螺栓。

操作要领:不得压住底盘线束。

第 4 步:放工具。将工具还回原位。

第 5 步:检查。螺栓安装到位,无松动,用蓝色记号笔在螺栓上做标记。

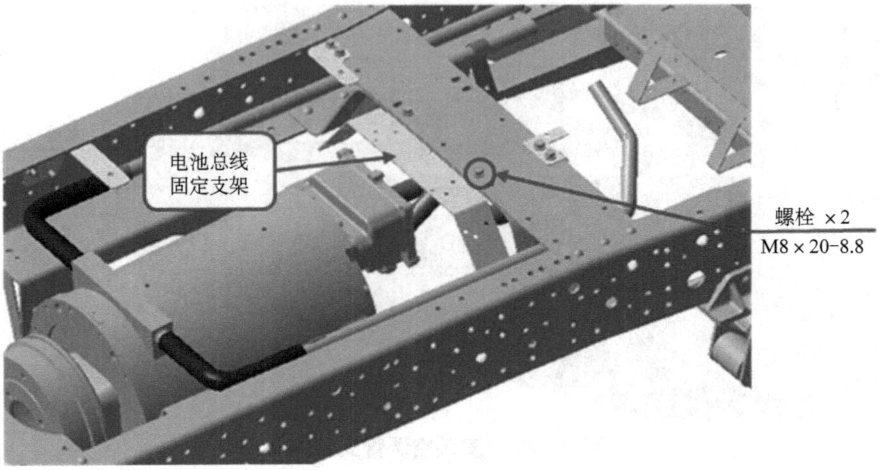

图 2.1.64 安装电池总线固定支架

本工序控制方法:随车质量记录卡、过程巡检记录表。

本工序异常处理方案如下:

(1)返工;

(2)换件;

(3)通知班长;

(4)在"随车质量记录卡"中做记录。

本工序劳保用品如图 2.1.65 所示。

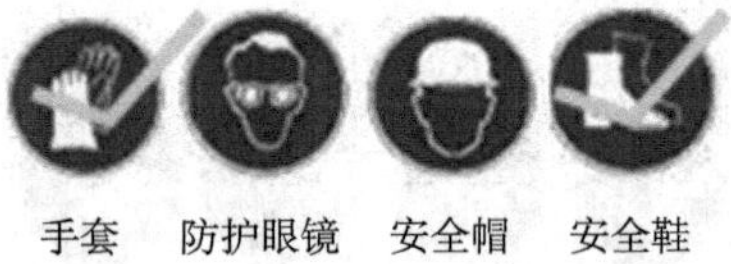

图 2.1.65 工位 4 工序 6 劳保用品

工序 7:安装电池线束。

第 1 步:取件。取电池高压负极线 1 根，2—3 号箱连接线 1 根,电池通信线 1 根,开口夹(ϕ12)6 个,开口夹(ϕ20)12 个。

注意:线束无破损、堵盖无脱落。

第 2 步:安装(图 2.1.66)。

(1)将 2—3 号箱连接线布置如图 2.1.66 所示,并用开口夹(ϕ20)固定到电池总线固定支架前端孔内((1)(2)(3)(4)(5)(6)共 6 处)。

(2)将电池高压负极线布置如图 2.1.66 所示,并用开口夹(ϕ20)固定到电池总线固定支架中间一排孔内((7)(8)(9)(10)(11)(12)共 6 处)。

(3)将电池通信线布置如图 2.1.66 所示,并用开口夹(ϕ12)固定到电池总线固定支架后排孔内((13)(14)(15)(16)(17)(18)共 6 处)。

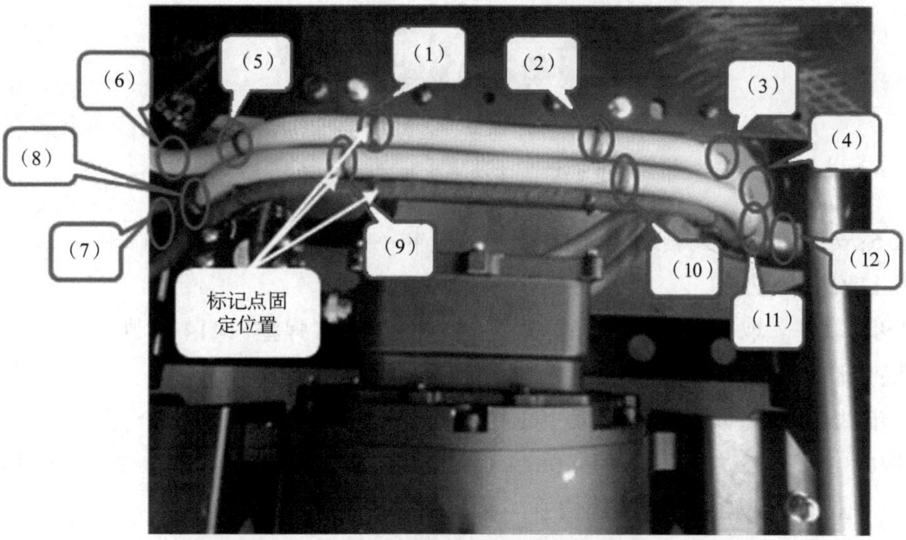

图 2.1.66　安装电池线束

操作要领:① 2—3 号箱电池线连接时注意接口位置,接 2 号箱的放置到车架左侧、接 3 号箱的放置到车架右侧;②布置电池负极线束时注意接口位置,接 4 号箱负端的放置到车架右侧；③布置电池通信线时注意接口位置，接 1、2 号箱的放置到车架左侧，接 3、4 号箱的放置到车架右侧。

第 3 步：检查。开口夹固定到位，无松动。

本工序控制方法：随车质量记录卡、过程巡检表。

本工序异常处理方案如下：

(1)返工；

(2)换件；

(3)通知班长；

(4)在“随车质量记录卡”中做记录。

本工序劳保用品如图 2.1.67 所示。

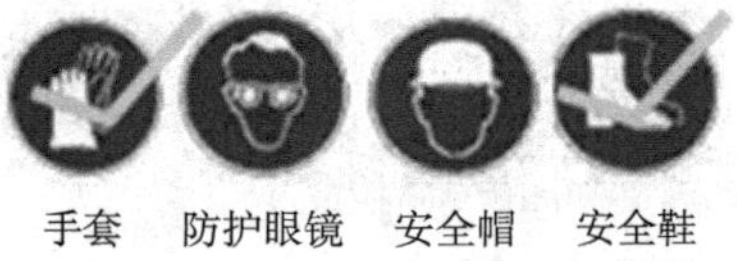

图 2.1.67 工位 4 工序 7 劳保用品

工位 5：安装传动轴及剩余电池托架。

工序 1：安装传动轴。

第 1 步：取件。取传动轴 1 根，螺母(M14-10.0)4 颗，弹垫(M14)4 颗。

注意：传动轴无碰伤、变形，漆面无划伤。

第 2 步：取工具。取气动冲击扳手 1 把，M21 套筒 1 个，万向节 1 个，接杆 1 个，M18 公制两用快手 2 把，扭力扳手(40~200 N·m)1 把，K18 开口插头 1 个，开口扭力扳手(40~200 N·m)1 把，M21 公制两用快手 1 把。

第 3 步：安装(图 2.1.68)。

图 2.1.68 安装传动轴

(1)手动拆除后桥上自带的螺栓、螺母。

(2)将传动轴前端穿过电机螺柱。

(3)用螺母将传动轴前端固定到电机上，手动将螺母旋入电机螺柱 3~5 丝。

(4)将传动轴后端与后桥法兰盘通孔对正，并用螺栓、螺母连接，手动将螺栓旋入螺母

3~5 丝。

（5）用气动冲击扳手及两用扳手预紧螺栓、螺母。

（6）用扭力扳手安全紧固后桥螺栓，拧紧力矩为（120 ± 12）N·m。

（7）用扭力扳手安全紧固电机螺栓，拧紧力矩为（130 ± 13）N·m。

操作要领：①气动冲击扳手设置为最低挡位；②螺栓应用扭力扳手旋转后才响"咔"声，若螺栓未旋转就响，则应松螺栓后再用扭力扳手安全紧固。

第 4 步：放工具。将工具还回原位。

第 5 步：检查。螺栓、螺母紧固无松动，用蓝色记号笔在螺母上做标记。

本工序控制方法：随车质量记录卡、过程巡检表。

本工序异常处理方案如下：

（1）返工；

（2）换件；

（3）通知班长；

（4）在"随车质量记录卡"中做记录。

本工序劳保用品如图 2.1.69 所示。

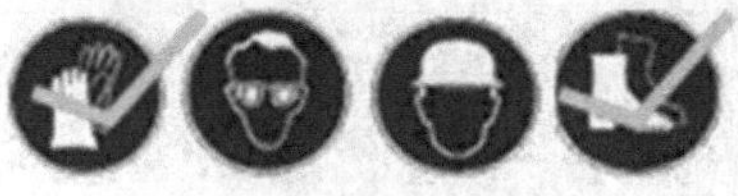

图 2.1.69　工位 5 工序 1 劳保用品

工序 2：安装冷凝器总成。

第 1 步：取件。取冷凝器总成 1 个，螺栓（M8 × 50-8.8）4 颗，螺母（M8-8.0）4 颗，大平垫（M8）4 颗，弹簧垫圈（M8）4 颗，开口夹（ϕ12）1 个。

注意：冷凝器总成完好、百叶片无破损，线束插接头完好、无退针，空调管接头处堵盖无脱落。

第 2 步：取工具。取 M13 公制两用扳手 2 把。

第 3 步：安装（图 2.1.70）。

（1）取冷凝器总成与冷凝器支架螺栓孔对齐。

（2）用螺栓、螺母将冷凝器总成与支架连接在一起，并手动旋螺栓、螺母 3~5 丝。

（3）用两用扳手将螺栓、螺母紧固到位。

（4）将冷凝器总成与底盘线束插接到位。

（5）用开口夹将冷凝器线束固定到车身上。

操作要领：①螺母与支架贴合；②听到"咔"声，反拔无脱落；③线束整理齐整；④避免线束与冷凝器管接触。

第 4 步：放工具。将工具还回原位。

第 5 步：检查。螺栓、螺母紧固无松动，用蓝色记号笔在螺母上做标记。

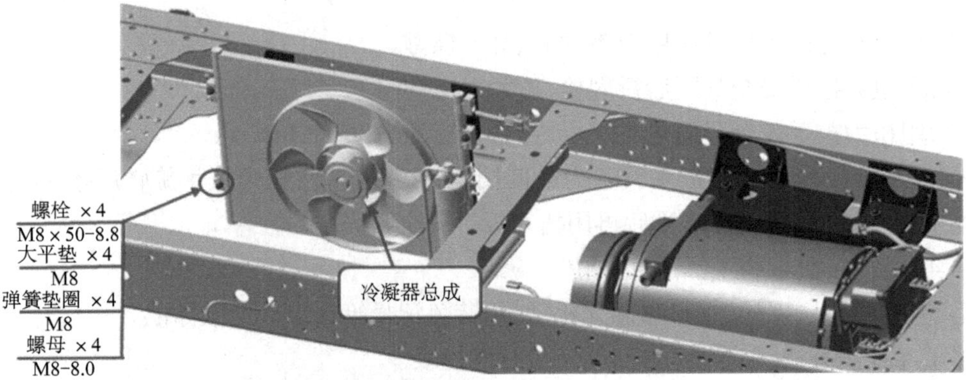

图 2.1.70 安装冷凝器总成

本工序控制方法：自检、互检。

本工序异常处理方案如下：

(1)返工；

(2)换件；

(3)通知班长；

(4)在"随车质量记录卡"中做记录。

本工序劳保用品如图 2.1.71 所示。

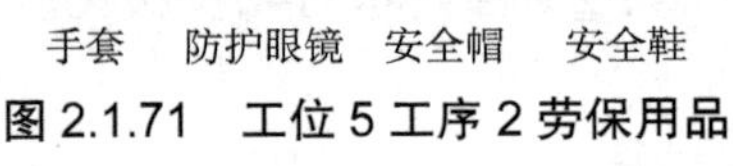

图 2.1.71 工位 5 工序 2 劳保用品

工序 3：分装电池托架总成(1)(3)。

第 1 步：取件。取电池托架总成（1）1 个，电池托架总成（2）（3）（4）各 1 个，电池托架总成左右连接板 2 个，销轴（ϕ16）4 个，平垫圈（M16）4 个，开口销 4 个，螺栓（M12×110-8.8）8 个，螺母（M12-8.0）8 个。

注意：托架及连接板外观无变形、无掉漆。

第 2 步：取工具。取尖嘴钳 1 把。

第 3 步：安装（图 2.1.72）。

（1）取电池托架总成（1）或（2）（3）（4）、电池托架总成左右连接板放置到分装台上。

（2）将左右连接板销孔对正托架销孔，并用销轴穿过托架与连接板，在另一端，依次套入平垫圈，并用开口销穿过销孔，将开口销弯曲 90° 以上，如图 2.1.72 所示。

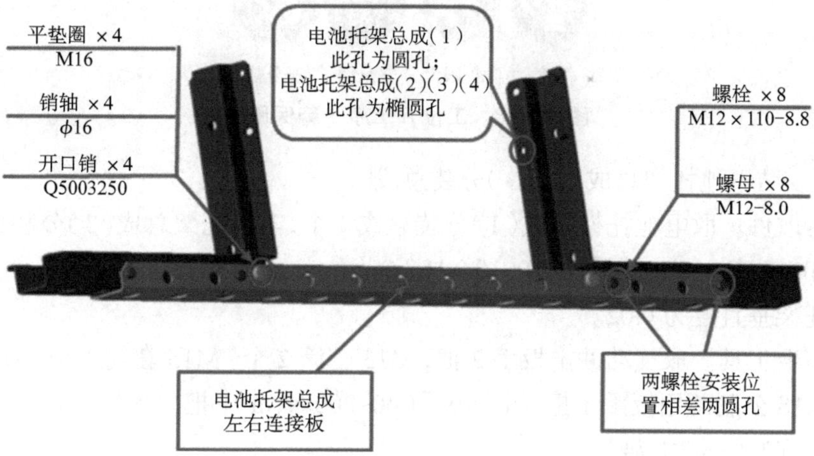

（a）

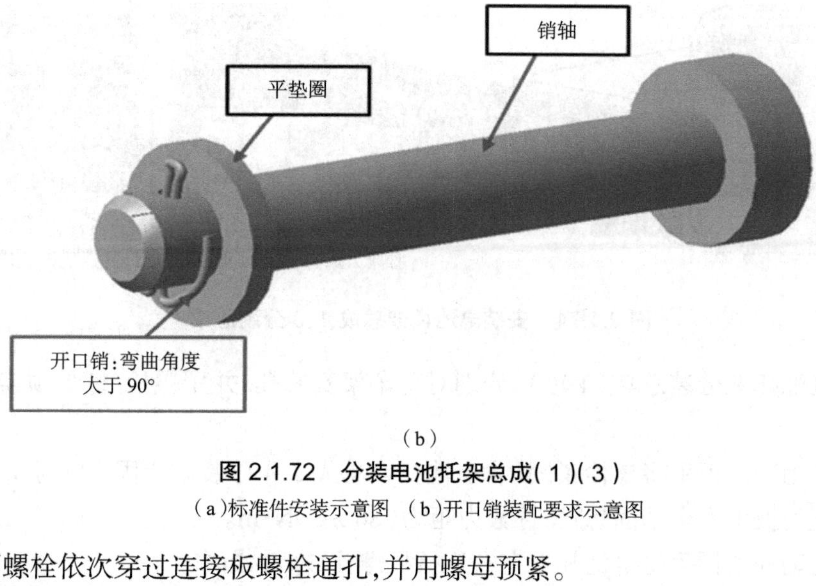

（b）

图 2.1.72　分装电池托架总成（1）（3）

（a）标准件安装示意图　（b）开口销装配要求示意图

（3）用螺栓依次穿过连接板螺栓通孔，并用螺母预紧。

操作要领：螺栓安装位置正确。

第 4 步：放工具。将工具还回原位。

第 5 步：检查。托架与连接板无变形、漆面无划伤。

本工序控制方法：自检、互检。

本工序异常处理方案如下：

（1）返工；

（2）换件；

（3）通知班长；

（4）在“随车质量记录卡”中做记录。

本工序劳保用品如图 2.1.73 所示。

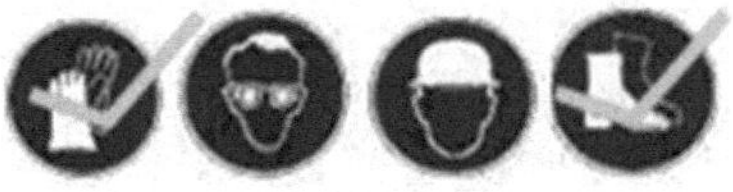

图 2.1.73 工位 5 工序 3 劳保用品

工序 4：安装电池托架总成（1）（3）分装总成。

第 1 步：取件。取电池托架总成（1）分装总成 1 个，电池托架总成（3）分装总成 1 个，螺栓（M10 × 30–10.9）16 个，螺母（M10–10.0）16 个。

注意：托架垂直度为 0.02。

第 2 步：取工具。取气动冲击扳手 2 把，M13 套筒 2 个，M15 套筒 1 个，M15 公制两用扳手 1 把，M18 公制两用扳手 1 把，扭力扳手（40~200 N·m）1 把。

第 3 步：安装（图 2.1.74）。

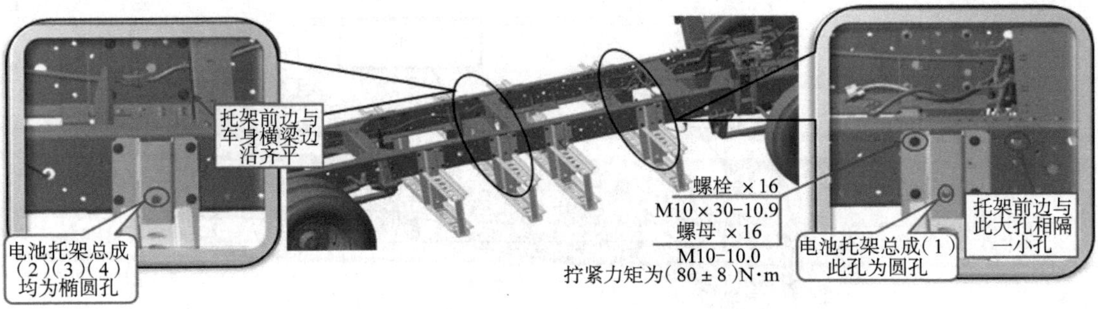

图 2.1.74 安装电池托架总成 1、3 分装总成

（1）将电池托架分装总成（1）（3）分别对正车架安装孔，并用螺栓、螺母预连接，手动旋入 3~5 丝。

（2）用气动冲击扳手将螺栓紧固（含电池托架总成 2、4 分装总成固定螺母）。

（3）用扭力扳手安全紧固螺栓，拧紧力矩为（80 ± 8）N·m。

（4）用气动冲击扳手将电池托架左右连接板螺栓、螺母紧固。

操作要领：①前后四个托架高度差应≤ 2 mm；②螺栓应用扭力扳手旋转后才响“咔”声，若螺栓未旋转就响，则应松螺栓后再用扭力扳手安全紧固。

第 4 步：放工具。将工具还回原位。

第 5 步：检查。螺栓、螺母紧固无松动，用蓝色记号笔在螺母上做标记。

本工序控制方法：自检、互检。

本工序异常处理方案如下：

（1）返工；

（2）换件；

（3）通知班长；

（4）在"随车质量记录卡"中做记录。

本工序劳保用品如图 2.1.75 所示。

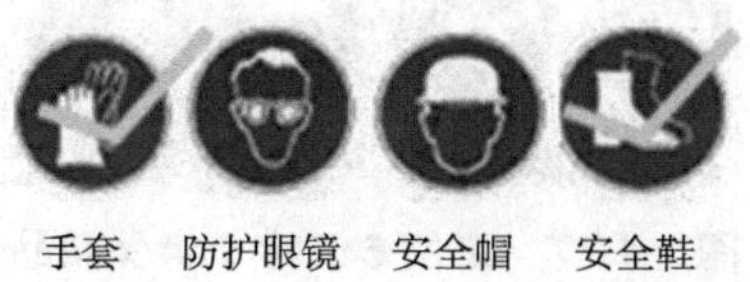

图 2.1.75　工位 5 工序 4 劳保用品

工位 6：安装空压机及蓄电池。

工序 1：分装空调压缩机总成。

第 1 步：取件。取空调压缩机支架 1 个，压缩机减震垫 4 颗，空调压缩机总成 1 个，螺栓（M8×110–8.8）2 颗，螺母（M8–8.0）2 颗。

注意：支架无变形、无划伤，减震垫无破损，堵盖无脱落、压缩机无漏油。

第 2 步：取工具。取电动螺丝刀 1 把，M10 螺丝刀头套筒 1 个，M13 公制两用快扳 2 把。

第 3 步：安装（图 2.1.76）。

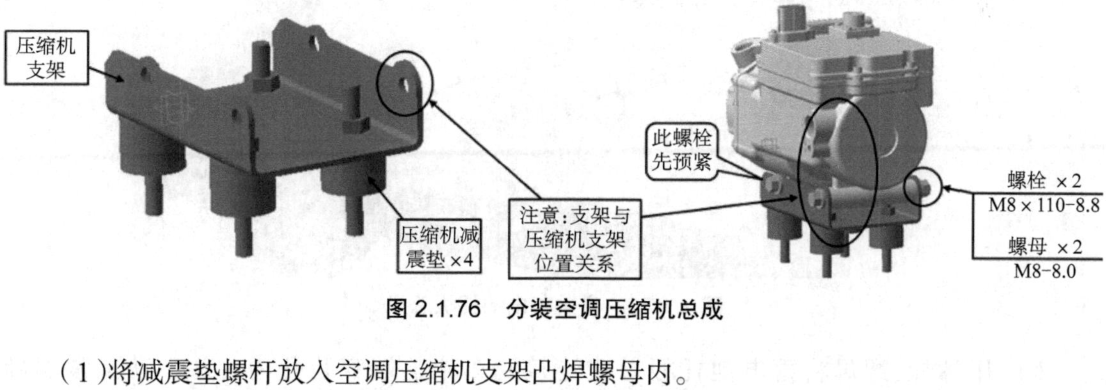

图 2.1.76　分装空调压缩机总成

（1）将减震垫螺杆放入空调压缩机支架凸焊螺母内。

（2）用螺栓、螺母将空调压缩机总成预安装到空调压缩机上，手动旋螺栓 3~5 丝。

（3）用电动螺丝刀将螺栓紧固到位。

操作要领：①空压机底座螺栓位置正确；②螺栓、螺母与钣金贴合。

第 4 步：放工具。将工具还回原位。

第 5 步：检查。螺母紧固无松动，用蓝色记号笔在螺母上做标记；空调压缩机无漏油。

本工序控制方法：自检、互检。

本工序异常处理方案如下：

（1）返工；

（2）换件；

（3）通知班长；

（4）在"随车质量记录卡"中做记录。

本工序劳保用品如图 2.1.77 所示。

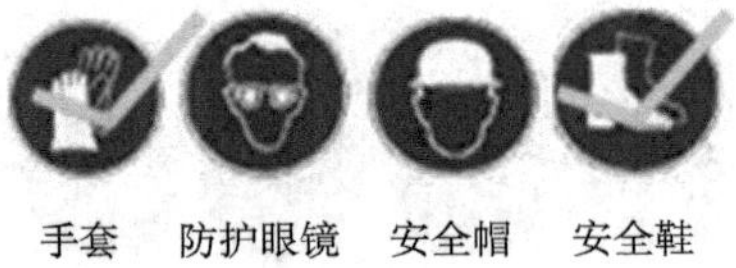

图 2.1.77 工位 6 工序 1 劳保用品

工序 2：安装蓄电池托板总成。

第 1 步：取件。取蓄电池托板总成 1 个，螺栓（M8×25-8.8）4 颗，螺母（M8-8.0）4 颗。

注意：托板无变形、无毛刺、飞边，漆面无划伤。

第 2 步：取工具。取电动螺丝刀 1 把，M10 螺丝刀头套筒 1 个，M13 公制两用快扳 1 把。

第 3 步：安装（图 2.1.78）。

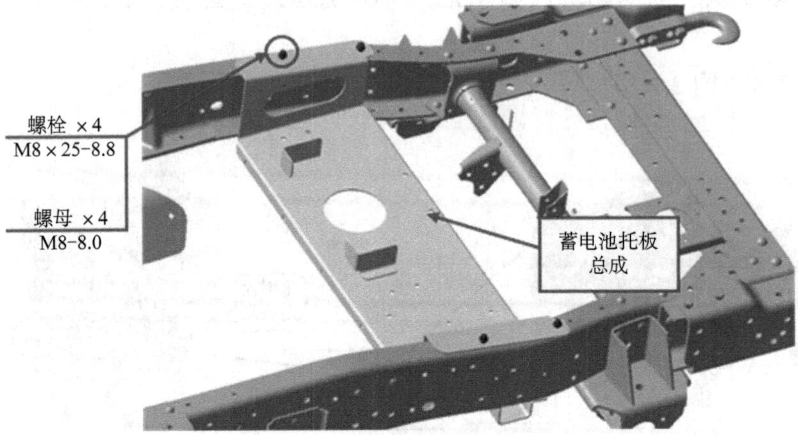

图 2.1.78 安装蓄电池托板总成

（1）用螺栓、螺母将蓄电池托板总成连接到车架前端安装孔内，并手动预紧螺母 3~5 丝。

（2）用电动螺丝刀紧固螺栓、螺母。

操作要领：①空压机底座螺栓位置正确；②螺栓、螺母与钣金贴合。

第 4 步：放工具。将工具还回原位。

第 5 步:检查。螺母紧固无松动,用蓝色记号笔在螺母上做标记;空调压缩机无漏油。

本工序控制方法:随车质量记录卡、过程巡检表。

本工序异常处理方案如下:

(1)返工;

(2)换件;

(3)通知班长;

(4)在“随车质量记录卡”中做记录。

本工序劳保用品如图 2.1.79 所示。

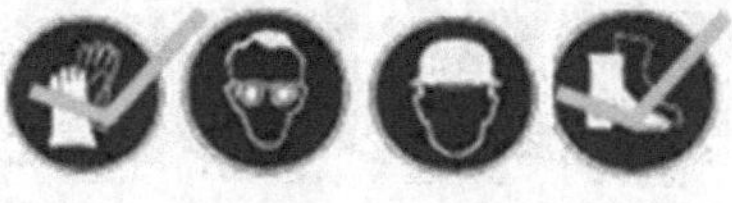

图 2.1.79　工位 6 工序 2 劳保用品

工序 3:安装空调压缩机分装总成。

第 1 步:取件。取空调压缩机分装总成 1 个,螺母(M8-8.0)4 颗。

注意:空调压缩机表面无碰划伤、堵盖无脱落、无漏油。

第 2 步:取工具。取 M13 公制两用快扳 1 把。

第 3 步:安装(图 2.1.80)。

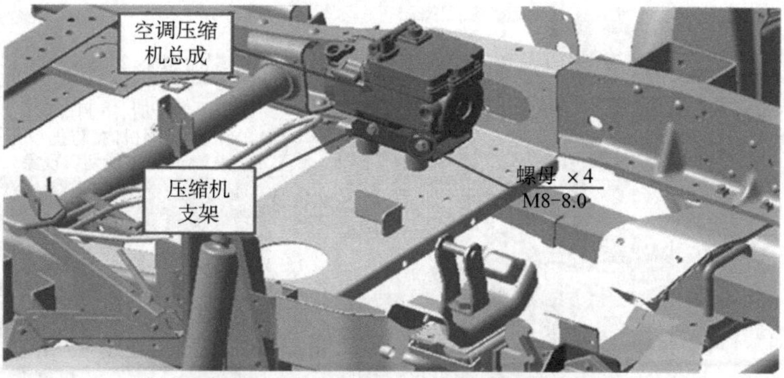

图 2.1.80　安装空调压缩机分装总成

(1)取空调压缩机分装总成,将其减震垫螺柱穿过蓄电池托板孔。

(2)取螺母并将其旋入减震垫螺柱上。

(3)用两用扳手将螺母紧固到位。

(4)将底盘线束压缩机支线插接到压缩机上。

操作要领:①线束插接到位,听到“咔”声响;②反拔无脱落;③螺栓、螺母与钣金贴合。

第 4 步:放工具。将工具还回原位。

第 5 步:检查。螺母紧固无松动,用蓝色记号笔在螺母上做标记;堵盖无脱落、压缩机无漏油。

本工序控制方法：自检、互检。

本工序异常处理方案如下：

（1）返工；

（2）换件；

（3）通知班长；

（4）在“随车质量记录卡”中做记录。

本工序劳保用品如图 2.1.81 所示。

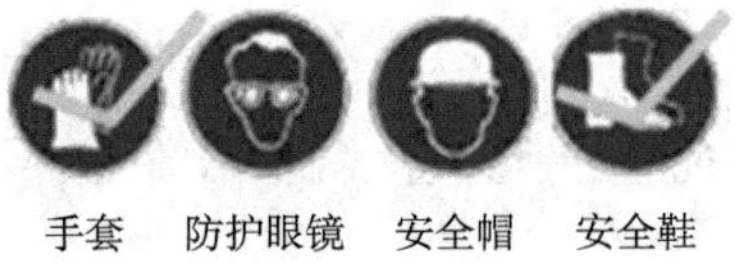

图 2.1.81 工位 6 工序 3 劳保用品

工序 4：安装空调管（压缩机吸入管总成）。

第 1 步：取件。取空调管（压缩机吸入管总成）1 根，螺栓（M6×25-8.8）1 颗。

注意：空调管堵盖无脱落，空调管无变形，O 形圈无破损，H 盖无脱落。

第 2 步：取工具。取电动螺丝刀 1 把，M8 螺丝刀头套筒 1 个，M8 公制两用扳 1 把、M24 公制两用快扳 1 把、M27 公制两用快扳 1 把。

第 3 步：安装（图 2.1.82）。

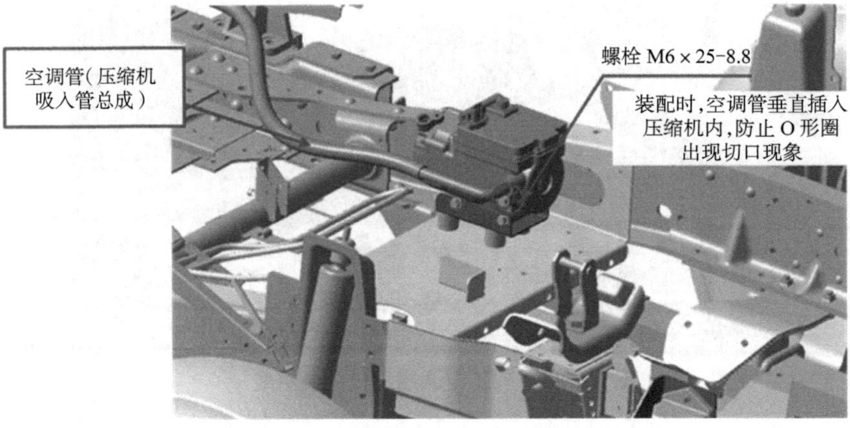

图 2.1.82 安装空调管（压缩机吸入管总成）

（1）拆卸空调压缩机堵盖（只拆图 2.1.82 空调管安装位置堵盖）。

（2）用螺栓将空调管一端连接到空调压缩机上。

（3）将空调管另一端与暖风机端空调管进行预紧。

（4）用电动螺丝刀紧固空调管固定螺栓。

操作要领：① O 形圈表面涂少许防冻机油，空调管垂直插入空调压缩机孔内，不得损坏 O 形圈，螺栓紧固到位；②螺栓紧固到位无松动。

第 4 步：放工具。将工具还回原位。

第 5 步：检查。螺栓紧固无松动，管接头连接到位，用蓝色记号笔在螺母上做标记；空调压缩机无漏油现象。

本工序控制方法：随车质量记录卡、过程巡检表。

本工序异常处理方案如下：

（1）返工；

（2）换件；

（3）通知班长；

（4）在“随车质量记录卡”中做记录。

本工序劳保用品如图 2.1.83 所示。

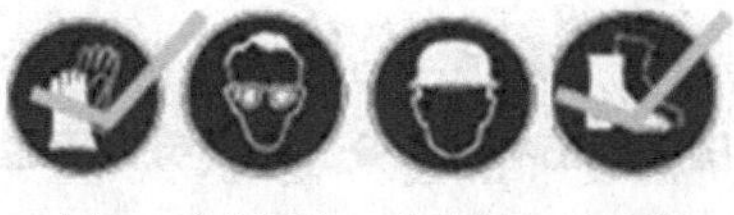

图 2.1.83　工位 6 工序 4 劳保用品

工序 5：安装蓄电池支架（左）。

第 1 步：取件。取蓄电池支架（左）1 个，螺栓（M8×20-8.8）2 颗。

注意：托板无变形、无毛刺、飞边，漆面无划伤。

第 2 步：取工具。取电动螺丝刀 1 把，M10 螺丝刀头套筒 1 个（加长）。

第 3 步：安装（图 2.1.84）。

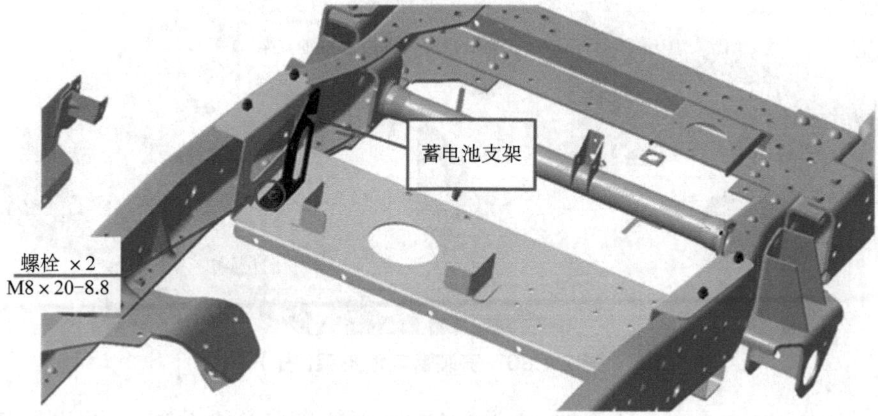

图 2.1.84　安装蓄电池支架（左）

（1）取螺栓、螺母将蓄电池支架（左）安装到蓄电池托板总成左侧上，并将螺母手动旋入螺栓 3~5 丝。

（2）用电动螺丝刀紧固螺栓。

操作要领：螺栓、螺母与钣金贴合。

第 4 步：放工具。将工具还回原位。

第 5 步：检查。螺栓紧固无松动，管接头连接到位，用蓝色记号笔在螺母上做标记。

本工序控制方法：自检、互检。

本工序异常处理方案如下：

（1）返工；

（2）换件；

（3）通知班长；

（4）在“随车质量记录卡”中做记录。

本工序劳保用品如图 2.1.85 所示。

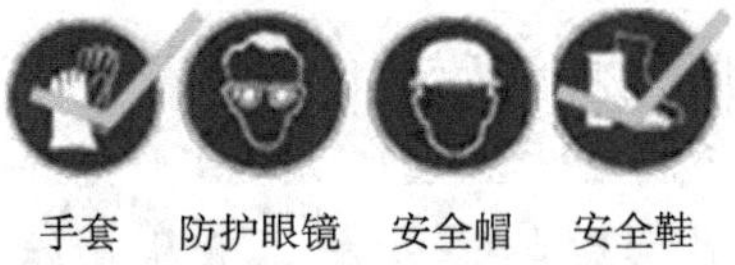

图 2.1.85 工位 6 工序 5 劳保用品

工序 6：安装蓄电池支架（右）。

第 1 步：取件。取蓄电池支架（右）1 个，螺栓（M8×20-8.8）2 颗。

注意：托板无变形、无毛刺、飞边，漆面无划伤。

第 2 步：取工具。取电动螺丝刀 1 把，M10 螺丝刀头套筒 1 个（加长）。

第 3 步：安装（图 2.1.86）。

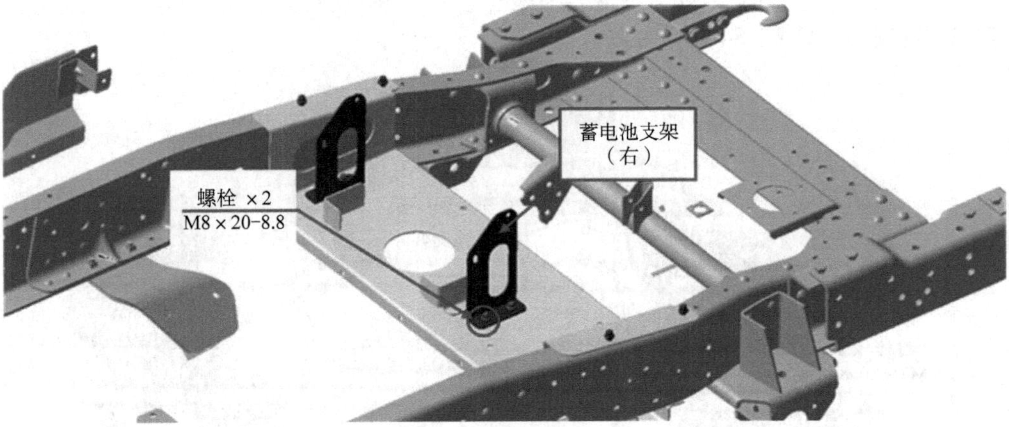

图 2.1.86 安装蓄电池支架（右）

（1）取螺栓、螺母将蓄电池支架（右）安装到蓄电池托板总成右侧上，并将螺母手动旋入螺栓 3~5 丝。

（2）用电动螺丝刀紧固螺栓。

操作要领：螺栓、螺母与钣金贴合。

第 4 步：放工具。将工具还回原位。

第 5 步：检查。螺栓紧固无松动，管接头连接到位，用蓝色记号笔在螺母上做标记。

本工序控制方法：自检、互检。

本工序异常处理方案如下：

（1）返工；

（2）换件；

（3）通知班长；

（4）在“随车质量记录卡”中做记录。

本工序劳保用品如图 2.1.87 所示。

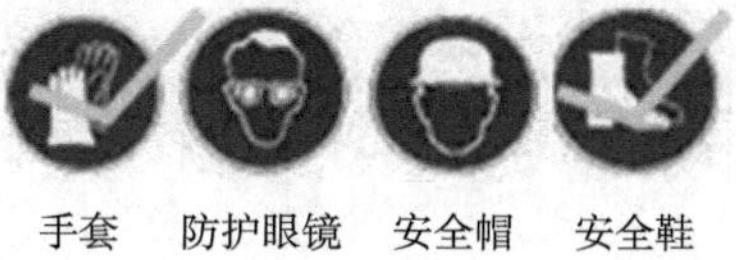

图 2.1.87　工位 6 工序 6 劳保用品

工序 7：安装蓄电池前挡板。

第 1 步：取件。取蓄电池前挡板 1 个，螺栓（M8 × 20-8.8）2 颗。

注意：托板无变形、无毛刺、飞边，漆面无划伤。

第 2 步：取工具。取电动螺丝刀 1 把，M10 螺丝刀头套筒 1 个（加长）。

第 3 步：安装（图 2.1.88）。

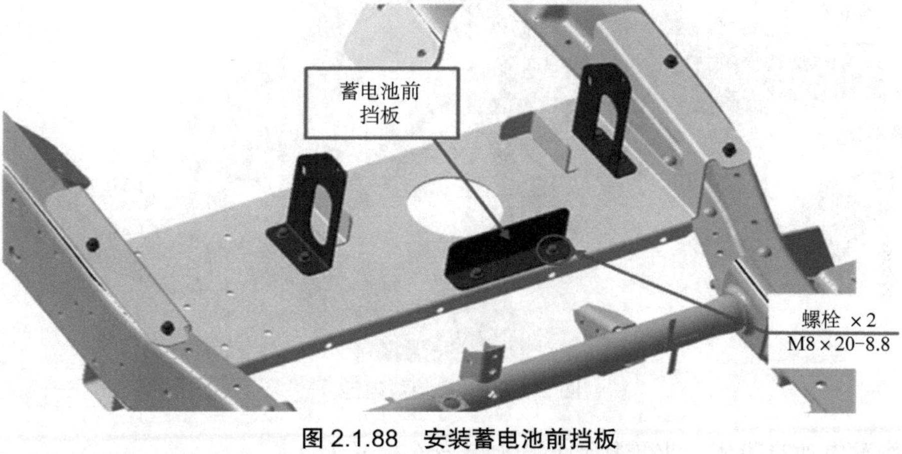

图 2.1.88　安装蓄电池前挡板

（1）取螺栓、螺母将蓄电池前挡板安装到蓄电池托板总成上，并将螺母手动旋入螺栓 3~5 丝。

（2）用电动螺丝刀紧固螺栓。

操作要领：螺栓、螺母与钣金贴合。

第 4 步：放工具。将工具还回原位。

第 5 步：检查。螺栓紧固无松动，管接头连接到位，用蓝色记号笔在螺母上做标记。

本工序控制方法：自检、互检。

本工序异常处理方案如下：

（1）返工；

（2）换件；

（3）通知班长；

（4）在“随车质量记录卡”中做记录。

本工序劳保用品如图 2.1.89 所示。

图 2.1.89 工位 6 工序 7 劳保用品

工序 8：安装蓄电池。

第 1 步：取件。取蓄电池 1 个，塑料紧箍带 1 根。

注意：蓄电池表面无变形、油漆无划伤，观察蓄电池是否过期。

第 2 步：取工具。取 M14 公制两用快扳 1 把，斜口钳 1 把。

第 3 步：安装（图 2.1.90）。

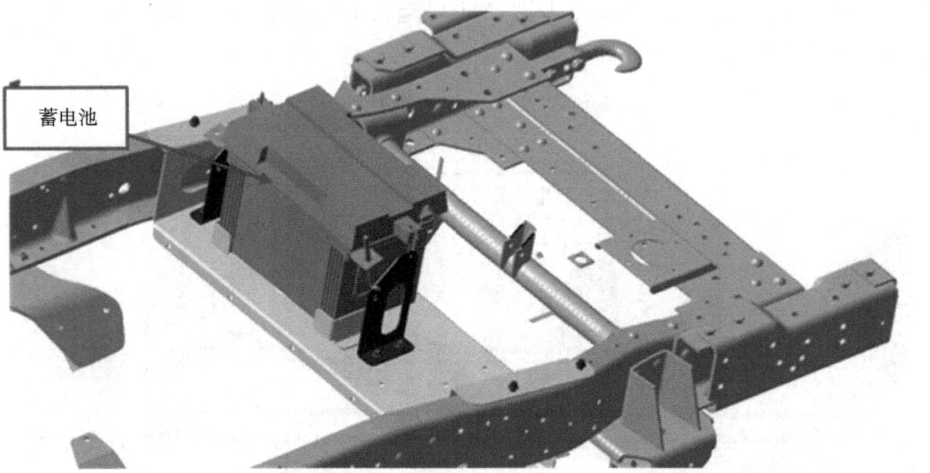

图 2.1.90 安装蓄电池

（1）将蓄电池自带固定夹连接到蓄电池支架（左）（右）上。

（2）用两用扳手将固定夹紧固到位，确保固定夹将蓄电池紧固到位。

（3）用塑料紧箍带将底盘线束电瓶正极线束固定到蓄电池支架（右）上。

操作要领：①装配到位，正负极方向不得装反；②固定夹有效固定蓄电池；③注意留出正极与蓄电池连接长度。

第 4 步：放工具。将工具还回原位。

第 5 步：检查。螺栓紧固无松动，管接头连接到位，用蓝色记号笔在螺母上做标记。

本工序控制方法：自检、互检。

本工序异常处理方案如下：

（1）返工；

（2）换件；

（3）通知班长；

（4）在“随车质量记录卡”中做记录。

本工序劳保用品如图 2.1.91 所示。

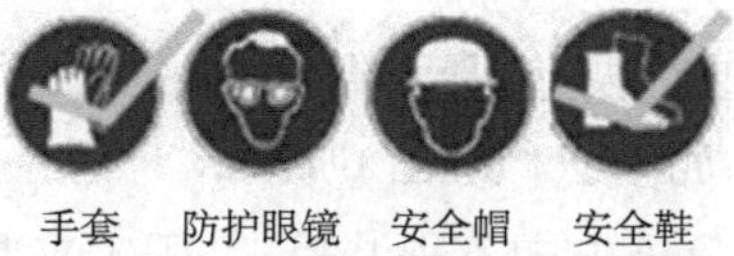

图 2.1.91　工位 6 工序 8 劳保用品

工序 9：安装 DC/DC 线束。

第 1 步：取件。取 DC/DC 线束 1 根，螺栓（M8 × 20-8.8）1 颗，螺母（M8-8.0）1 颗，内锯齿锁紧垫圈（M8）。

注意：线束完好、无破损，插头完好、无异物、密封圈无破损。

第 2 步：取工具。取电动螺丝刀 1 把，M10 螺丝刀头套筒 1 个，M13 公制两用快扳 1 把，M14 公制两用快扳 1 把。

第 3 步：安装（图 2.1.92）。

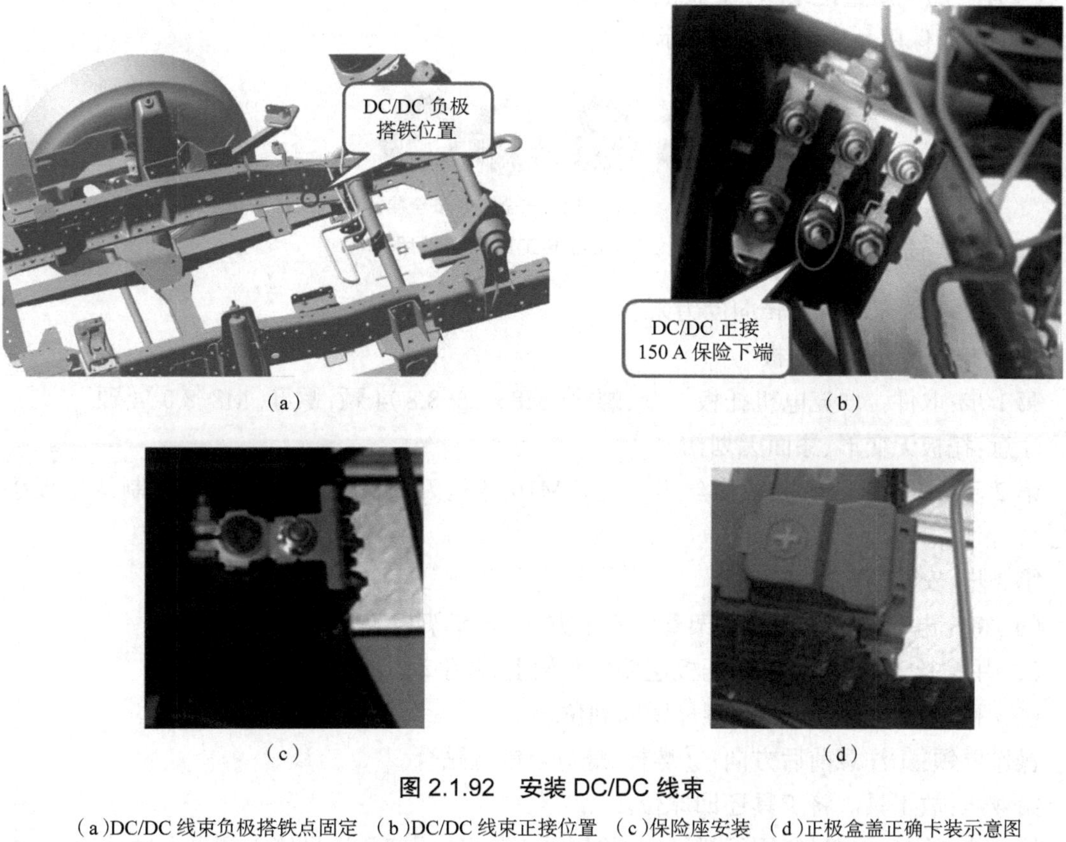

（a）　（b）　（c）　（d）

图 2.1.92　安装 DC/DC 线束

（a）DC/DC 线束负极搭铁点固定　（b）DC/DC 线束正接位置　（c）保险座安装　（d）正极盒盖正确卡装示意图

（1）用螺栓、螺母及内锯齿锁紧垫圈将 DC/DC 线束负极搭铁点固定到图 2.1.92（a）所示位置。

（2）拆开底盘线束自带的正极盒盖，卸下 150 A 保险下端固定螺母。

（3）将 DC/DC 线束正连接到 150 A 保险处，并借用上步骤拆卸的螺母紧固，如图 2.1.92（b）所示。

（4）将保险座安装在蓄电池正极上，紧固到位，如图 2.1.92（c）所示。

（5）将正极盒盖卡装到位，如图 2.1.92（d）所示。

操作要领：①装配到位，正负极方向不得装反；②固定夹有效固定蓄电池；③注意留出正极与蓄电池连接长度。

第 4 步：放工具。将工具还回原位。

第 5 步：检查。螺母紧固无松动，弹垫压平无炸开，用蓝色记号笔在螺母上做标记。

本工序控制方法：自检、互检。

本工序异常处理方案如下：

（1）返工；

（2）换件；

（3）通知班长；

（4）在“随车质量记录卡”中做记录。

本工序劳保用品如图 2.1.93 所示。

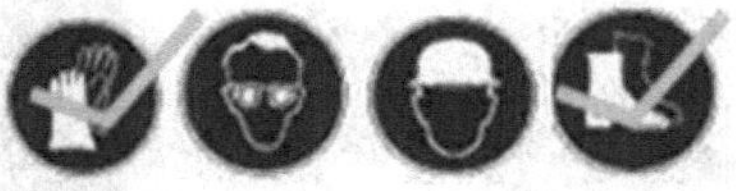

图 2.1.93　工位 6 工序 9 劳保用品

工位 7：安装充电机及转向助力泵。

工序 1：安装充电机托板。

第 1 步：取件。取充电机托板 1 个，螺栓（M8 × 25–8.8）4 颗，螺母（M8–8.0）4 颗。

注意：托板无变形、漆面无划伤。

第 2 步：取工具。取电动螺丝刀 1 把，M10 螺丝刀头套筒 1 个，M13 公制两用扳手 1 把。

第 3 步：安装（图 2.1.94）。

（1）将充电机托板放置到车架驾驶室下方，并与车架相应眼孔对正。

（2）用螺栓、螺母将充电机托板连接到车架上，并手动预紧螺栓 3~5 丝。

（3）用电动螺丝刀将螺栓、螺母紧固到位。

操作要领：①注意前后方向；②螺栓、螺母与钣金贴合。

第 4 步：放工具。将工具还回原位。

第 5 步：检查。螺母紧固无松动，弹垫压平无炸开，用蓝色记号笔在螺母上做标记。

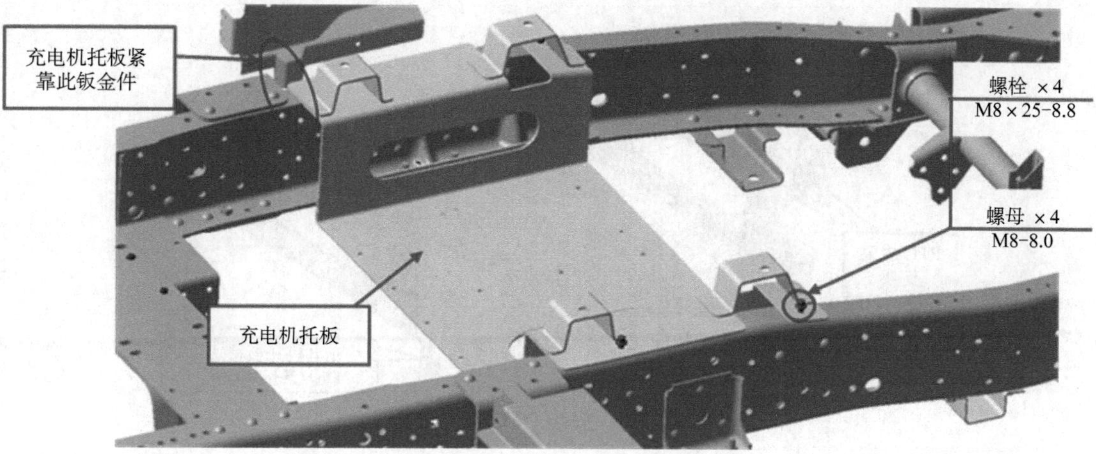

图 2.1.94　安装充电机托板

本工序控制方法：自检、互检。

本工序异常处理方案如下：

（1）返工；

（2）换件；

（3）通知班长；

（4）在“随车质量记录卡”中做记录。

本工序劳保用品如图 2.1.95 所示。

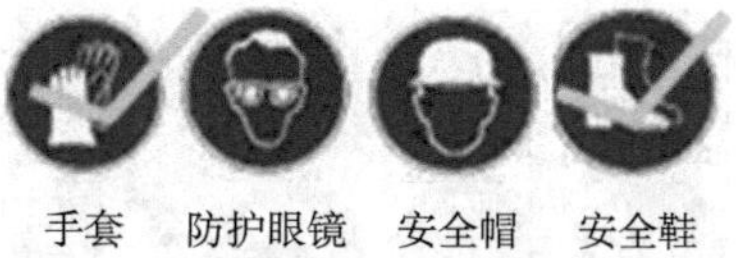

图 2.1.95　工位 7 工序 1 劳保用品

工序 2：安装 PTC 线束支架。

第 1 步：取件。取 PTC 线束支架 1 个，螺栓（M8×20-8.8）2 颗，钢芯复合 U 形防护条 40 mm。

注意：托板无变形、漆面无划伤。

第 2 步：取工具。取电动螺丝刀 1 把，M10 螺丝刀头套筒 1 个，橡胶榔头 1 个，剪刀 1 把。

第 3 步：安装（图 2.1.96）。

（1）将 PTC 线束支架与充电机托板安装眼孔对正。

（2）用螺栓将 PTC 线束支架与充电机托板固定在一起。

（3）用电动螺丝刀将螺栓紧固到位。

（4）用剪刀将 U 形防护条剪成图 2.1.96 所示尺寸规格。

（5）将剪切好的尺寸规格防护条卡装到图 2.1.96 所示位置。

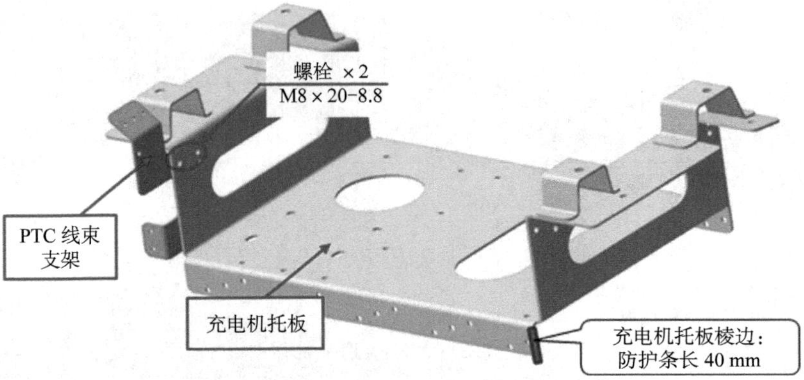

图 2.1.96 安装 PTC 线束支架

操作要领：①注意前后方向；②螺栓、螺母与钣金贴合；③卡装到位，无虚卡。

第 4 步：放工具。将工具还回原位。

第 5 步：检查。螺母紧固无松动，用蓝色记号笔在螺母上做标记。

本工序控制方法：自检、互检。

本工序异常处理方案如下：

（1）返工；

（2）换件；

（3）通知班长；

（4）在"随车质量记录卡"中做记录。

本工序劳保用品如图 2.1.97 所示。

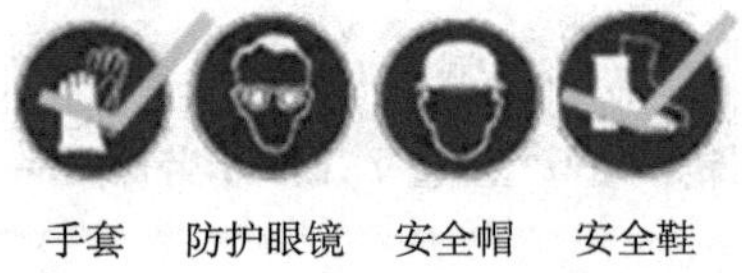

图 2.1.97 工位 7 工序 2 劳保用品

工序 3：安装车载通信装置（Vehicular Communication Unit，VCU）支架。

第 1 步：取件。取 VCU 支架 1 个，螺栓（M8×20-8.8）2 颗。

注意：VCU 支架无变形、漆面无划伤。

第 2 步：取工具。取电动螺丝刀 1 把，M10 螺丝刀头套筒 1 个。

第 3 步：安装（图 2.1.98）。

（1）将 VCU 支架放置到充电机托板上，并与充电机托板相应眼孔对正。

（2）用螺栓将 VCU 支架连接到充电机托板上，并手动预紧螺栓 3~5 丝。

（3）用电动螺丝刀将螺栓紧固到位。

操作要领：①螺栓、螺母安装到位；②螺栓、螺母与钣金贴合。

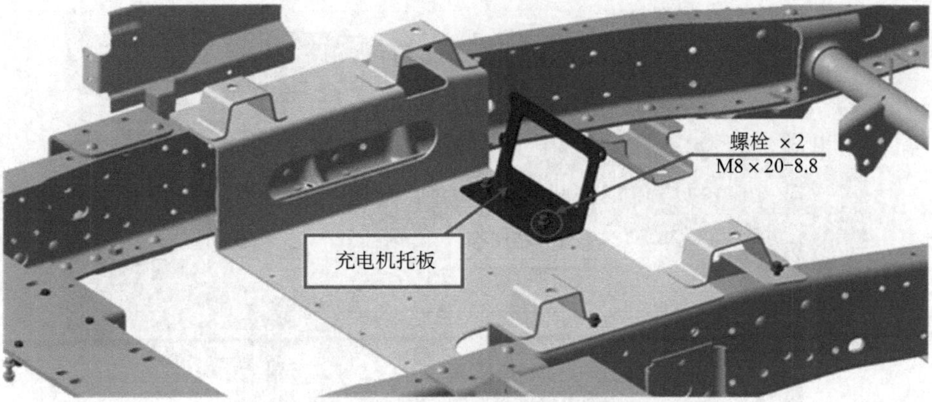

图 2.1.98　安装 VCU 支架

第 4 步:放工具。将工具还回原位。

第 5 步:检查。螺母紧固无松动,用蓝色记号笔在螺母上做标记。

本工序控制方法:自检、互检。

本工序异常处理方案如下:

(1)返工;

(2)换件;

(3)通知班长;

(4)在"随车质量记录卡"中做记录。

本工序劳保用品如图 2.1.99 所示。

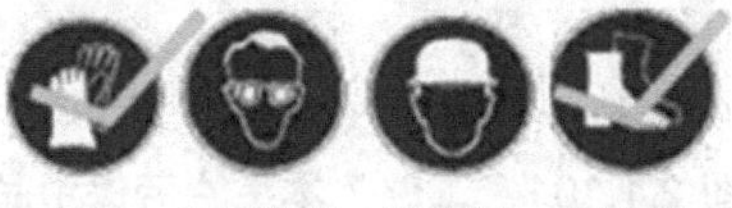

图 2.1.99　工位 7 工序 3 劳保用品

工序 4:安装整车控制器。

第 1 步:取件。取整车控制器 1 个,螺栓(M6×30-8.8)4 颗,螺母(M6-8.0)4 颗。

注意:整车控制器外观无划伤、针脚完好。

第 2 步:取工具。取电动螺丝刀 1 把,M8 螺丝刀头套筒 1 个,M10 公制两用快扳 1 把。

第 3 步:安装(图 2.1.100)。

(1)用螺栓、螺母将整车控制器连接到 VCU 支架上,并手动预紧螺栓 3~5 丝。

(2)用电动螺丝刀将螺栓、螺母紧固到位。

(3)将底盘线束整车控制器端线束插接到整车控制器上。

操作要领:①螺栓、螺母与支架贴合;②插接头防脱卡装配到位,应听到"咔"声。

第 4 步:放工具。将工具还回原位。

第 5 步:检查。螺母紧固无松动,用蓝色记号笔在螺母上做标记。

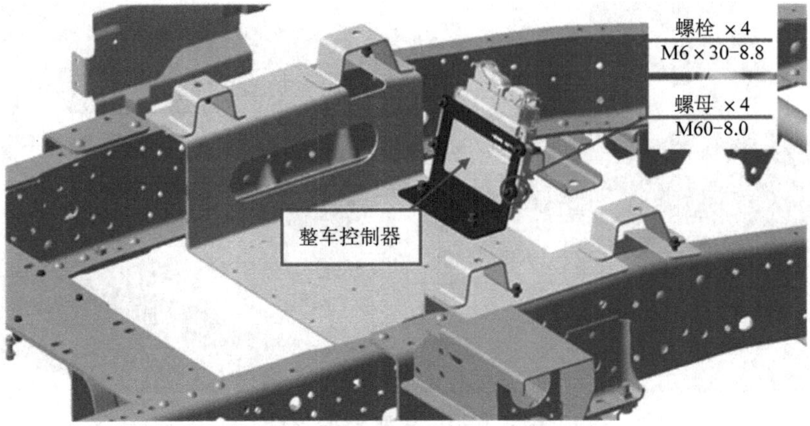

图 2.1.100 安装整车控制器

本工序控制方法：随车质量记录卡、过程巡检表。

本工序异常处理方案如下：

(1)返工；

(2)换件；

(3)通知班长；

(4)在“随车质量记录卡”中做记录。

本工序劳保用品如图 2.1.101 所示。

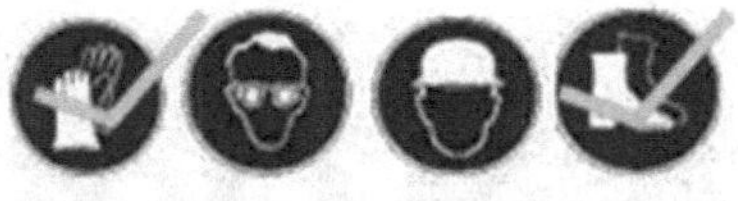

手套 防护眼镜 安全帽 安全鞋

图 2.1.101 工位 7 本序 4 劳保用品

工序 5：安装车载充电机。

第 1 步：取件。取车载充电机 1 个，螺栓(M8×20-8.8)6 颗。

注意：充电机无碰伤、插接头无破损。

第 2 步：取工具。取电动螺丝刀 1 把，M10 螺丝刀头套筒 1 个(加长)。

第 3 步：安装(图 2.1.102)。

(1)将车载充电机放置到充电机托板对应位置上，并与孔位对正。

(2)用螺栓将车载充电机与充电机托板连接，并手动预紧螺栓 3~5 丝。

(3 用电动螺丝刀将螺栓紧固到位。

操作要领：①螺栓、螺母与支架贴合；②插接头端朝车尾。

第 4 步：放工具。将工具还回原位。

第 5 步：检查。螺母紧固无松动，用蓝色记号笔在螺母上做标记。

本工序控制方法：随车质量记录卡、过程巡检表。

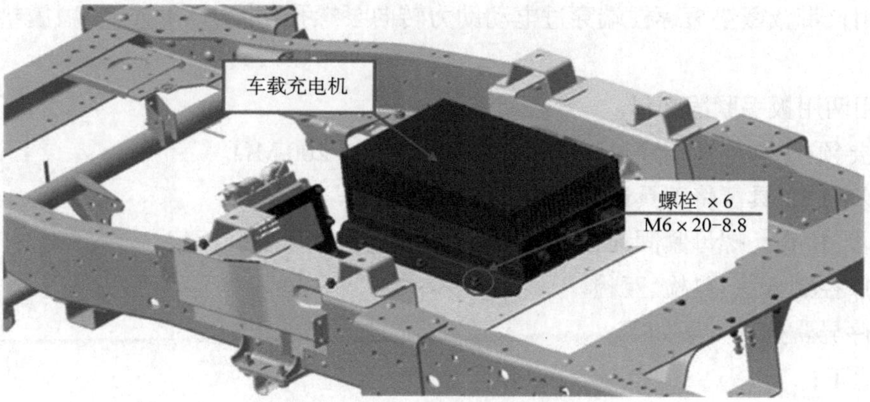

图 2.1.102　安装车载充电机

本工序异常处理方案如下：
(1)返工；
(2)换件；
(3)通知班长；
(4)在“随车质量记录卡”中做记录。
本工序劳保用品如图 2.1.103 所示。

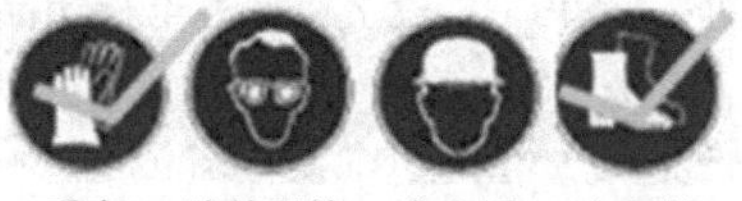

图 2.1.103　工位 7 工序 5 劳保用品

工序 6:分装电动助力转向泵。
第 1 步:取件。取电动助力转向泵 1 个,螺母(M12-8.0)4 颗。
注意:电动助力转向泵无碰划伤、堵孔无脱落、减震块无破损。
第 2 步:取工具。取 M18 公制两用快扳 1 把。
第 3 步:安装(图 2.1.104)。

图 2.1.104　分装电动助力转向泵

(1)用自带减震垫短螺柱端穿过电动助力转向泵螺孔,并用螺母连接(减震垫紧靠转向泵最后端)。

(2)用两用扳手紧固螺母。

操作要领:①螺柱短端穿过转向泵;②绝缘电阻≥ 200 MΩ。

第 4 步:放工具。将工具还回原位。

第 5 步:检查。螺母紧固无松动,用蓝色记号笔在螺母上做标记。

本工序控制方法:自检、互检。

本工序异常处理方案如下:

(1)返工;

(2)换件;

(3)通知班长;

(4)在“随车质量记录卡”中做记录。

本工序劳保用品如图 2.1.105。

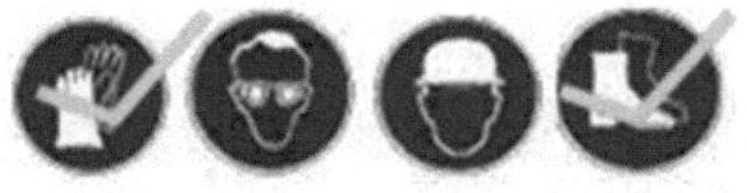

手套　防护眼镜　安全帽　安全鞋

图 2.1.105　工位 7 工序 6 劳保用品

工序 7:安装电动助力转向泵分装总成。

第 1 步:取件。取电动助力转向泵分装总成 1 个,螺母(M12-8.0)4 颗。

注意:电动助力转向泵分装总成无碰划伤、堵孔无脱落。

第 2 步:取工具。取电动螺丝刀 1 把,M18 螺丝刀头套筒 1 个,M18 公制两用扳手 1 把,M18 套筒 1 个,扭力扳手(20~100 N·m)1 把。

第 3 步:安装(图 2.1.106)。

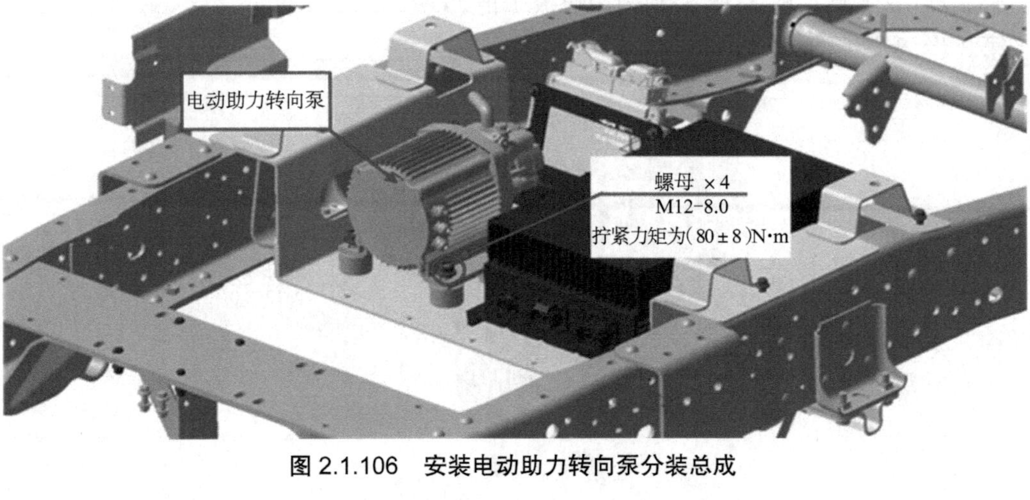

图 2.1.106　安装电动助力转向泵分装总成

（1）将电动助力转向泵分装总成螺柱穿过充电机托架螺孔，并用螺母连接（转向泵分总成安装至托盘最前端）。

（2）用两用扳手预紧螺母。

（3）用扭力扳手安全紧固螺母，拧紧力矩为（80 ± 8）N·m。

操作要领：螺栓应用扭力扳手旋转后才响“咔”声，若螺栓未旋转就响，则应松螺栓后再用扭力扳手安全紧固。

第 4 步：放工具。将工具还回原位。

第 5 步：检查。螺母紧固无松动，用蓝色记号笔在螺母上做标记。

本工序控制方法：自检、互检。

本工序异常处理方案如下：

（1）返工；

（2）换件；

（3）通知班长；

（4）在“随车质量记录卡”中做记录。

本工序劳保用品如图 2.1.107 所示。

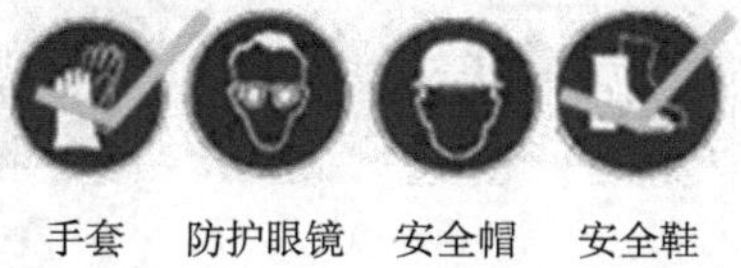

图 1.1.107　工位 7 工序 7 劳保用品

工序 8：安装高、低压转向油管。

第 1 步：取件。取高压转向油管（泵到机）1 个，低压转向油管（壶到泵）1 个，管箍（Q676B25）2 个，空心铰接螺栓（Q81816）1 颗，密封垫圈（ϕ16）2 个。

注意：油管无破损、O 形密封圈完好，密封垫无裂纹，蘑菇头无变形，空心螺栓内有无异物，堵盖无脱落。

第 2 步：取工具。取 M24 公制两用快扳 1 把、M19 公制两用快扳 1 把、开口油管扭力扳手（0~80 N · m）1 把，M19 开口插头 1 个、M24 开口插头 1 个，电动螺丝刀 1 把，M8 螺丝刀头套筒 1 个。

第 3 步：安装（图 2.1.108）。

（1）检查高压转向油管两端蘑菇头完好无变形。

（2）在高压转向油管 O 形圈表面涂少许防冻机油。

（3）用两用扳手将高压转向油管依次预紧固到转向机及电动助力转向泵上。

（4）用开口油管扭力扳手安全紧固空心铰接螺栓，拧紧力矩为（60 ± 6）N·m。

（5）用开口油管扭矩扳手安全紧固高压油管管接头（与方向机连接端），拧紧力矩为（50 ± 5）N·m。

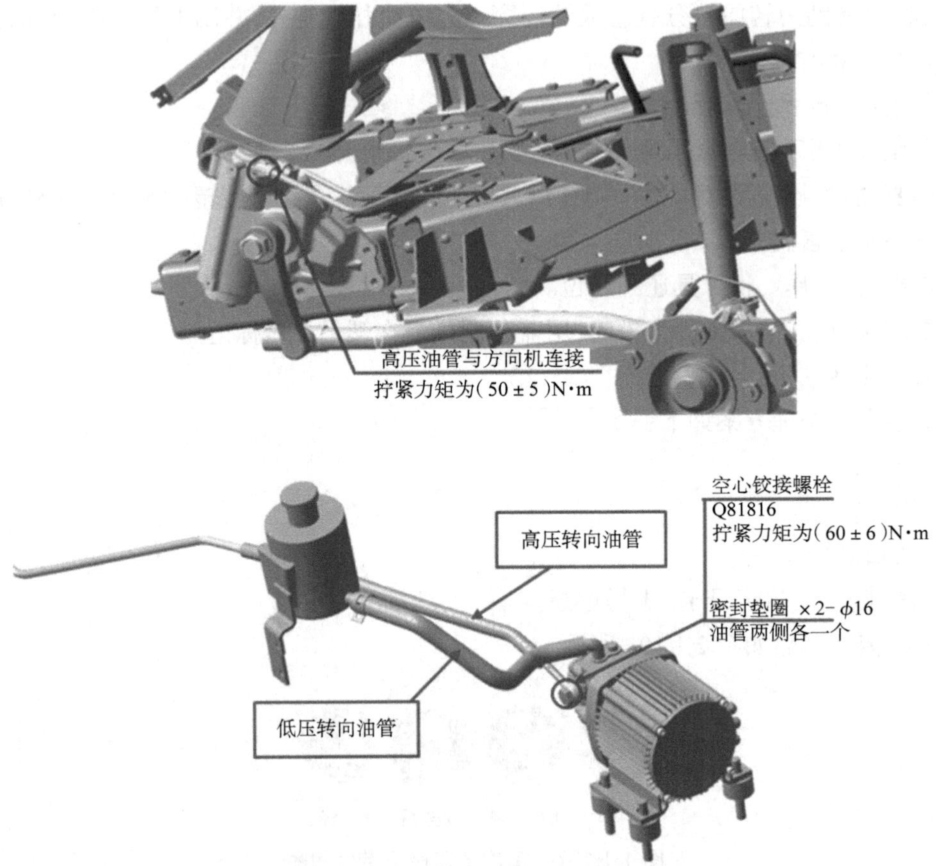

图 2.1.108 安装高、低压转向油管

(6)将管箍套在低压转向油管上。

(7)将低压转向油管依次插入电动助力转向泵及油壶上。

(8)将管箍卡到位。

操作要领:①管接头应用扭力扳手旋转后才响“咔”声,若螺栓未旋转就响,则应松螺栓后再用扭力扳手安全紧固;②油管插入深度过凸台 25 mm 左右;③管箍卡在凸台外侧 5 mm 左右。

第 4 步:放工具。将工具还回原位。

第 5 步:检查。空心螺栓紧固无松动,铜垫无破损,用蓝色记号笔在螺母上做标记;管箍卡装到位。

本工序控制方法:随车质量记录卡、过程巡检表。

本工序异常处理方案如下:

(1)返工;

(2)换件;

(3)通知班长;

(4)在“随车质量记录卡”中做记录。

本工序劳保用品如图 2.1.109 所示。

图 2.1.109　工位 7 工序 8 劳保用品

工序 9:安装单管夹片。

第 1 步:取件。取单管夹片 1 个,螺栓(M6×45-8.8)1 颗,螺母(M6-8.0)1 颗。

注意:油单管夹片无破损。

第 2 步:取工具。取电动螺丝刀 1 把,M8 螺丝刀头套筒 1 个,M10 公制两用快扳 1 把。

第 3 步:安装(图 2.1.110)。

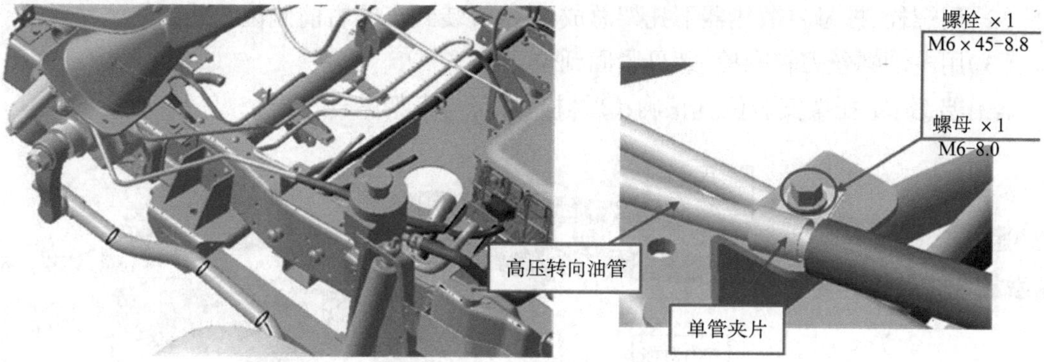

图 2.1.110　安装单管夹片

(1)用单管夹片将高压转向油管固定到车身支架上。

(2)用螺栓、螺母将单管夹片固定到位。

第 4 步:放工具。将工具还回原位。

第 5 步:检查。空心螺栓紧固无松动,铜垫无破损,用蓝色记号笔在螺母上做标记;管箍卡装到位。

本工序控制方法:随车质量记录卡、巡检过程表。

本工序异常处理方案如下:

(1)返工;

(2)换件;

(3)通知班长;

(4)在"随车质量记录卡"中做记录。

本工序劳保用品如图 2.1.111 所示。

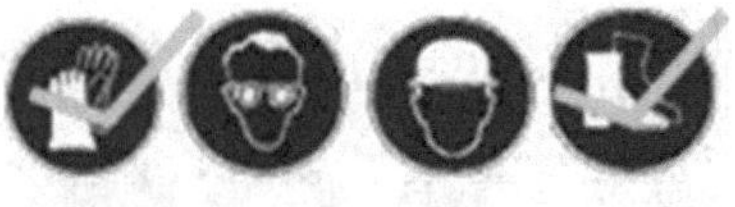

图 2.1.111 工位 7 工序 9 劳保用品

工序 10:安装散热器下托架。

第 1 步:取件。取散热器下托架(左)1 个,散热器下托架(右)1 个,螺栓(M6×20-8.8)6 颗,螺母(M6-8.0)6 颗。

注意:下托架无变形、漆面无划伤。

第 2 步:取工具。取电动螺丝刀 1 把,M8 螺丝刀头套筒 1 个,M10 公制两用快扳 1 把。

第 3 步:安装(图 2.1.112)。

(1)用螺栓、螺母将散热器下托架总成(左)安装到车架左前侧位置处。

(2)用螺栓、螺母将散热器下托架总成(右)安装到车架右前侧位置处。

(3)用电动螺丝刀将螺栓、螺母紧固到位。

操作要领:①托架安装位置正确;②螺栓、螺母与车架贴合。

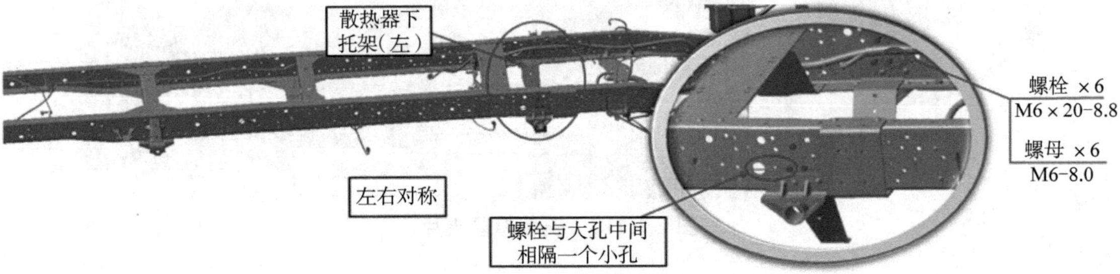

图 2.1.112 安装散热器下托架

第 4 步:放工具。将工具还回原位。

第 5 步:检查。螺母紧固无松动,弹垫压平无炸开,用白色记号笔在螺母上做标记。

本工序控制方法:随车质量记录卡、过程巡检表。

本工序异常处理方案如下:

(1)返工;

(2)换件;

(3)通知班长;

(4)在“随车质量记录卡”中做记录。

本工序劳保用品,如图 2.1.113 所示。

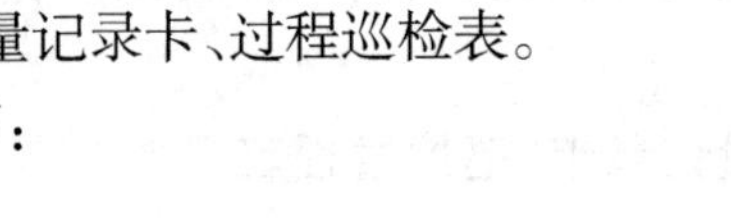

图 2.1.113 工位 7 工序 10 劳保用品

工序 11:安装高压线固定支架。

第 1 步:取件。取高压线固定支架 1 个,螺栓(M8×20-8.8)2 颗,螺母(M8-8.0)2 颗。

注意:支架无变形、漆面无划伤。

第 2 步:取工具。取电动螺丝刀 1 把,M10 螺丝刀头套筒 1 个,M13 公制两用快扳。

第 3 步:安装(图 2.1.114)。

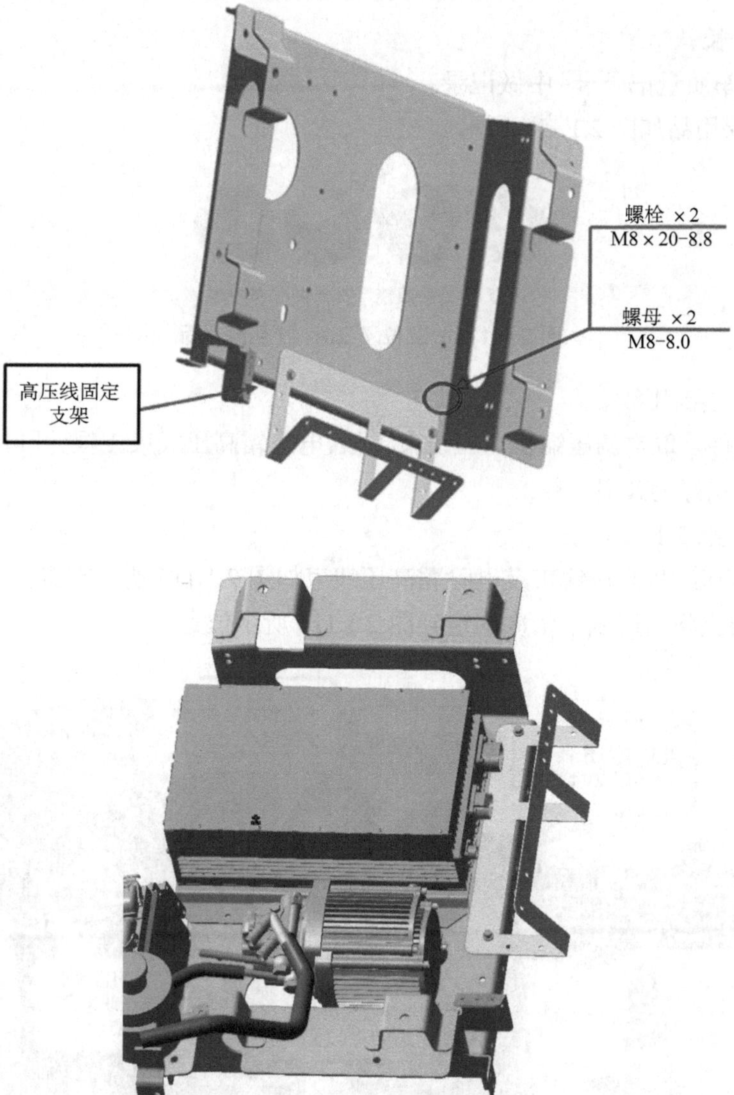

图 2.1.114　安装高压线固定支架

(1)将高压线固定支架安放到充电机托板右后端。

(2)用螺栓、螺母将高压线固定支架连接到充电机托板上。

(3)用电动螺丝刀将螺栓、螺母紧固到位。

操作要领:①安装位置正确;②螺栓、螺母与车架贴合。

第 4 步:放工具。将工具还回原位。

第 5 步:检查。支架无变形,螺栓、螺母贴合到位。

本工序控制方法:随车质量记录卡、过程巡检表。

本工序异常处理方案如下:

(1)返工;

(2)换件;

(3)通知班长;

(4)在"随车质量记录卡"中做记录。

本工序劳保用品如图 2.1.115 所示。

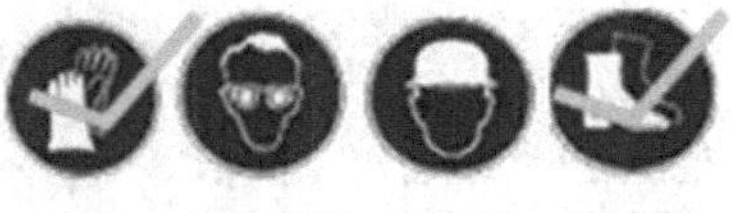

图 2.1.115 工位 7 工序 11 劳保用品

工序 12:安装高压线。

第 1 步:取件。取空调压缩机高压线束 1 根,电除霜高压线束 1 根,开口夹 6 个。

注意:线束完好无破损。

第 2 步:安装(2.1.116)。

(1)将空调压缩机高压线束及电除霜高压线束如图 2.1.116 所示布置。

(2)用开口夹将高压线束依次固定到图 2.1.116 所示位置。

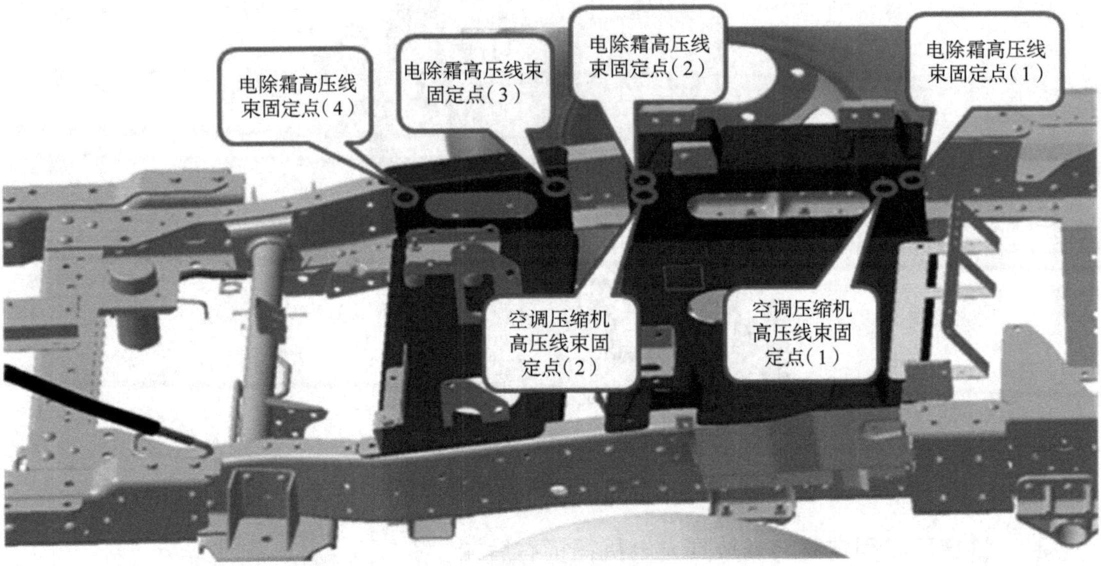

图 2.1.116 安装高压线

操作要领:①线束走车架槽内布置,不得凌乱;②开口夹一定要分开。

第 3 步:检查。线束布置整齐,开口夹固定牢靠。

本工序控制方法：随车质量记录卡、过程巡检表。

本工序异常处理方案如下：

（1）返工；

（2）换件；

（3）通知班长；

（4）在“随车质量记录卡”中做记录。

本工序劳保用品，如图 2.1.117 所示。

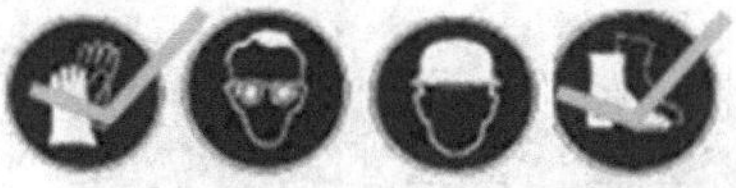

手套　防护眼镜　安全帽　安全鞋

图 2.1.117　工位 7 工序 12 劳保用品

工位 8：安装空调管。

工序 1：安装空调管并固定。

第 1 步：取件。取空调管（冷凝器流出管（1）总成）1 根，空调管（冷凝器流出管（2）总成）1 根，空调管（压缩机排出管（1）总成）1 根，空调管（压缩机排出管（2）总成）1 根，螺栓（M6×25-8.8）3 颗，双管夹 7 个。

注意：空调管无破损、划伤，堵盖无脱落，O 形圈完好无破损，堵盖无脱落，L 盖无脱落。

第 2 步：取工具。取电动螺丝刀 1 把，M8 螺丝刀头套筒 1 个，M10 螺丝刀头套筒 1 个，K17×19 双开口扳手 2 把，K24×27 双开口扳手 2 把，K17 开口插头 1 个、K24 开口插头 1 个，开口扭力扳手（0~80 N·m）1 把。

第 3 步：安装（图 2.1.118）。

（1）将空调管沿车架布置到位。

（2）拆卸掉冷凝器及空调管堵盖。

（3）在 O 形圈上涂少许防冻机油，将空调管分别用螺栓紧固定到冷凝器、压缩机总成上。

（4）将冷凝器流出管（2）总成分别预紧到驾驶室端的空调管接头及冷凝器流出管（1）总成管接头上。

（5）将压缩机排出管（1）总成与压缩机排出管（2）总成的管接头预紧固。

（6）用开口扭力扳手安全紧固压缩机排出管（1）总成与压缩机排出管（2）总成管接头，拧紧力矩为（33±3）N·m。

（7）用开口扭力扭扳手安全紧固冷凝器流出管（1）总成与冷凝器流出管（2）总成管接头，拧紧力矩为（15±2）N·m。

（8）用双管夹将空调管固定到空调管支架上，位置如图 2.1.118（a）所示。

（9）借用翻转机构自带固定夹将压缩机吸入管与冷凝器流出管（2）总成固定到位。

（10）用开口扭力扳手安全紧固图 2.1.118（b）所示管接头。

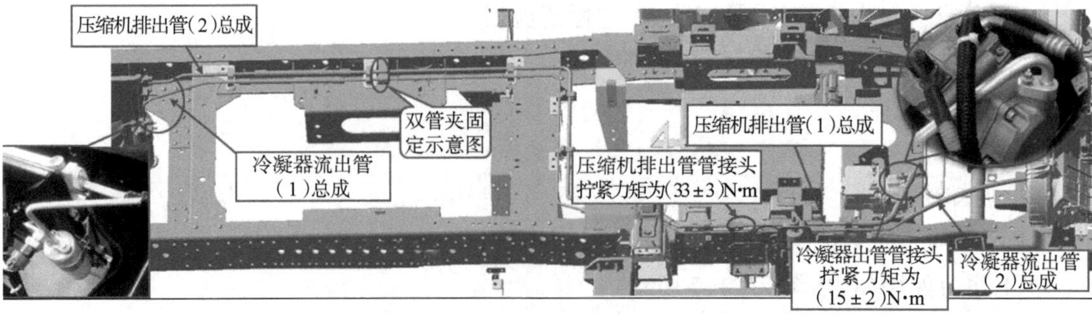

(a)

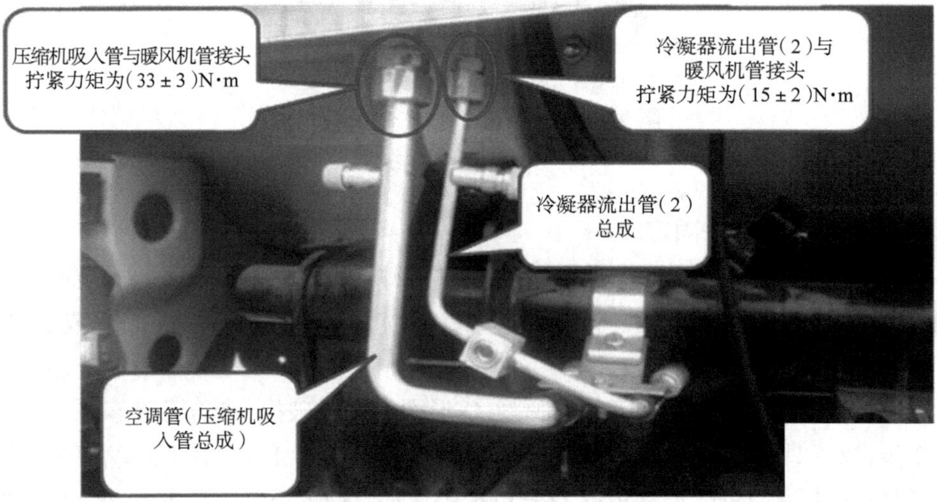

(b)

图 2.1.118 安装空调管

(a)双管夹布置示意图 (b)管接头紧固示意图

操作要领:①冷凝器、空调管堵盖无脱落;② O 形圈完好,螺栓装配到位;③暖风机空调管堵盖无脱落;④ O 形圈不得损坏,管接头应手动旋入 3~5 丝;⑤管接头应用扭力扳手旋转后才响“咔”声,若管接头未旋转就响,则应松管接头后再用扭力扳手安全紧固。

第 4 步:放工具。将工具还回原位。

第 5 步:检查。管接头紧固无松动,用蓝色记号笔在螺母上做标记。

本工序控制方法:随车质量记录卡、过程巡检表。

本工序异常处理方案如下:

(1)返工;

(2)换件;

(3)通知班长;

(4)在“随车质量记录卡”中做记录。

本工序劳保用品如图 2.1.119 所示。

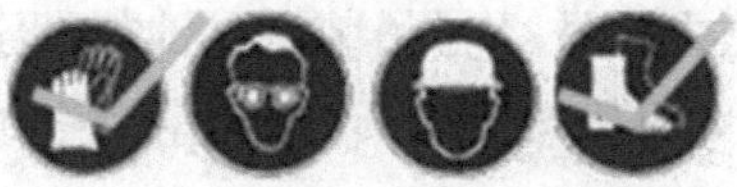

图 2.1.119　工位 8 工序 1 劳保用品

工序 2:安装电池总成及电池托架支撑。

第 1 步:取件。取电池总成(1 号箱)1 个,电池总成(2 号箱)1 个,电池总成(3、4 号箱)2 个,螺栓(M10×20-8.8)32 颗,螺母(M10-8.0)32 颗,电池托架支撑 8 个,螺栓(M8×20-8.8)16 颗。

注意:电池总成外观无碰划伤,正负极标识是否正确及清晰,高压接口保护装置完好。

第 2 步:取工具。取气动冲击扳手 2 把,M13 套筒 2 个,M10 套筒 2 个,M10 公制两用扳手 2 把,M15 公制两用扳手 2 把,扭力扳手(20~100 N·m)1 把,接杆 2 个,十字螺丝刀 2 把。

第 3 步:安装(图 2.1.120)。

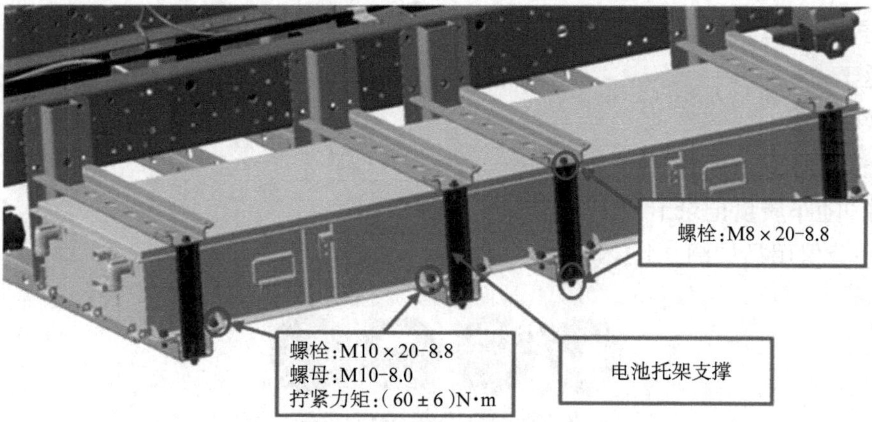

(a)

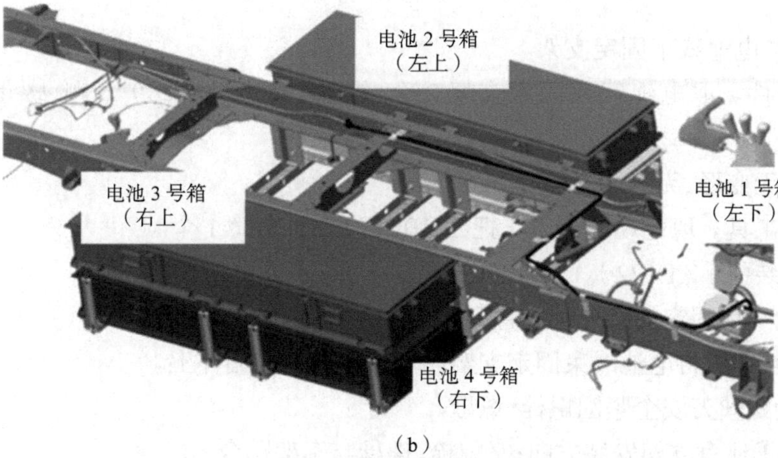

(b)

图 2.1.120　安装电池总成及电池托架支撑

(a)安装要领示意图　(b)安装位置示意图

(1)用 KBK 依次将电池总成 1 号、4 号吊装到电池托架上(左侧下、右侧下)。

(2)依次将电池总成 1 号、4 号推装到位后,用冲击扳手预紧螺栓、螺母。

(3)用 KBK 依次将电池总成 2 号、3 号吊装到电池托架上(左侧上、右侧上)。

(4)依次将电池总成 2 号、3 号推装到位后,用冲击扳手预紧螺栓、螺母。

(5)取电池托架支撑安装到电池托架上,并用螺栓预紧。

(6)用扭力扳手安全紧固螺栓 M10×20-8.8,拧紧力矩为(60±6)N·m。

操作要领:①装配过程中注意电池总成上的编号与图 2.1.120(b)位置对应;②电池总成定位销插入电池托架定位孔内;③请注意电池上的所有警告标识,勿撕毁或损坏警告标签;④确认箱号与铭牌对应;⑤气动冲击扳手设置为最低挡位;⑥螺栓应用扭力扳手旋转后才响"咔"声,若螺栓未旋转就响,则应松螺栓后再用扭力扳手安全紧固;⑦禁止敲击或抛掷、踩踏电池或直接焊接电池和用钉子或其他利器刺穿电池等。

第 4 步:放工具。将工具还回原位。

第 5 步:检查。螺栓紧固无松动,用蓝色记号笔在螺母上做标记。

本工序控制方法:随车质量记录卡、过程巡检表。

本工序异常处理方案如下:

(1)返工;

(2)换件;

(3)通知班长;

(4)在"随车质量记录卡"中做记录。

本工序劳保用品如图 2.1.121 所示。

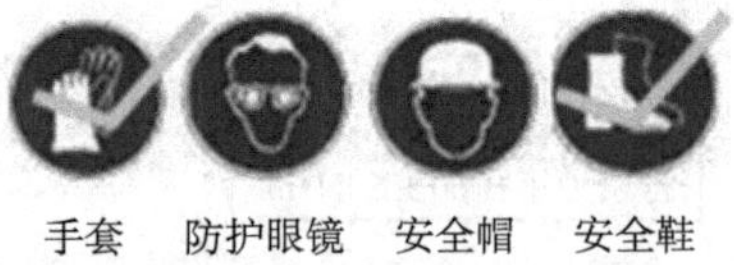

图 2.1.121 工位 8 工序 2 劳保用品

工序 3:安装电池线束固定支架。

第 1 步:取件。取电池线束固定支架 2 个,螺栓(M8×20-8.8)10 颗,螺母(M8-8.0)10 颗。

注意:支架无变形、无掉漆。

第 2 步:取工具。取电动螺丝刀 1 把,M10 螺丝刀头套筒 1 个。

第 3 步:安装(图 2.1.122)。

(1)取电池线束固定支架分别放置到图 2.1.122 所示位置。

(2)用螺栓、螺母将电池线束固定支架连接到电池总成箱体上。

(3)用电动螺丝刀安全紧固螺栓、螺母。

操作要领:①注意支架安装方向;②螺栓、螺母与车架贴合。

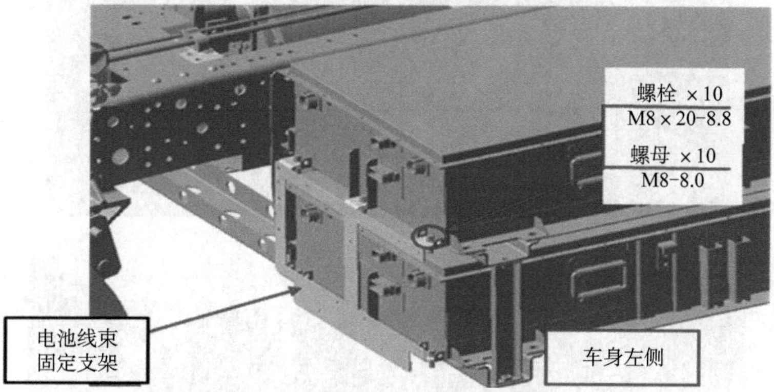

图 2.1.122　安装电池线束固定支架

第 4 步：放工具。将工具还回原位。

第 5 步：检查。螺栓紧固无松动，用蓝色记号笔在螺母上做标记。

本工序控制方法：随车质量记录卡、过程巡检表。

本工序异常处理方案如下：

（1）返工；

（2）换件；

（3）通知班长；

（4）在"随车质量记录卡"中做记录。

本工序劳保用品如图 2.1.123 所示。

图 2.1.123　工位 8 工序 3 劳保用品

工序 4：安装电池连接线束。

第 1 步：取件。取 1—2 号箱连接线 1 根，3—4 号箱连接线 1 根，电池通信线 1 根，电池整车通信线 1 根，电池高压正极线 1 根，开口夹（ϕ20）14 个，开口夹（ϕ12）2 个，开口夹（ϕ25）

2 个,塑料紧箍带 1 根。

注意:线束插接头完好无破损、堵盖无脱落,针脚无断裂、弯曲现象。

第 2 步:取工具。取斜口钳 1 把。

第 3 步:安装(图 2.1.124)。

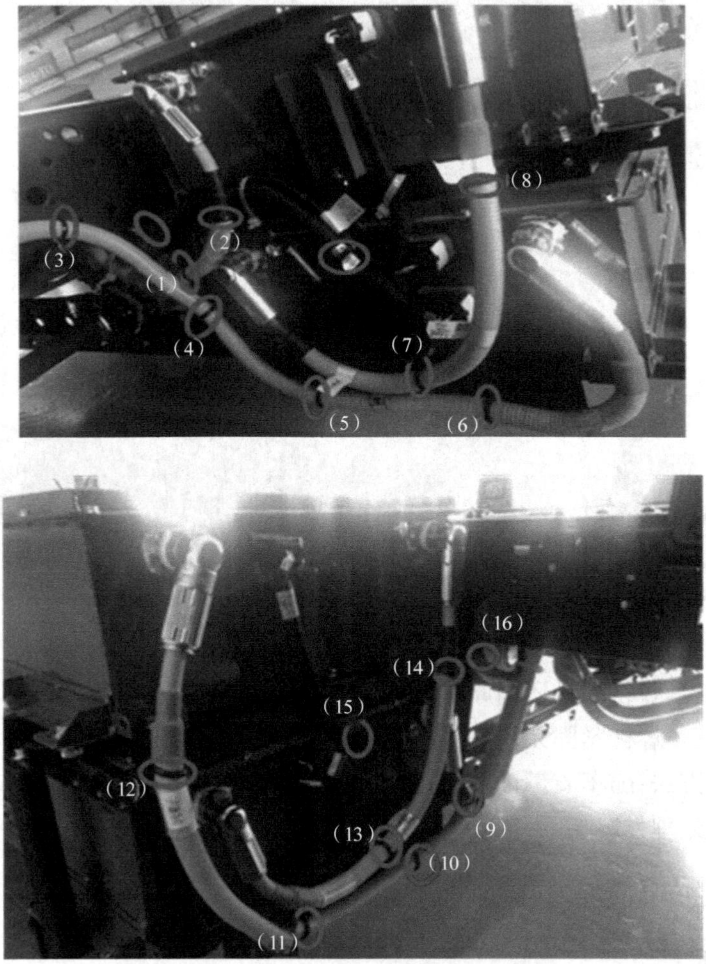

图 2.1.124 安装电池连接线束

(1)将 1—2 号箱连接线分别连接到电池总成 1、2 号接口。

(2)将 2—3 号箱连接线分别连接到电池总成 2、3 号接口。

(3)将 3—4 号箱连接线分别连接到电池总成 3、4 号接口。

(4)将线束护套卡装到车架上,如图 2.1.124 所示位置。

(5)将电池高压正极线与一体化控制器端穿过线束护套,另一端布置到电池箱 1 号正极接口处。

(6)将电池通信线按其标识分别插接到各电池箱插接头内。

(7)将电池整车通信线分别与电池总成 1 号插接到位,并与底盘线束插接到位。

(8)整理线束走向如图 2.1.124 所示,并用开口夹固定线束。

（9）用塑料紧箍带将电池通信线固定到电池线束固定支架上。

操作要领：①连接前核对连接线正负箱号标识与电池总成上的正负及箱号标识；②插接头插接到位时应听见“咔”声响，反拔无脱落；③布置时沿图示路径，且不得与电池总成插接；④线束插接到位时听见“咔”声响，反拔无脱落；⑤固定位置（1）到（14）共 14 处；⑥固定位置（15）（16）共 2 处；⑦固定位置（17）（18）共 2 处。

第 4 步：放工具。将工具还回原位。

第 5 步：检查。线束插接到位，线束整齐；线束护套无脱落。

本工序控制方法：随车质量记录卡、过程巡检表。

本工序异常处理方案如下。

（1）返工；

（2）换件；

（3）通知班长；

（4）在“随车质量记录卡”中做记录。

本工序劳保用品如图 2.1.125 所示。

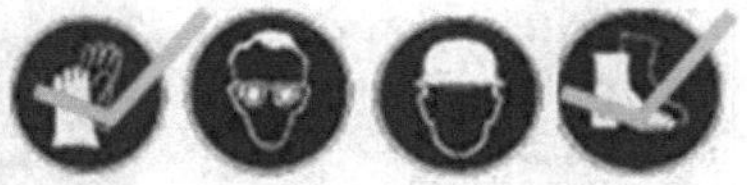

图 2.1.125　工位 8 工序 4 劳保用品

工序 5：高压插接头处捆扎带。

第 1 步：取件。取塑料紧箍带 8 根，撕毁标签 8 张。

第 2 步：取工具。取剪刀 1 把。

第 3 步：安装（图 2.1.126）。

（1）确认电池高压插接头插接到位。

（2）确认整车未通电压。

（3）将填写好日期的标签纸粘贴在扎带上（日期格式：2017-05-19）。

（4）将扎带捆扎在高压插接头处。

（5）反拔高压插接头确保无脱落。

（6）剪除扎带多余部位。

操作要领：①标签纸端面距扎带端头距离 20 mm 左右，粘贴有效；②扎带头朝上，标签纸朝车架内侧。

第 4 步：放工具。将工具还回原位。

第 5 步：检查。高压插接头插接到位，防脱机构处于锁止状态；轻压防脱机构无松动。

本工序控制方法：随车质量记录卡、过程巡检表。

图 2.1.126 高压插接头处捆扎带

本工序异常处理方案如下：

(1)返工；

(2)换件；

(3)通知班长；

(4)在“随车质量记录卡”中做记录。

本工序劳保用品如图 2.1.127 所示。

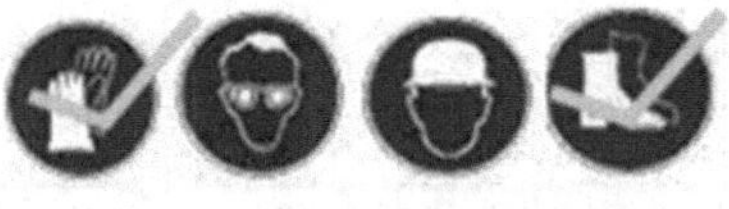

图 2.1.127 工位 8 工序 5 劳保用品

工位 9:安装一体化控制柜。

工序 1:安装一体化控制器。

第 1 步:取件。取一体化控制器 1 个，减震胶垫(装电源柜)4 个，螺母(M10-8.0)8 颗。

注意:控制器外观无变形、漆面无划伤，各堵盖无脱落，减震胶垫无破损，插接头密封垫无破损。

第 2 步：取工具。取棘轮扳手 1 把、电动螺丝刀 1 把、M15 螺丝刀头套筒 1 个、M15 公制两用扳手 1 把、M15 套筒 1 个、扭力扳手（20~100 N·m）1 把。

第 3 步：安装（图 2.1.128）。

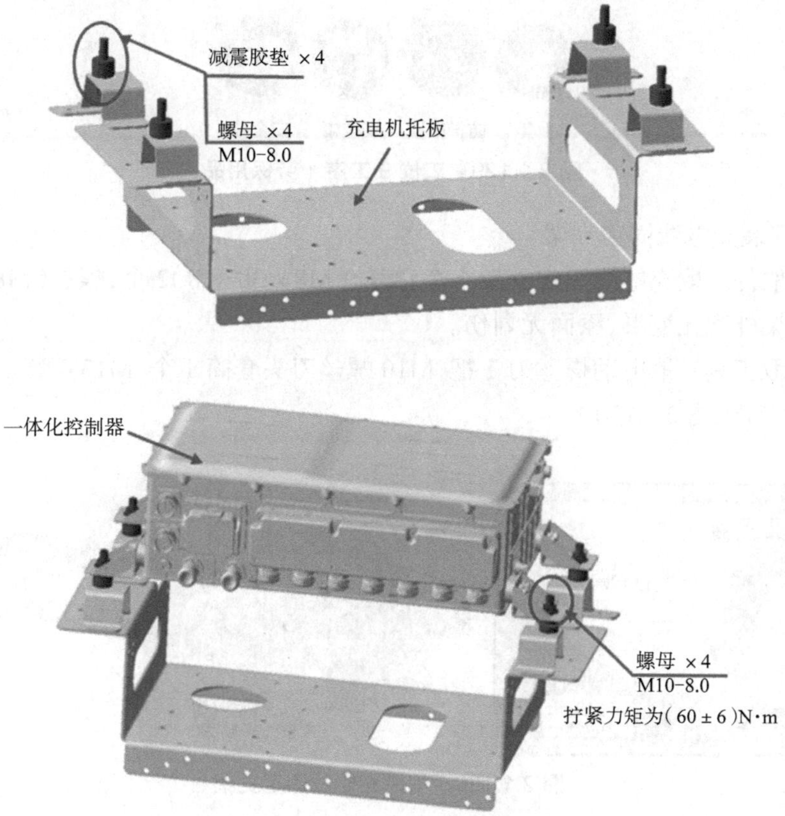

图 2.1.128　安装一体化控制器

（1）用螺母将减震胶垫固定到充电机托板上。

（2）取一体化控制器，安放到充电机托板上，并穿过减震胶垫螺柱。

（3）用螺母将一体化控制器固定。

（4）用电动螺丝刀紧固螺母。

（5）用扭力扳手安全紧固螺母，拧紧力矩为（60 ± 6）N·m。

操作要领：①稳态时的绝缘电阻≥ 20 MΩ；②一体化控制器靠车前端装配；③螺母应用扭力扳手旋转后才响“咔”声，若螺栓未旋转就响，则应松螺栓后再用扭力扳手安全紧固。

第 4 步：放工具。将工具还回原位。

第 5 步：检查。螺栓紧固无松动，用蓝色记号笔在螺母上做标记。

本工序控制方法：随车质量记录卡、过程巡检表。

本工序异常处理方案如下：

（1）返工；

（2）换件；
（3）通知班长；
（4）在“随车质量记录卡”中做记录。
本工序劳保用品如图 2.1.129 所示。

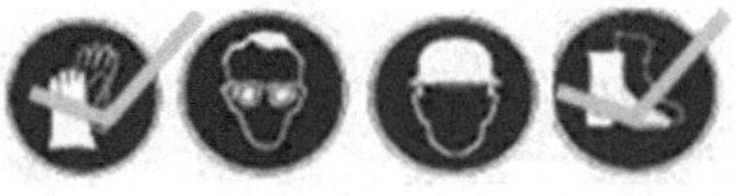

图 2.1.129 工位 9 工序 1 劳保用品

工序 2：安装充电线固定支架。
第 1 步：取件。取充电线固定支架 1 个，螺栓（M8×30-8.8）2 个，螺母（M8-8.0）2 颗。
注意：支架外观无变形、漆面无划伤。
第 2 步：取工具。取电动螺丝刀 1 把，M10 螺丝刀头套筒 1 个，M13T 型套筒 1 把。
第 3 步：安装（图 2.1.130）。

图 2.1.130 安装充电线固定支架

（1）用螺栓、螺母将充电线固定支架安装到车架上，手动旋螺栓 3~5 丝。
（2）用电动螺丝刀将螺栓、螺母紧固到位。
操作要领：螺栓、螺母与钣金贴合到位。
第 4 步：放工具。将工具还回原位。
第 5 步：检查。螺栓紧固无松动，用蓝色记号笔在螺母上做标记。
本工序控制方法：自检、互检。
本工序异常处理方案如下：
（1）返工；
（2）换件；
（3）通知班长；
（4）在“随车质量记录卡”中做记录。
本工序劳保用品如图 2.1.131 所示。

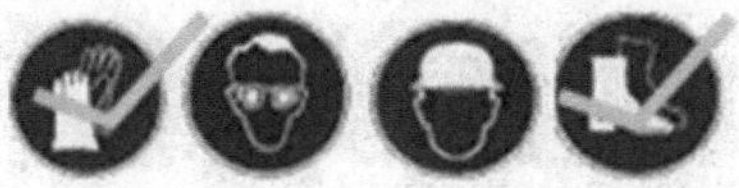

图 2.1.131　工位 9 工序 2 劳保用品

工序 3:分装充电插座支架总成。

第 1 步:取件。取充电插座支架总成 1 个,交流充电插座线束 1 根,直流充电插座线束 1 根。

注意:线束无破损、盖板开关灵活、插孔内无异物。

第 2 步:取工具。取电动螺丝刀 1 把,M5 内六角螺丝刀头 1 个。

第 3 步:安装(图 2.1.132)。

图 2.1.132　安装充电插座支架总成

(1)拆卸交流充电插座线束总成自带标件。

(2)将交流充电插座线束穿过充电插座支架总成孔,并与支架孔位对正。

(3)用拆卸下来的标件将充电插线座固定到支架总成上。

(4)用上述方法将直流充电座线束固定到支架总成上。

操作要领:①盖板开关开口朝车前方;②标件紧固到位。

第 4 步:放工具。将工具还回原位。

第 5 步:检查。螺栓紧固无松动,用蓝色记号笔在螺母上做标记;盖板开关灵活。

本工序控制方法:自检、互检。

本工序异常处理方案如下:

(1)返工;

(2)换件;

(3)通知班长;

(4)在“随车质量记录卡”中做记录。

本工序劳保用品如图 2.1.133 所示。

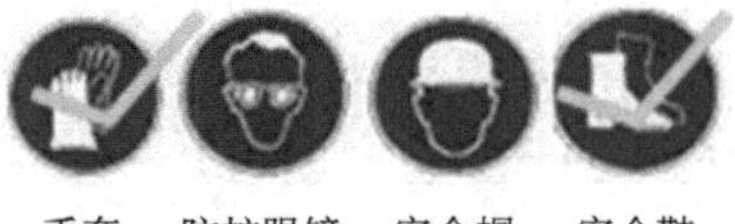

图 2.1.133 工位 9 工序 3 劳保用品

工序 4:安装充电插座支架分装总成。

第 1 步:取件。取充电插座支架分装总成 1 个,螺栓(M8×25-8.8)4 个,螺母(M8-8.0)4 颗,内锯齿锁紧垫圈(M8)1 个,开口夹(ϕ20)6 个,开口夹(ϕ30)2 个。

注意:充电插座支架分装总成外观无变形、漆面无划伤。

第 2 步:取工具。取电动螺丝刀 1 把,M10 螺丝刀头套筒 1 个,M10 公制两用快扳 1 把,M13 公制两用扳手 1 把。

第 3 步:安装(图 2.1.134)。

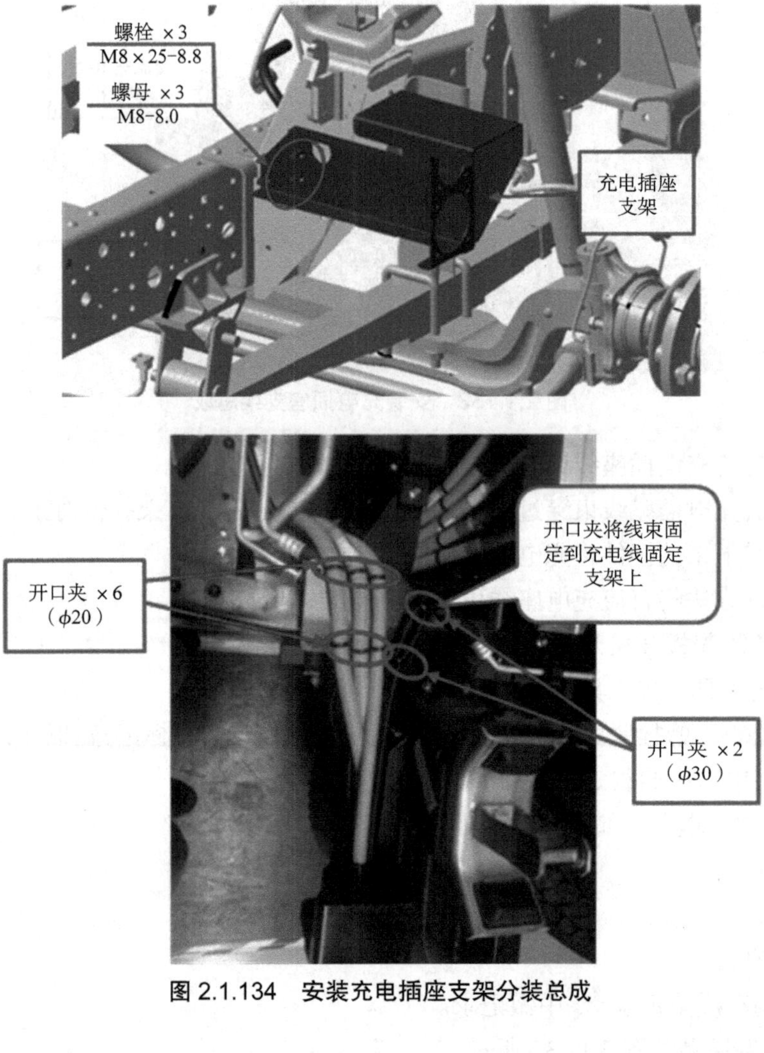

图 2.1.134 安装充电插座支架分装总成

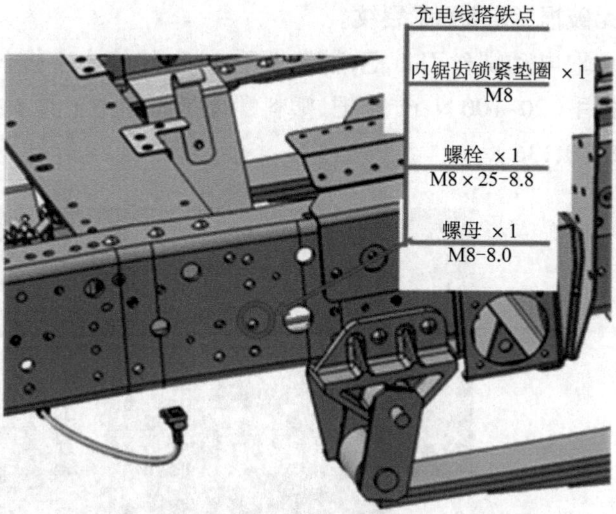

图 2.1.134　安装充电插座支架分装总成(续)

(1)用螺栓、螺母将充电插座支架总成安装到车架上,手动旋螺栓 3~5 丝。

(2)用电动螺丝刀将螺栓、螺母紧固到位。

(3)将充电线搭铁点固定到如图 2.1.134 所示位置。

(4)整理好充电线束,分别用开口夹(ϕ20)将高压线束(红色)、开口夹(ϕ30)将低压线束(黑色)固定到充电线固定支架上。

操作要领:①搭铁处须用内锯齿锁紧垫圈;②开口夹限位端一定要分开到 180° 左右;③标件紧固到位。

第 4 步:放工具。将工具还回原位。

第 5 步:检查。螺栓、螺母与钣金贴合到位无松动,用蓝色记号笔在螺母上做标记。

本工序控制方法:自检、互检。

本工序异常处理方案如下:

(1)返工;

(2)换件;

(3)通知班长;

(4)在“随车质量记录卡”中做记录。

本工序劳保用品如图 2.1.135 所示。

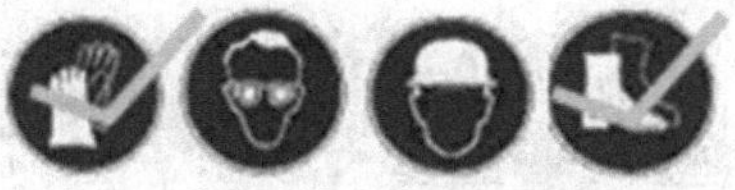

图 2.1.135　工位 9 工序 4 劳保用品

工序 5:连接高压电缆。

第 1 步:取件。取电机 U 相功率电缆 1 根,电机 V 相功率电缆 1 根,电机 W 相功率电缆 1 根。

注意：电缆外观无破损、线鼻子无裂纹。

第 2 步：取工具。取电动螺丝刀 1 把，棘轮扳手 1 把、绝缘十字螺丝刀 1 把，M13 螺丝刀头套筒 1 个，扭力扳手（20~100 N·m）1 把，塑料螺母紧固专用工具 1 把、M13 套筒 1 个。

第 3 步：安装（图 2.1.136）。

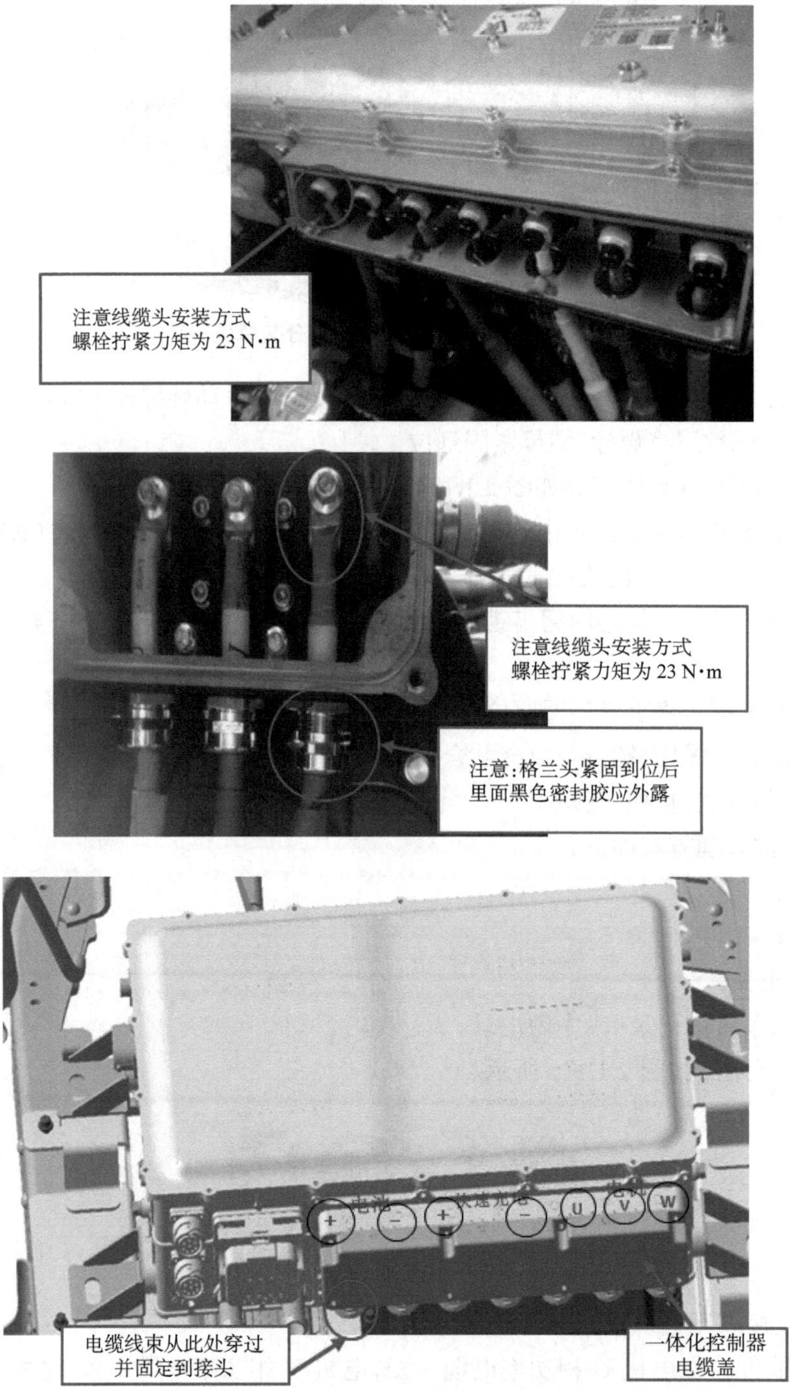

图 2.1.136　连接高压电缆

（1）用螺丝刀将驱动电机电缆盖及一体化控制器电缆盖螺栓拆下。

（2）将电池总成 1 正极线束穿过车架孔，用螺栓将其预固定到控制器电池“+”位置上。

（3）将电池总成 4 负极线束穿过车架孔，用螺栓将其预固定到控制器电池“-”位置上。

（4）将快速充电线正、负极依次穿过控制器孔，用螺栓将其预固定到控制柜快速充电接口“+”“-”上。

（5）将 U、V、W 相功率电缆依次穿过控制器及电机上的对应标识孔位，用螺栓将其预固定到控制器及电机上。

（6）用扭力扳手安全紧固电缆固定螺栓，拧紧力矩为 23 N·m。

（7）紧固高压电缆固定塑料螺母。

操作要领：① U、V、W 相功率电缆与电机 U、V、W 标识对应，不得有误、螺栓安装到位；② U、V、W 相功率电缆与一体化控制器 U、V、W 标识对应，不得有误、螺栓安装到位；③线鼻子长端连接到电机上；④螺栓应用扭力扳手旋转后才响“咔”声，若管接头未旋转就响，则应松管接头后再用扭力扳手安全紧固；⑤塑料螺母密封胶外露。

第 4 步：放工具。将工具还回原位。

第 5 步：检查。螺栓紧固无松动，用蓝色记号笔在螺栓上做标记。

本工序控制方法：随车质量记录卡、过程巡检表。

本工序异常处理方案如下：

（1）返工；

（2）换件；

（3）通知班长；

（4）在“随车质量记录卡”中做记录。

本工序劳保用品如图 2.1.137 所示。

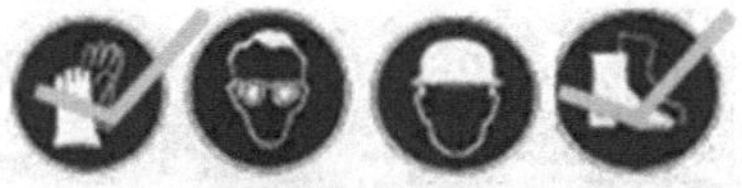

手套　防护眼镜　安全帽　安全鞋

图 2.1.137　工位 9 工序 5 劳保用品

工序 6：固定高压电缆。

第 1 步：取件。取六孔压线夹 1 个，螺栓（M6 × 55-8.8）2 颗，螺母（M6-8.0）2 颗，开口夹（ϕ20）17 个，开口夹（ϕ25）7 个，车载充电机高压线束 1 根，钢芯复合 U 形防护条 80 mm。

注意：电缆外观无破损、线鼻子无裂纹。

第 2 步：取工具。取电动螺丝刀 1 把，M10 螺丝刀头套筒 1 个，M10 公制两用扳手 1 把。

第 3 步：安装（图 2.1.138）。

（1）整理好 U、V、W 三相线及充电高压线束，并用六孔压线束夹固定到散热器下托架（右）。

（2）用开口夹（ϕ25）将接一体化控制器的高压线束固定到高压线固定支架上，如图

2.1.138(b)所示。

(3)取车载充电机高压线束分别接插到车载充电机与一体化控制器插接端上。

(4)整理空调高压线束、PTC高压线束、车载充电机高压线束,并用开口夹(ϕ20)固定到车载充电机托盘上。

(5)将底盘线束充电线支线插接到车载充电机上,并用开口夹(ϕ20)固定到车载充电机托盘上。

(6)分别将转向机高压线束、空调压缩机高压线束、电除霜高压线束、车载充电机高压线束插接到一体化控制器上,如图2.1.138(d)所示。

(7)整理空调高压线束、电除霜高压线束、车载充电机高压线束,并用开口夹(ϕ20)固定到PTC线束支架上。

(8)在蓄电池托板与充电机托架间,车架左侧处卡装钢芯复合U形防护条。

(9)整理DC/DC线束(DC/DC线束走高压转向软管与减震器中间),并将其插接到一体化控制器插座上。

图2.1.138 固定高压电缆

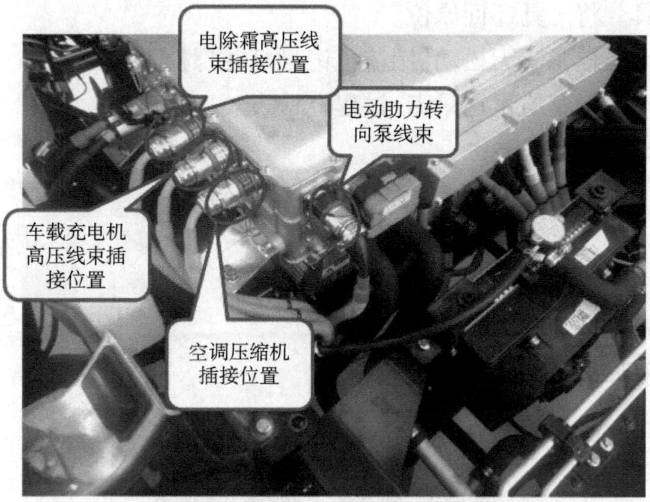

（d）

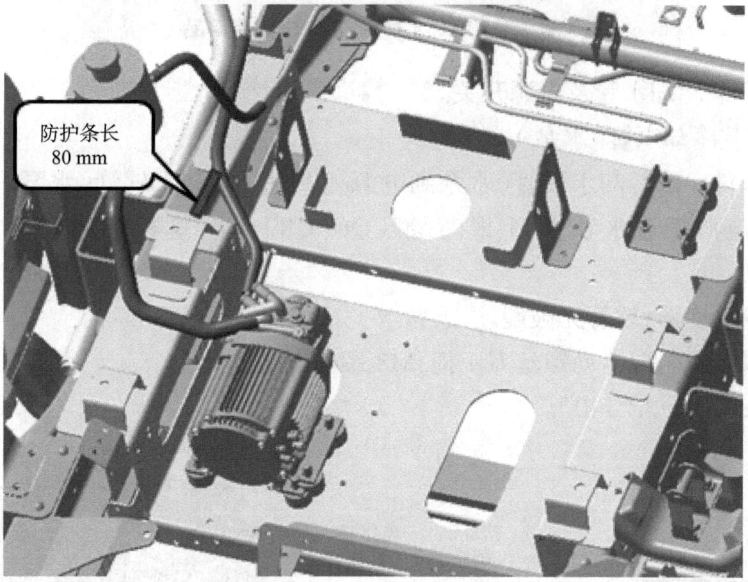

（e）

图 2.1.138　固定高压电缆（续）

（a）散热器下托架处高压线布线　（b）一体化控制器与车载充电机高压线束布线　（c）车载充电机高压线布线示意图
（d）一体化控制器与转向机等高压线束布线　（e）钢芯复合 U 形防护条安装位置

操作要领：①线束不得有凌乱现象，如图 2.1.138（a）所示；②固定点Ⅰ、Ⅱ、Ⅲ、Ⅳ、Ⅴ、Ⅵ、Ⅶ共 7 处，开口夹限位端一定要分开到 180° 左右；③插接到位时应听见“咔”声，反拔无脱落；④开口夹分开，位置如图 2.1.138（c）所示，固定点从（1）到（11）点共 11 处；⑤开口夹分开，位置如图 2.1.138（c）所示，固定点（12）；⑥线束整理齐整、无凌乱；⑦旋转到位时听到“咔”响，反拔无脱落；⑧开口夹分开，位置如图 2.1.138（c）所示，固定点从（13）到（17）共 5 处；⑨插接头端线束不得绷太紧；⑩卡装到位无脱落；⑪ 插接到位，防脱锁止机构卡装到位；⑫DC/DC 线束不得与转向软管及减震器干涉。

第 4 步:放工具。将工具还回原位。

第 5 步:检查。螺栓紧固无松动,用蓝色记号笔在螺栓上做标记。

本工序控制方法:随车质量记录卡、过程巡检表。

本工序异常处理方案如下:

(1)返工;

(2)换件;

(3)通知班长;

(4)在"随车质量记录卡"中做记录。

本工序劳保用品如图 2.1.139 所示。

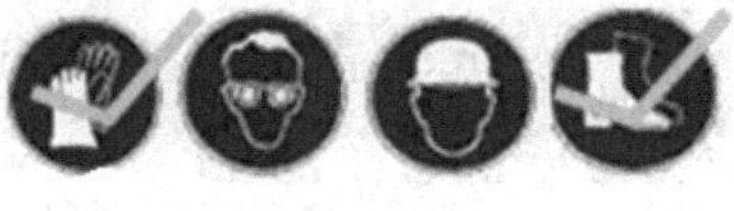

图 2.1.139 工位 9 工序 6 劳保用品

工位 10:安装冷却水管及电源开关。

工序 1:安装冷却水管(水泵)。

第 1 步:取件。取冷却水硬管(水泵到电源柜)1 根,冷却水软管(水泵出水软管)1 根,冷却水软管(电源柜进水软管)1 根,管箍(Q67638)4 个,螺栓(M6×20-8.8)1 颗,螺母(M6-8.0)1 颗。

注意:硬管无变形;软管无破裂。

第 2 步:取工具。取电动螺丝刀 1 把,M8 螺丝刀头套筒 1 个。

第 3 步:安装(图 2.1.140)。

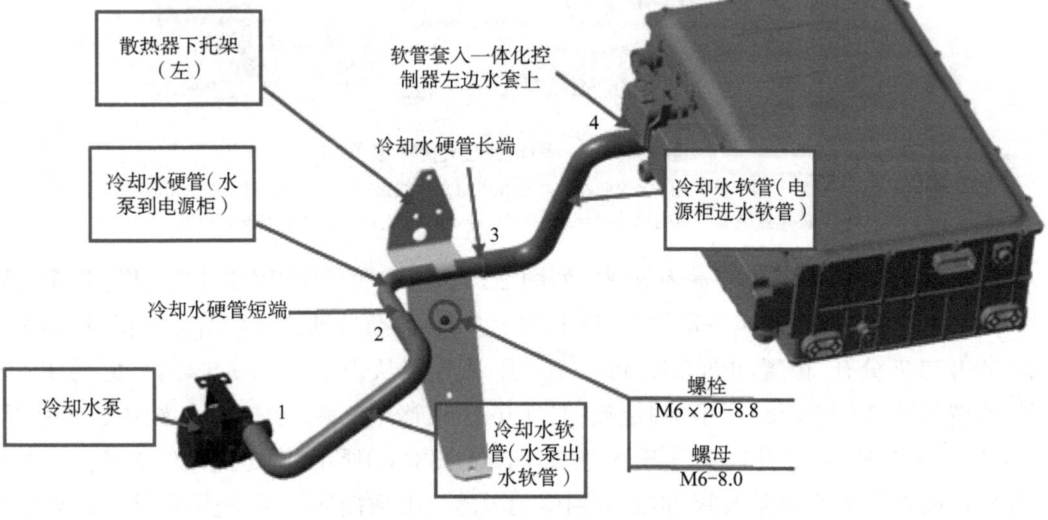

图 2.1.140 安装冷却水管(水泵)

1~4——管箍(Q67638)

(1)将电源柜进水软管套入硬管长端。

(2)将水泵出水软管套入硬管短端。

(3)将管箍套入连接好的硬管、软管上。

(4)将分装好的电源柜进水软管套入一体化控制器左边水套上。

(5)将分装好的水泵出水软管套入冷却水泵出水口上。

(6)用螺栓、螺母将冷却水硬管固定到散热器下托架左上。

(7)分别将管箍紧固到位。

操作要领:①软管插入深度 40~50 mm;②管箍固定在软管端头 20~30 mm。

第 4 步:放工具。将工具还回原位。

第 5 步:检查。管箍紧固无松动,用蓝色记号笔在管箍上做标记。

本工序控制方法:随车质量记录卡、过程巡检表。

本工序异常处理方案如下:

(1)返工;

(2)换件;

(3)通知班长;

(4)在“随车质量记录卡”中做记录。

本工序劳保用品如图 2.1.141 所示。

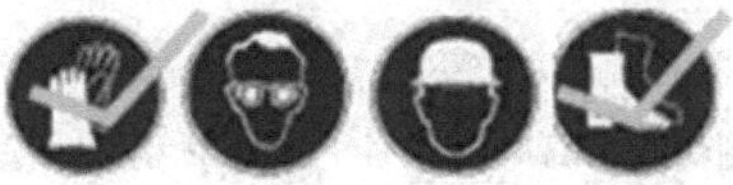

图 2.1.141　工位 10 工序 1 劳保用品

工序 2:安装散热器上托架。

第 1 步:取件。取散热器上托架(左)1 个,散热器上托架(右)1 个,螺栓(M10×25-8.8)2 颗,螺母(M10-8.0)2 颗,螺栓(M6×20-8.8)2 颗,螺母(M6-8.0)2 颗。

注意:托架无变形、漆面完好。

第 2 步:取工具。取电动螺丝刀 1 把,M8 螺丝刀头套筒 1 个,M13 螺丝刀头套筒 1 个,M10 公制两用扳手 1 把,M15 公制两用扳手 1 把。

第 3 步:安装(图 2.1.142)。

(1)用螺栓、螺母将散热器上托架(左、右)与车架连接到一起,用手预紧螺栓 3~5 丝。

(2)用电动螺丝刀紧固螺栓、螺母。

操作要领:冲击扳手设置为最低挡位。

第 4 步:放工具。将工具还回原位。

第 5 步:检查。螺栓、螺母紧固无松动,用蓝色记号笔在螺母上做标记。

本工序控制方法:随车质量记录卡、过程巡检表。

图 2.1.142 安装散热器上托架

本工序异常处理方案如下：

（1）返工；

（2）换件；

（3）通知班长；

（4）在“随车质量记录卡”中做记录。

本工序劳保用品如图 2.1.143 所示。

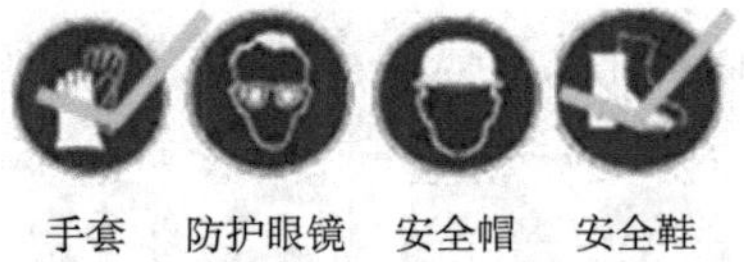

图 2.1.143 工位 10 工序 2 劳保用品

工序 3：安装散热器总成。

第 1 步：取件。取散热器总成 1 个，螺栓（M8×45-8.8）4 颗，螺母（M8-8.0）8 颗，弹垫（M8）4 个，钢芯复合 U 形防护条 120 mm。

注意：散热器风扇完好、百叶片无破损，线束插接头无破损、脚针无退针，减震无破损。

第 2 步：取工具。取电动螺丝刀 1 把、M10 螺丝刀头套筒 1 个、M13 螺丝刀头套筒 1 个、M13 公制两用扳手 1 把，剪刀 1 把，橡胶榔头 1 个。

第 3 步：安装（图 2.1.144）。

（1）将散热器总成安放至上下托架间，且在两者间放入减震垫。

（2）用螺栓、螺母将散热器总成与上下托架连接到一起。

（3）安全紧固螺栓、螺母。

（4）将底盘线束散热器线束插头与散热器插接到位。

（5）将剪切好的尺寸规格防护条卡装到散热器上托架右位置处。

操作要领：①在散热器与上下托架间放置减震垫；②螺栓、螺母安装到位；③采用双螺母紧固，压紧减震垫；④线束插接到位，听到“咔”声。

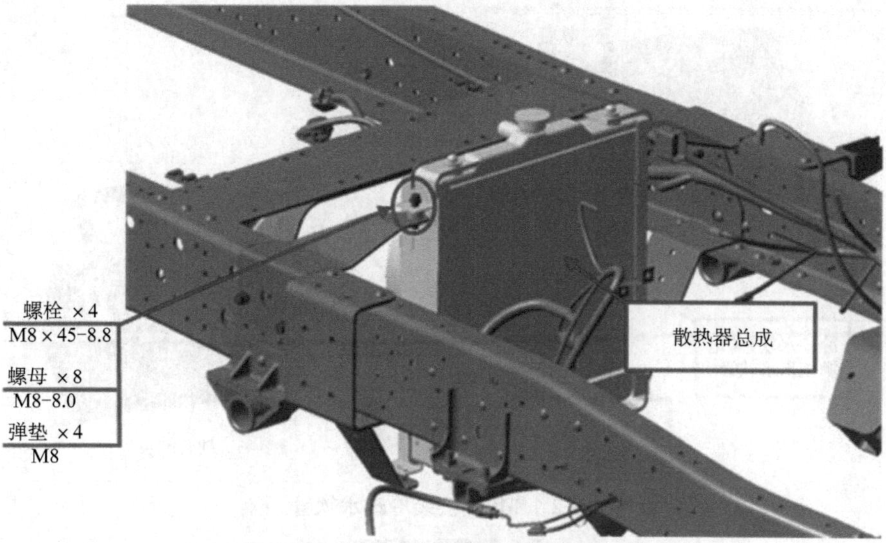

图 2.1.144　安装散热器总成

第 4 步:放工具。 将工具还回原位。

第 5 步:检查。螺栓、螺母紧固无松动,用蓝色记号笔在螺母上做标记。

本工序控制方法:随车质量记录卡、过程巡检表。

本工序异常处理方案如下:

(1)返工;

(2)换件;

(3)通知班长;

(4)在“随车质量记录卡”中做记录。

本工序劳保用品如图 2.1.145 所示。

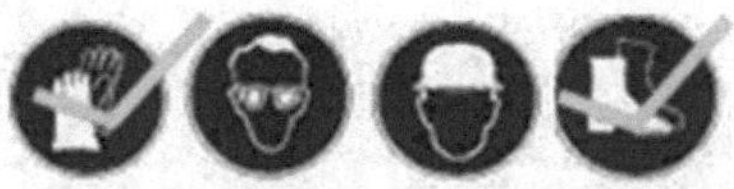

图 2.1.145　工位 10 工序 3 劳保用品

工序 4:安装冷却水软管。

第 1 步:取件。取冷却水软管(电源柜出水软管)1 根,冷却水软管(散热器进水软管)1 根,冷却水软管(散热器出水软管)1 根,管箍(Q67638)6 个。

注意:软管无破损。

第 2 步:取工具。取电动螺丝刀 1 把,M8 螺丝刀头套筒 1 个。

第 3 步:安装(图 2.1.146)。

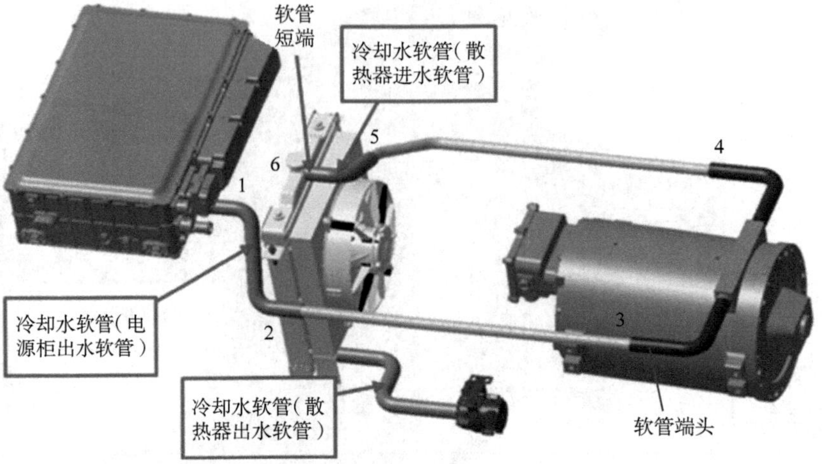

图 2.1.146　安装冷却水软管

1~6——管箍（Q67638）

（1）将 2 个管箍套入散热器出水软管上。

（2）将散热器出水软管分别套入散热器及水泵上，并将管箍固定到位。

（3）将 2 个管箍套入电源柜出水软管上。

（4）将电源柜出水软管分别套入一体化控制器及冷却硬管上，并用管箍固定到位。

（5）将 2 个管箍套入散热器进水软管上。

（6）将散热器进水软管分别套入散热器及冷却硬管上，并用管箍固定到位。

操作要领：①软管插入深度为 40~50 mm；②管箍固定到位；③管箍固定在距离软管端头 20~30 mm 处；④散热器进水软管短端连接到散热器上，管箍水平固定到位。

第 4 步：放工具。将工具还回原位。

第 5 步：检查。管箍紧固无松动，用蓝色记号笔在管箍上做标记。

本工序控制方法：随车质量记录卡、过程巡检表。

本工序异常处理方案如下：

（1）返工；

（2）换件；

（3）通知班长；

（4）在“随车质量记录卡”中做记录。

本工序劳保用品如图 2.1.147 所示。

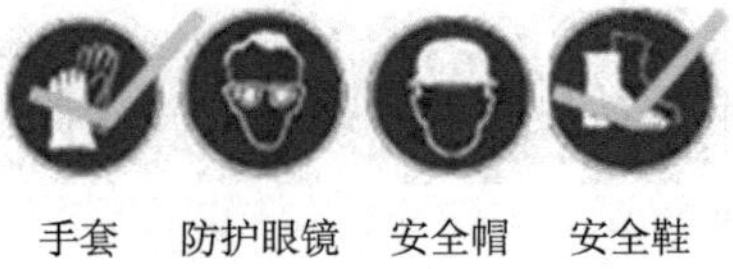

图 2.1.147　工位 10 工序 4 劳保用品

工序 5：安装后防护装置。

第 1 步：取件。取后防护装置 1 个，泊车雷达系统总成 1 套，螺栓（M14×30–8.8）2 颗，螺母（M14–8.0）2 颗，弹簧垫圈（M14）2 个。

注意：所取零部件无变形、漆面无划伤。

第 2 步：取工具。取气动冲击扳手 1 把，M21 套筒 1 个，M21 公制两用扳手 1 把，扭力扳手（40~200 N·m）1 把。

第 3 步：安装（图 2.1.148）。

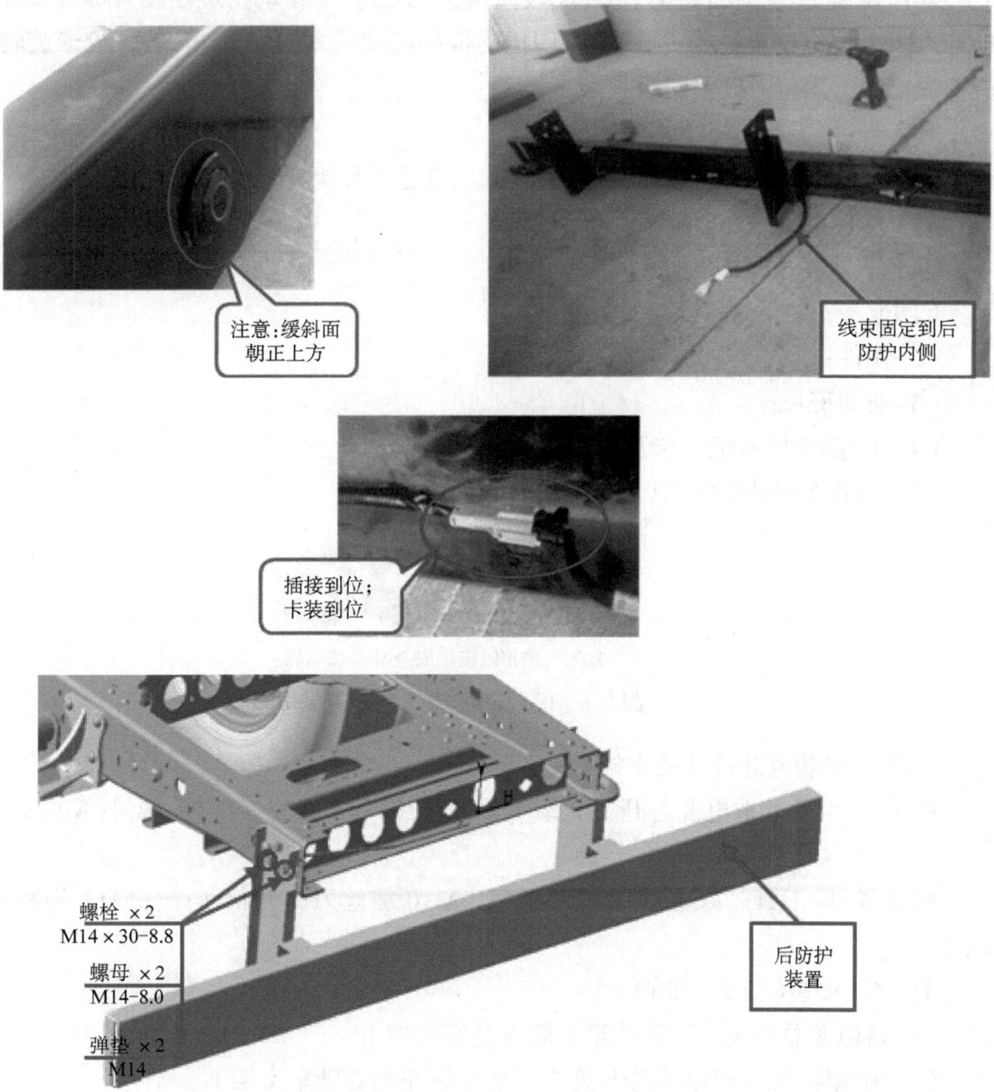

图 2.1.148　安装后防护装置

（1）将泊车雷达线束沿后防护装置内侧布置，并用自带固定卡将其卡装到后防护装置上。

（2）将探头卡装到后防护装置孔内，缓斜面朝正上方；并将其线束插接到位。

（3）将拖钩固定螺栓拆卸下来，并放置到指定位置。

（4）将后防护装置安放到车架后侧，并用螺栓、螺母连接（拖钩安装到拆卸位置处）。

（5）用气动冲击扳手预紧固螺栓、螺母。

（6）用扭力扳手安全紧固螺栓（M14 × 30-8.8），拧紧力矩为 140 N·m。

（7）将泊车雷达线束与底盘线束插接到位。

（8）整理线束，使齐整，防止线束外露或悬挂过长且无固定点。

操作要领：①缓斜面朝正上方，反拔插接头无脱落；②手动将螺栓旋入螺母 3~5 丝；③气动冲击扳手挡位调至最低；④螺栓应用扭力扳手旋转后才响“咔”声，若螺栓未旋转就响，则应松螺栓后再用扭力扳手安全紧固。

第 4 步：放工具。将工具还回原位。

第 5 步：检查。螺栓、螺母紧固无松动，用蓝色记号笔在螺母上做标记。

本工序控制方法：随车卡、巡检记录表。

本工序异常处理方案如下：

（1）返工；

（2）换件；

（3）通知班长；

（4）在“随车质量记录卡”中做记录。

本工序劳保用品如图 2.1.149 所示。

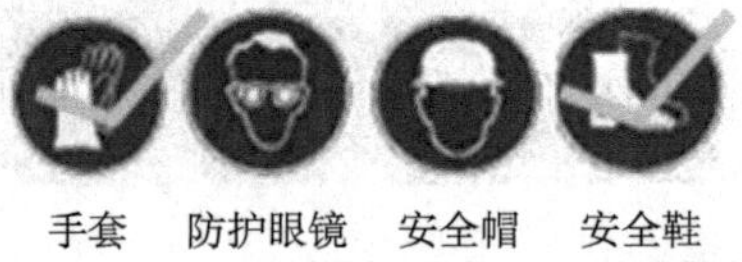

图 2.1.149 工位 10 工序 5 劳保用品

工序 6：安装电源总开关支架。

第 1 步：取件。取电源总开关支架 1 个，螺栓（M8 × 20-8.8）3 颗，螺母（M8-8.0）3 颗。

注意：支架无变形。

第 2 步：取工具。取电动螺丝刀 1 把，M10 螺丝刀头套筒 1 个，M13 公制两用扳手 1 把。

第 3 步：安装（图 2.1.150）。

（1）将电源总开关支架安放至左侧驾驶室支架上。

（2）用螺栓、螺母将电源总开关支架连接到左侧驾驶室支架上。

（3）用电动螺丝刀将螺栓、螺母紧固到位。

操作要领：拧紧螺栓前手动将螺栓旋入螺母 3~5 丝。

第 4 步：放工具。将工具还回原位。

第 5 步：检查。螺栓、螺母紧固无松动，用蓝色记号笔在螺母上做标记。

本工序控制方法：随车质量记录卡、过程巡检表。

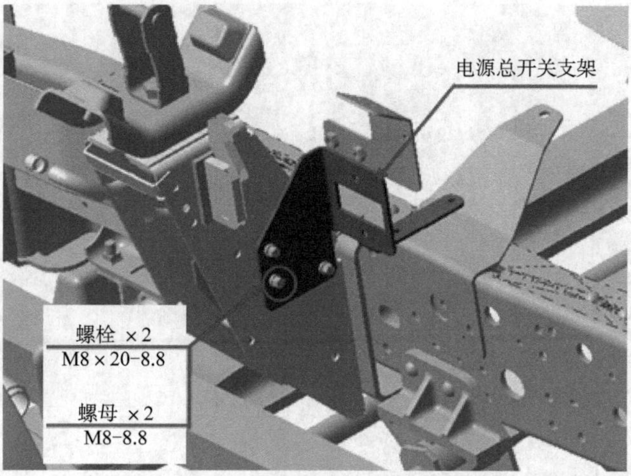

图 2.1.150　安装电源总开关支架

本工序异常处理方案如下：

(1)返工；

(2)换件；

(3)通知班长；

(4)在“随车质量记录卡”中做记录。

本工序劳保用品如图 2.1.151 所示。

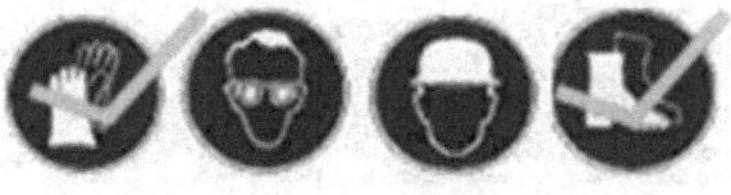

手套　防护眼镜　安全帽　安全鞋

图 2.1.151　工位 10 工序 6 劳保用品

工序 7:安装电源总开关。

第 1 步:取件。取电源总开关 1 个,螺栓(M8×30-8.8)2 颗,螺母(M8-8.0)2 颗。

注意:开关无破损,旋转灵活。

第 2 步:取工具。取电动螺丝刀 1 把，M10 螺丝刀头套筒 1 个，M13 公制两用扳手 1 把。

第 3 步:安装(图 2.1.152)。

(1)将电源总开关安装到支架上。

(2)用螺栓、螺母将电源总开关固定到电源总开关支架上。

(3)用电动螺丝刀将螺栓、螺母紧固到位。

操作要领:①“ON”挡朝下;②拧紧螺栓前手动将螺栓旋入螺母 3~5 丝。

第 4 步:放工具。将工具还回原位。

第 5 步:检查。螺栓、螺母紧固无松动,用蓝色记号笔在螺母上做标记。

图 2.1.152 安装电源总开关

本工序控制方法：随车质量记录卡、过程巡检表。

本工序异常处理方案如下：

（1）返工；

（2）换件；

（3）通知班长；

（4）在“随车质量记录卡”中做记录。

本工序劳保用品如图 2.1.153 所示。

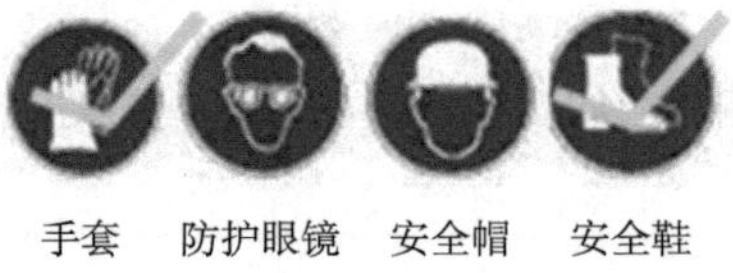

图 2.1.153 工位 10 工序 7 劳保用品

工序 8：连接电源总开关线束。

第 1 步：取件。取电源总开关线束 1 套，普通扎带 3 根，螺栓（M8×20-8.8）1 颗，螺母（M8-8.0）1 颗，内锯齿锁紧垫圈（M8）1 个。

注意：线束无破损。

第 2 步：取工具。取电动螺丝刀 1 把，M10 螺丝刀头套筒 1 个。

第 3 步：安装（图 2.1.154）。

（1）松卸掉电源总开关上的固定螺母。

（2）将线束（长）固定到电源总开关上。

（3）借用线束（长）上固定夹，分别卡装到充电机托板及蓄电池支架（左）上。

（4）将线束（长）另一端固定到蓄电池负极上，并用自带螺栓紧固。

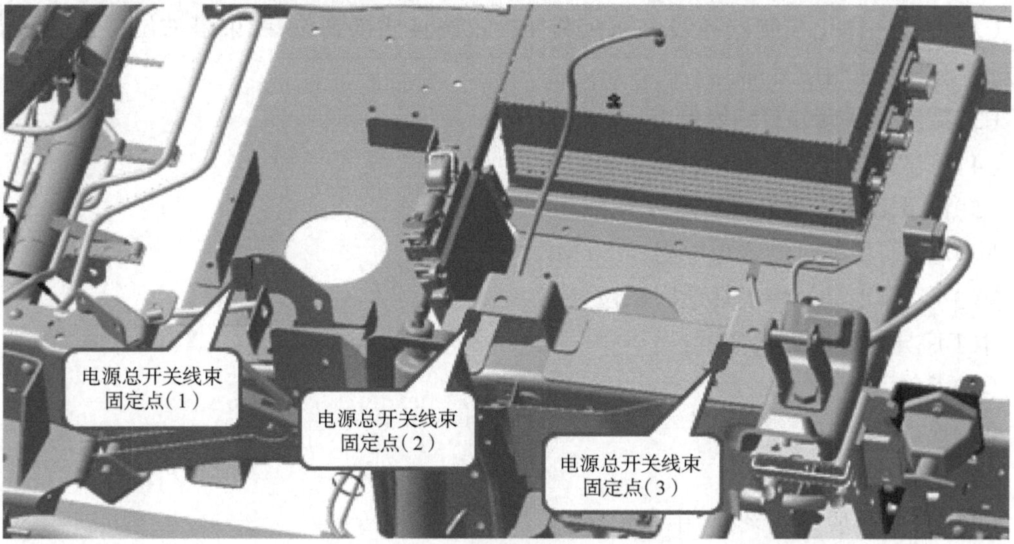

图 2.1.154　连接电源总开关线束

(5)将线束(短)固定到电源总开关上，另一端用螺栓、螺母将其固定到车架上。

(6)整理好线束，并用扎带固定。

操作要领：确保电源总开关处于关闭状态。

第 4 步：放工具。将工具还回原位。

第 5 步：检查。螺栓、螺母紧固无松动，用蓝色记号笔在螺母上做标记。

本工序控制方法：随车质量记录卡、过程巡检表。

本工序异常处理方案如下：

(1)返工；

(2)换件；

(3)通知班长；

(4)在“随车质量记录卡”中做记录。

本工序劳保用品如图 2.1.155 所示。

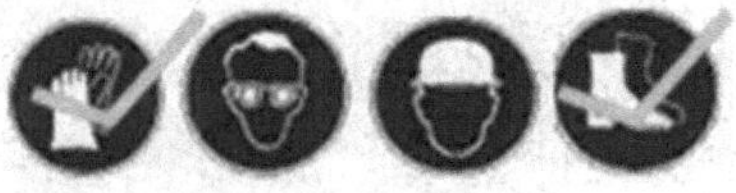

图 2.1.155 工位 10 工序 8 劳保用品

工位 11：绝缘及低压检测。

工序 1：一体化控制器的绝缘检测。

第 1 步：取工具。取绝缘电阻表(1 000 V 兆欧表)1 个，绝缘手套 1 双，绝缘鞋 1 双。

注意：检测绝缘电阻前佩戴绝缘手套并穿绝缘鞋。

第 2 步：检测。

(1)检查确保电池总成总正、总负未接通，蓄电池未通电。

(2)检查一体化控制器各线束插接头插接正确且插接到位；线束搭铁位置正确且搭铁到位，高压电缆密封胶外露。

(3)戴绝缘手套并穿绝缘鞋。

(4)测试一体化控制器绝缘电阻。

(5)记录阻值到随车质量记录卡上。

操作要领：稳态时的绝缘电阻≥ 50 MΩ。

第 3 步：放工具。将工具还回原位。

本工序异常处理方案如下：

(1)返工；

(2)换件；

(3)通知班长；

(4)在“随车质量记录卡”中做记录。

本工序劳保用品如图 2.1.156 所示。

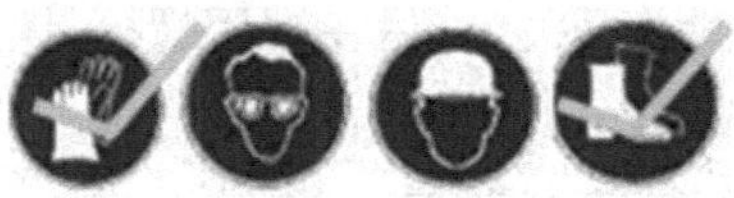

图 2.1.156 工位 11 工序 1 劳保用品

工序 2：安装电池总成保险。

第 1 步：取件。取电池总成保险 4 个(电池自带)。

第 2 步：安装(图 2.1.157)。

将电池总成保险依次插接到电池总成上。

图 2.1.157　安装电池总成保险

操作要领:①确保整车电源总开关在“OFF”挡上;②确认第一道防脱钩压装到位,反拔无脱落;③禁止暴力装配。

第 3 步:检查。电池总成保险第一道防脱钩压装到位,处于锁上状态。

本工序控制方法:自检。

本工序异常处理方案如下:

(1)返工;

(2)换件;

(3)通知班长;

(4)在“随车质量记录卡”中做记录。

本工序劳保用品如图 2.1.158 所示。

图 2.1.158　工位 11 工序 2 劳保用品

工序 3:电池总成绝缘检测。

第 1 步:取工具。取绝缘电阻表(1 000 V 兆欧表)1 个,绝缘手套 1 双,绝缘鞋 1 双。

注意:检测绝缘电阻前佩戴绝缘手套并穿绝缘鞋。

第 2 步:检测。

(1)检查确保电池总成总正、总负未接通,蓄电池未通电。

(2)检查确保电池总成连接线束插接正确且插接到位,信号线束插接正确且插接到位,并用蓝色记号笔在线束插接件上做标记。

(3)戴绝缘手套并穿绝缘鞋。

(4)检测各电池总成绝缘电阻值,并记录。

(5)检测各电池总成电压值及四箱总电压值,并记录。

操作要领:①电池连接线束无错插接、信号线束无错插接;② 1 000 V 兆欧表稳态时的绝缘电阻≥ 200 MΩ。

第 3 步:放工具。将工具还回原位。

本工序异常处理方案如下:

(1)返工;

(2)换件;

(3)通知班长;

(4)在"随车质量记录卡"中做记录。

本工序劳保用品如图 2.1.159 所示。

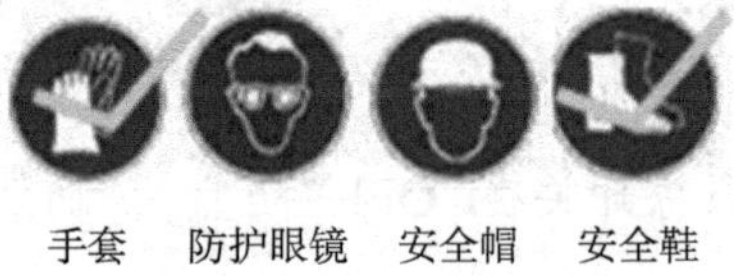

图 2.1.159 工位 11 工序 3 劳保用品

工序 4:通低压电及低压检测。

第 1 步:取工具。取绝缘手套 1 双,绝缘鞋 1 双,M14 公制两用快扳 1 把。

注意:检测绝缘电阻前佩戴绝缘手套并穿绝缘鞋。

第 2 步:通低压准备。

(1)检查确保一体化控制器记录的绝缘值符合设计要求。

(2)检查确保电池总成记录的绝缘值及电压值符合设计要求。

(3)戴绝缘手套并穿绝缘鞋。

(4)检查电机、一体化控制器、电池总成等线束插接正确、插接到位。

(5)依次接通蓄电池负、正极。

操作要领:无错插接。

第 3 步:仪表检查。

(1)打开总电源开关,然后打开点火锁电源置"ON"挡后仪表显示屏点亮,无花屏或闪屏现象。

（2）仪表内各部件工作指示灯和中控屏模拟反馈数值显示正常，无故障代码。

第 4 步：雨刮检查。雨刮间歇、中、高挡均工作正常，没有卡滞现象，雨刮在正常区域工作，喷水正常。

第 5 步：灯光检查。测试近光灯、远光灯、雾灯、转向灯、应急灯工作正常，左右灯光工作一致。

第 6 步：喇叭检查。喇叭音响正常，静音按钮有效。

第 7 步：收放机检查。打开收放机开关，正常工作，能正常进行调频及音量大小调节。

第 8 步：鼓风机检查。工作正常，出风口无下沉，各出风口出风情况与挡位及出风模式一致。

第 9 步：点烟器检查。点烟器工作正常。

第 10 步：手刹检查。手刹杆外观完好，工作正常，手刹灯正常显示。

第 11 步：GPS 检查。GPS 安装到位，电源线束连接可靠，工作正常（指示灯）。

第 12 步：真空泵检查。工作情况气压传感器信号电压低于 1.6 V 停止工作，高于 2.3 V 开启工作，停留 2 min 以上信号电压无变化。

第 13 步：低压配电盒检查。保险齐全，无错装，电源接插件无虚接或漏装，线束无拉扯及干涉摩擦。

第 14 步：整车控制器检查。信号能与各部件通信，并在仪表内正常显示数值，Life 在 0~255 循环变动，且能正常刷写及更新程序。

第 15 步：负压传感器检查。传感器装配可靠无漏气，信号线束接插件连接可靠，无虚接或漏装。

第 16 步：接通总正总负。在确保低压完全无问题后，将总正、总负线束与电池箱接通。

本工序控制方法：自检、互检。

本工序异常处理方案如下：

（1）返工；

（2）换件；

（3）通知班长；

（4）在“随车质量记录卡”中做记录。

本工序劳保用品如图 2.1.160 所示。

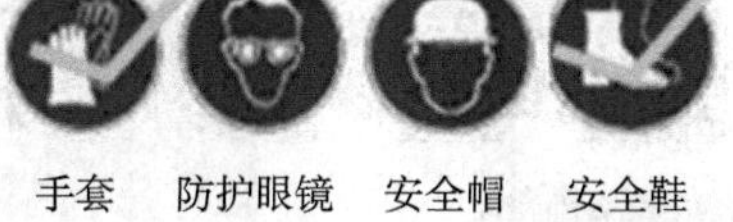

图 2.1.160　工位 11 工序 4 劳保用品

工位 12：整车程序及电池程序录入。

工序 1：整车控制程序录入（图 2.1.161）。

第 1 步:取工具。取笔记本电脑、程序刷写信号线。

第 2 步:检查。动力电池、驱动电机、一体化控制器、整车控制器等整车各部件完成安装及线束连接。

注意:线束无错接、无漏接。

第 3 步:录入程序。

(1)打开笔记本电脑,将程序刷写信号线 USB 接口插接到笔记本电脑 USB 端口内。

(2)将程序刷写信号线与驾驶室线束调试端口 CAN3 插接到位。

(3)双击整车程序图标“usbcan.exe”;在弹出的对话框中单击“Open file”;然后选择对应车型的程序版本号,双击打开。

(4)根据屏幕显示的烧写进度,待提示“编程成功”后单击“断开”,完成整车程序刷写。

(5)断开程序刷写信号线与驾驶室线束的连接,取走笔记本电脑等。

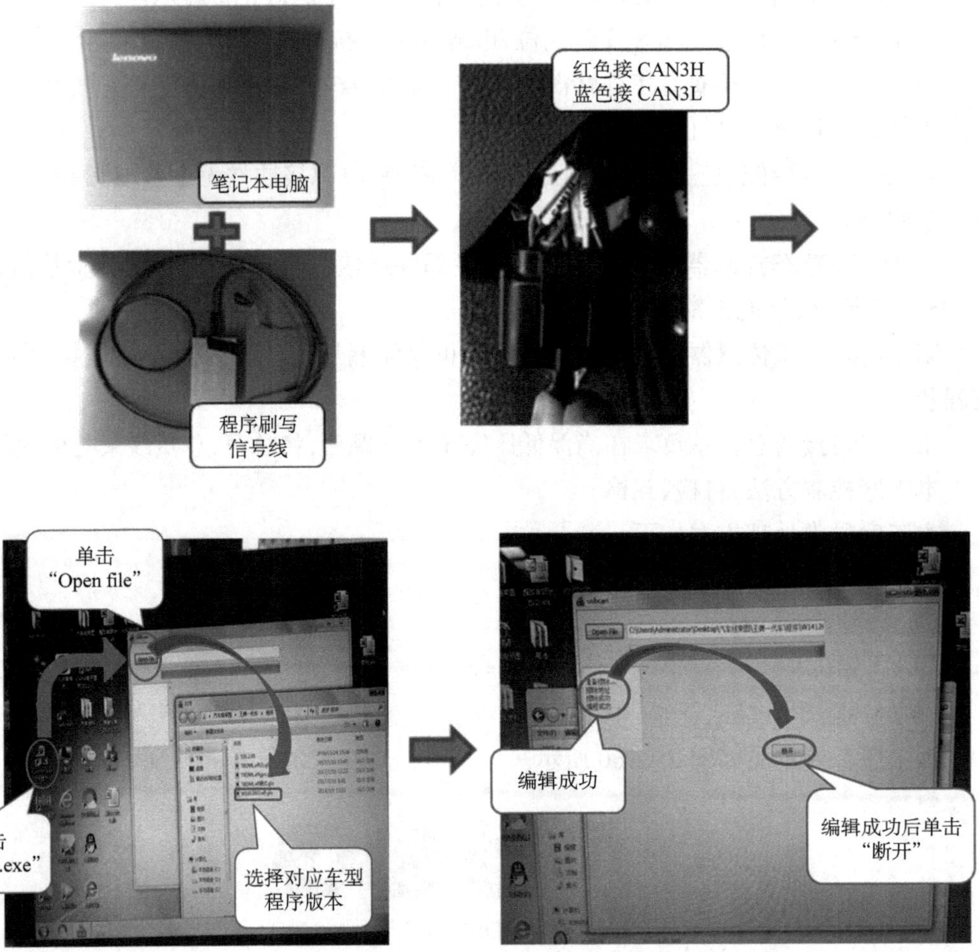

图 2.1.161 整车控制程序录入

操作要领:①插接头插接到位;②红色插接 CAN3H,蓝色插接 CAN3L;③程序版本及对应车型正确。

第 4 步：放工具。将工具还回原位。

本工序控制方法：随车质量记录卡、过程巡检表。

本工序异常处理方案如下：

（1）返工；

（2）换件；

（3）通知班长；

（4）在“随车质量记录卡”中做记录。

本工序劳保用品如图 2.1.162 所示。

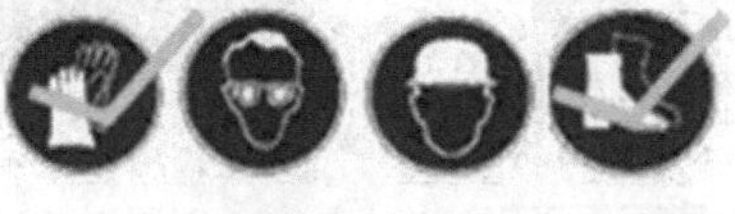

手套　防护眼镜　安全帽　安全鞋

图 2.1.162　工位 12 工序 1 劳保用品

工序 2：电池总成程序录入（图 2.1.163）。

第 1 步：取工具。取笔记本电脑、程序刷写信号线。

第 2 步：检查。动力电池、驱动电机、一体化控制器、整车控制器等整车各部件完成安装及线束连接。

注意：线束无错接、无漏接。

第 3 步：录入程序。

（1）打开笔记本电脑，将程序刷写信号线 USB 接口插接到笔记本电脑 USB 端口内。

（2）将车钥匙置于“LOCK”挡。

（3）将程序刷写信号线与驾驶室线束调试端口 CAN2 插接到位。

（4）双击整车程序图标“rajaBmuTool.exe”；在弹出的对话框中单击“连接 CAN 卡”；待右侧对话框提示“启动 CAN 成功”后单击“加载 GLO”；在弹出的对话框中选择相应程序文件版本号，双击打开。

（5）单击“开始烧写”，观察烧写进度提示，待提示“烧写成功，程序烧写结束”后，单击“断开”。

操作要领：①插接头插接到位；②确保整车低压电接通；③红色插接 CAN2H，蓝色插接 CAN2L；④程序版本及对应车型正确；⑤待提示“烧写成功，程序烧写结束”，才能断开插接头。

第 4 步：放工具。将工具还回原位。

本工序控制方法：随车质量记录卡、过程巡检表。

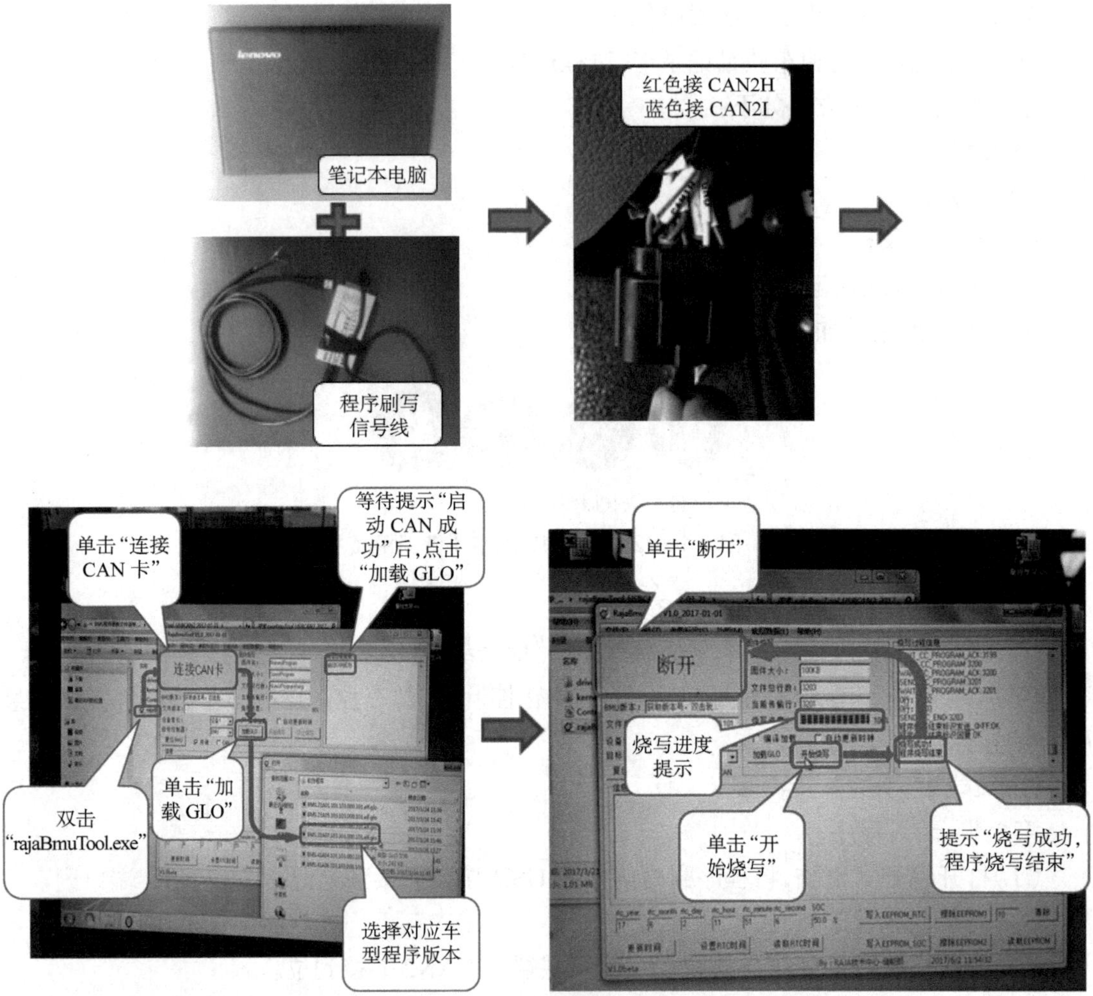

图 2.1.163 电池总成程序录入

本工序异常处理方案如下:

(1)返工;

(2)换件;

(3)通知班长;

(4)在“随车质量记录卡”中做记录。

本工序劳保用品如图 2.1.164 所示。

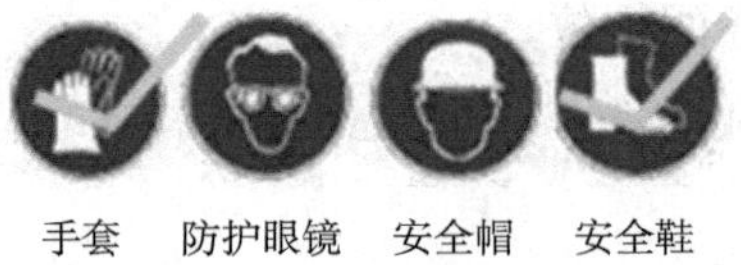

图 2.1.164 工位 12 工序 2 劳保用品

工序 3:加注冷媒。

第 1 步:检查。冷媒型号与加注型号一致。

第 2 步:加注。

(1)先将空调高低压管上的两个加注口上的盖子拆掉,然后将加注机的加注头两端分别接在加注口上。

(2)按照加注机自动提示,等待完毕后按下加注头上的加注按钮,系统自动加注 R134a。(设置粗抽真空 10 mbar,20 s;精抽真空 3 mbar、15 s;真空检测 3 mbar、4 s;二次真空时间 20 s;加注量 850 g;加注最短时间 1 s;加注保护时间 30 s)。

(3)完毕后取下加注头,并放回架子上,然后旋紧加注头上的盖子。

(4)首末件用已检定的量杯对加注量进行测量,判定加注量是否符合要求。

操作要领:①加注口无异物,盖子朝上,防止灰尘异物进入;②冷媒型号为 R134a;③加注量为 850 g。

本工序控制方法:随车质量记录卡、过程巡检表。

本工序异常处理方案如下:

(1)返工;

(2)换件;

(3)通知班长;

(4)在"随车质量记录卡"中做记录。

本工序劳保用品如图 2.1.165 所示。

图 2.1.165　工位 12 工序 3 劳保用品

工序 4:加注防冻液。

第 1 步:检查。防冻液型号与加注型号一致。

第 2 步:加注。

(1)扭开散热器加注口的盖子。

(2)用手摇抽油机将防冻液加注到 1 L 的量杯内。

(3)将量杯内的防冻液通过漏斗加注到散热器内。

(4)重复步骤(2)(3)加注防冻液 10 L。

(5)用抹布将加注口处溢出的防冻液擦拭干净。

(6)首末件用已检定的量杯对加注量进行测量,判定加注量是否符合要求。

操作要领:①盖子无破损;②防冻液型号为乙二醇型耐 −40 ℃以下冷却液;③加注量为 8 L。

本工序控制方法:随车质量记录卡、过程巡检表。

本工序异常处理方案如下:

(1)返工;

(2)换件;

(3)通知班长;

(4)在"随车质量记录卡"中做记录。

本工序劳保用品如图 2.1.166 所示。

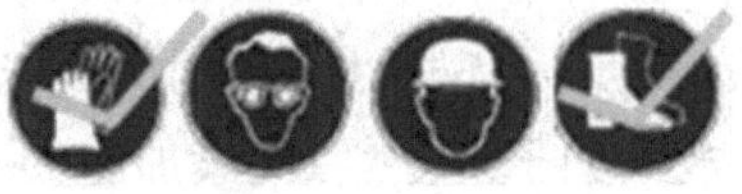

图 2.1.166 工位 12 工序 4 劳保用品

工序 5:加注转向液

第 1 步:检查。转向液型号与加注型号一致。

第 2 步:加注。

(1)旋开油泵储油罐盖,将其朝上放置,防止灰尘或杂质进入盖内。

(2)用量杯盛装 2.5 L 转向液,借用漏斗将其缓慢倒入储油罐内(注意:此过程需要通电及缓慢打方向,防止油液流出,最终打方向盘时无气泡产生为止)。

(3)检验油水管是否渗漏,将油泵储油罐口的残油用布擦干净。

(4)首末件用已检定的量杯对加注量进行测量,判定加注量是否符合要求。

操作要领:①转向液型号为 8# 液压传动液;②加注过程需通电打方向;③加注量为 2.5 L。

本工序控制方法:随车质量记录卡、过程巡检表。

本工序异常处理方案如下:

(1)返工;

(2)换件;

(3)通知班长;

(4)在"随车质量记录卡"中做记录。

本工序劳保用品如图 2.1.167 所示。

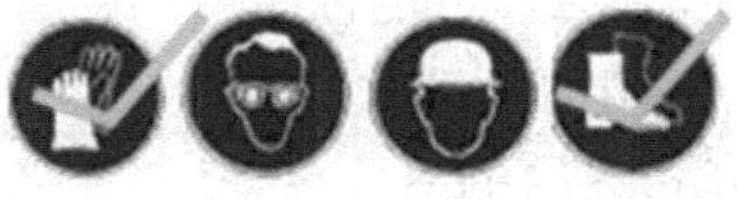

图 2.1.167 工位 12 工序 5 劳保用品

工位 13:整车调试。

工序 1:高压调试。

第 1 步:电除霜检测。检测电除霜工作情况,打开暖风开关后检查是否有热风,指示灯是否正常。

第 2 步：加速踏板检测。进行开度调试，随开度大小变化仪表上信号值范围为（0.65 ± 0.05）~（3.85 ± 0.05）V（0~100%）自由行程无卡滞，踩踏力度适中，加速功能正常。

第 3 步：制动踏板检测。进行开度调试，随开度大小变化仪表上信号值范围为（0.44 ± 0.07）~（4.2 ± 0.07）V（0~100%）自由行程无卡滞，踩踏力度适中。

第 4 步：储能系统检测。

（1）动力电池高低压线束连接可靠，无虚接或漏装，装配后做色标。

（2）仪表上查看 BMS 传输动力电池荷电状态（State of Charge，SOC）、总电压、单体电压、温度是否正常。

第 5 步：一体化控制器检测。在仪表上查看控制器传输的电机控制器电压、电流等相关信号数值是否正常。

第 6 步：驱动电机检测。电机外观无损伤、名牌及钢印清晰；电机运转与挡位一致，无反转现象、无异响。

第 7 步：空调压缩机检测。调试查看空调压缩机、冷凝器运转正常；检查有无冷风。

第 8 步：转向助力电机检测。转向液加注正常，在行车挡位下助力电机运转正常，无反转现象，空挡停止；转向助力电机运行应无异常。

第 9 步：交流车载充电机检测。插充电枪能正常检测充电信号，且刷卡后能正常充电，完成充电后能自动跳转。

第 10 步：直流充电系统检测。插充电枪能正常检测充电信号，且刷卡后能正常对动力电池进行充电。

本工序控制方法：随车质量记录卡、过程巡检表。

本工序异常处理方案如下：

（1）返工；

（2）换件；

（3）通知班长；

（4）在“随车质量记录卡”中做记录。

本工序劳保用品如图 2.1.168 所示。

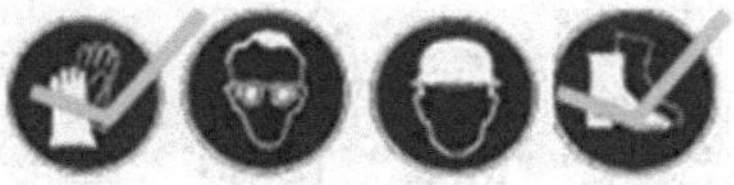

图 2.1.168　工位 13 工序 1 劳保用品

工序 2：安装中网。

第 1 步：取件。取中网。

注意：中网卡脚无断裂、外面漆面无划伤。

第 2 步：取工具。取十字螺丝刀 1 把。

第 3 步：安装。

(1)将中网卡装到车身驾驶室上。

(2)用中网自带螺钉将其固定到车身上。

操作要领:①卡装到位,卡脚无虚卡、无断裂;②螺钉安装到位,与中网贴合。

第4步:放工具。将工具还回原位。

第5步:检查。中网表面无划伤,反拉中网无松动。

本工序控制方法:随车质量记录卡、过程巡检表。

本工序异常处理方案如下:

(1)返工;

(2)换件;

(3)通知班长;

(4)在"随车质量记录卡"中做记录。

本工序劳保用品如图2.1.169所示。

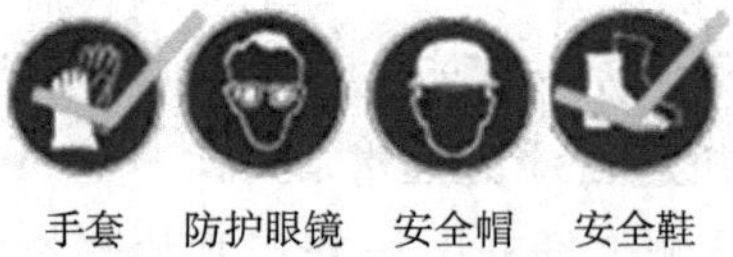

图2.1.169 工位13工序2劳保用品

第 2 章 电池 PACK 工艺

下面以某型三元锂离子动力电池总成为例进行介绍。

2.1 电池 PACK 工艺

电池 PACK 是从电芯到电池总成成品的整个组装、测试过程，如图 2.2.1 所示。

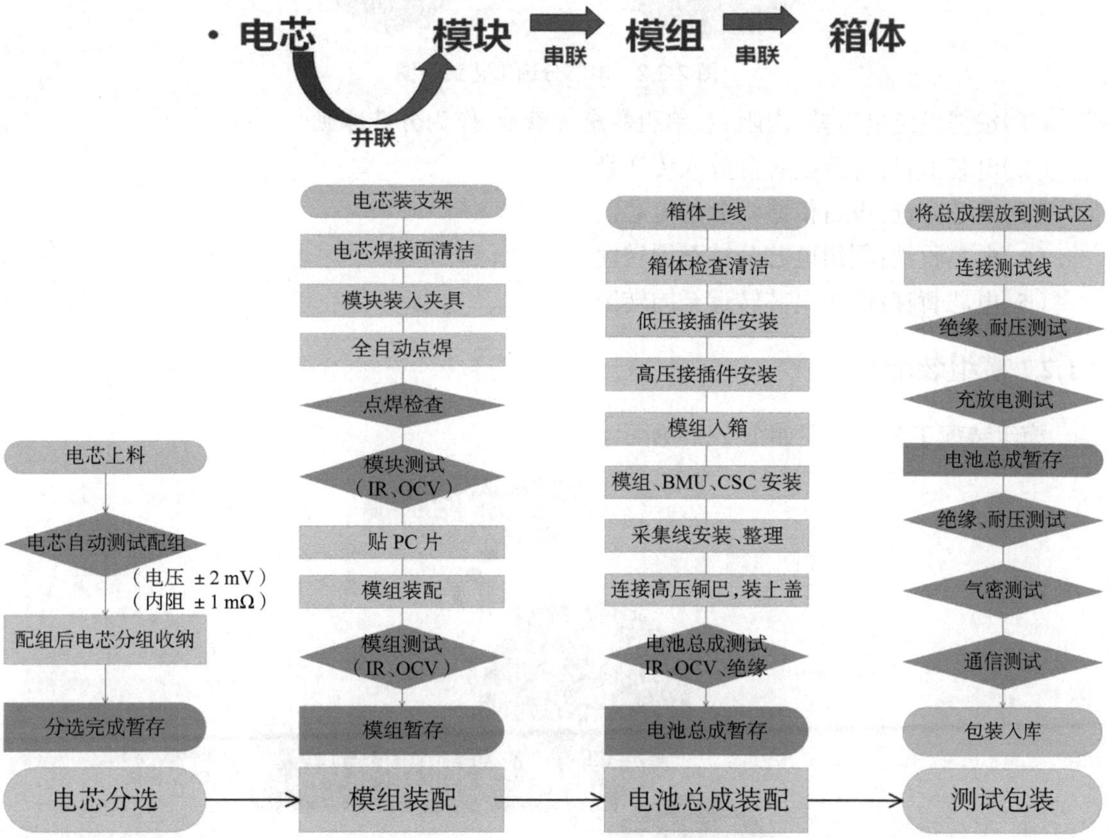

图 2.2.1 电池 PACK 工艺

IR—电容绝缘电阻，Insulation Resistance；OCV—开路电压，Open Circuit Voltage；BMU—电池管理系统，Battery Management System；CSC—通信系统中心，Communication System Center；PC—聚碳酸酯，Polycarbonate

2.1.1 电芯分选

电芯分选工艺路线图如图 2.2.2 所示。

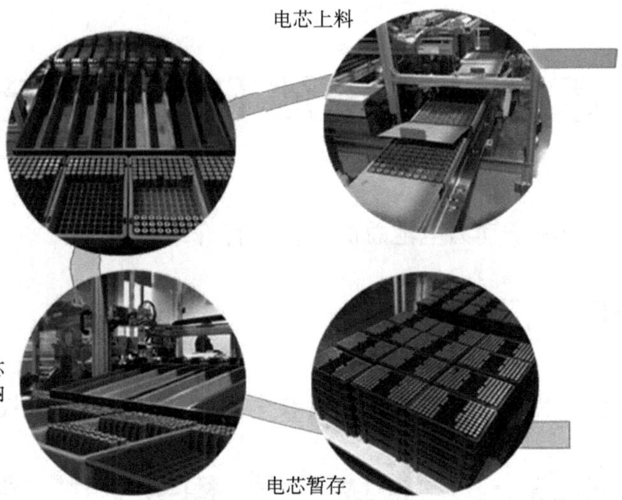

图 2.2.2 电芯分选工艺路线图

（1）按需设定电压差、内阻差、单组数量等参数，作为分选原则。

（2）电芯上料：打开电芯盒放入传送带。

（3）电芯分选：设备依原则分选电芯。

（4）电芯收纳：同组电芯分拣至周转盒。

（5）电芯暂存：同车电芯转运至周转区。

2.1.2 模组装配

模组装配工艺路线图如图 2.2.3 所示。

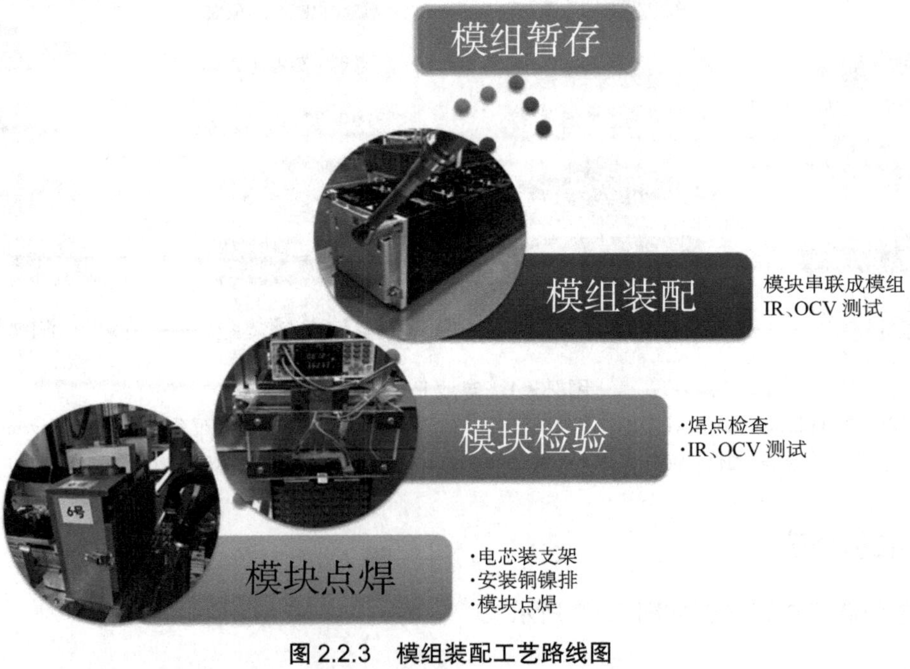

图 2.2.3 模组装配工艺路线图

电池模块、模组爆炸图分别如图 2.2.4 和图 2.2.5 所示。

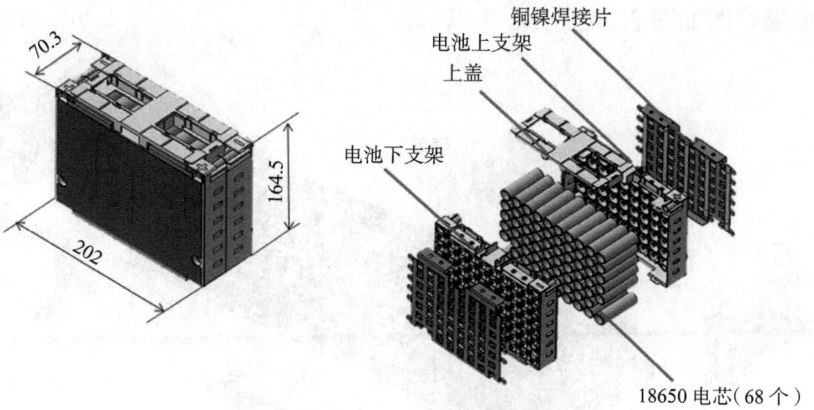

图 2.2.4　电池模块爆炸图

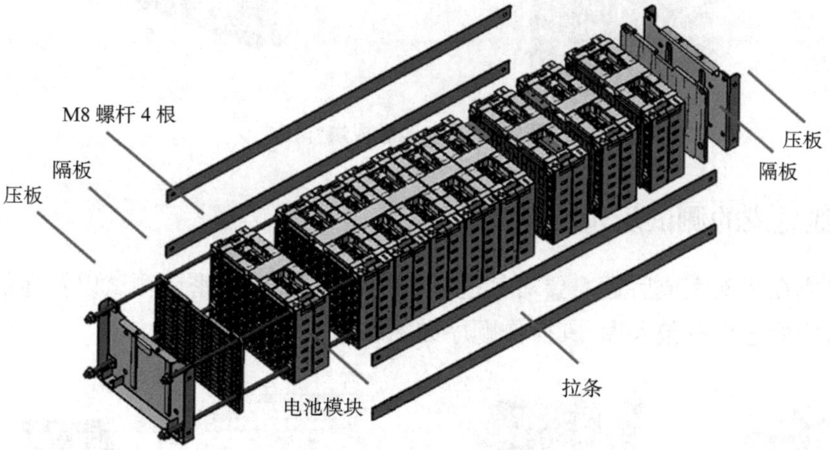

图 2.2.5　电池模组爆炸图

2.1.3　电池总成装配

电池总成装配工艺路线图如图 2.2.6 所示。

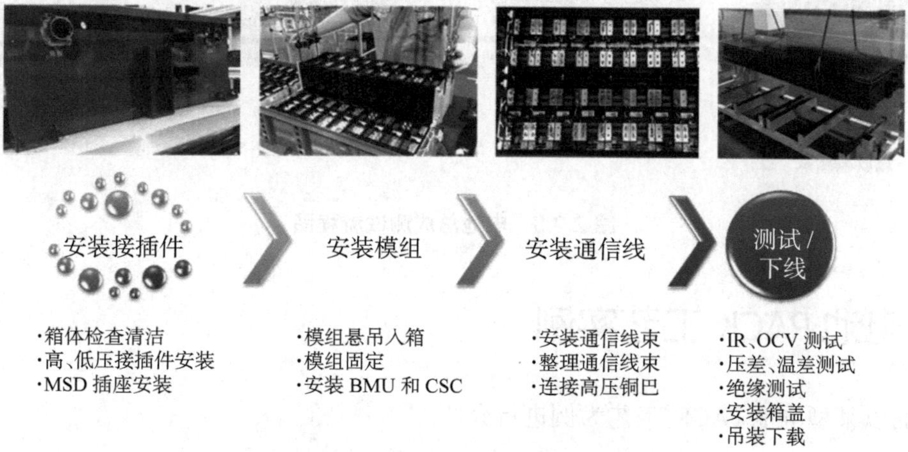

图 2.2.6　电池总成装配工艺路线图

电池总成爆炸图如图 2.2.7 所示。

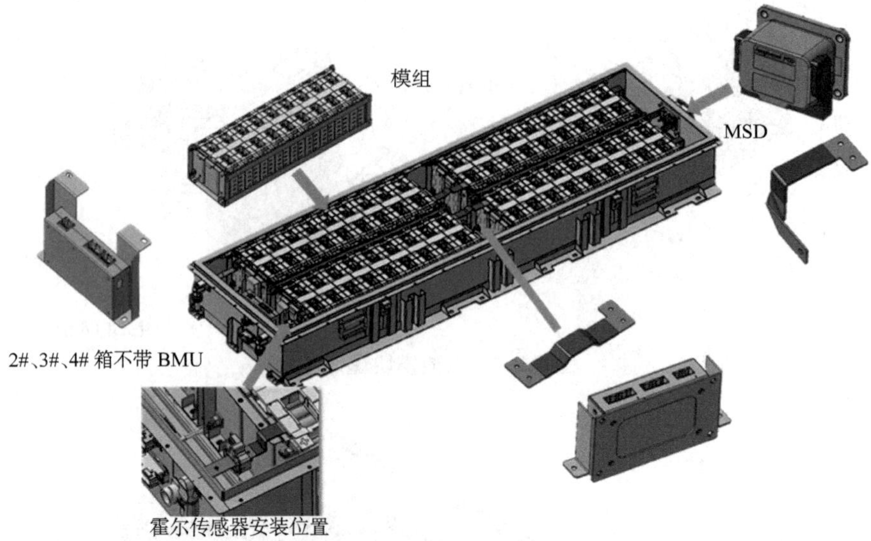

图 2.2.7 电池总成爆炸图

2.1.4 电池总成的测试及包装

电池总成在装配完成后还需要对其进行下线功能测试、气密性测试以及通信测试，所有测试合格后才能进行打包入库，其操作顺序如图 2.2.8 所示。

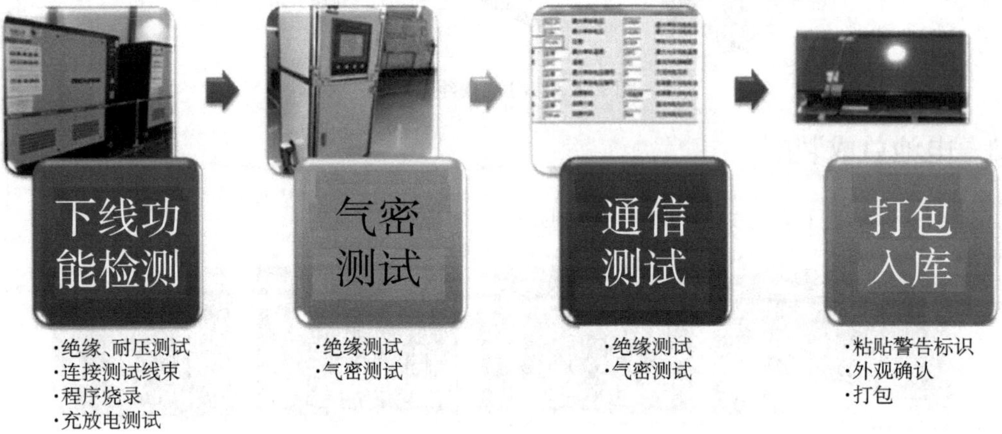

图 2.2.8 电池总成测试流程图

2.2 电池 PACK 工艺实例

下面以某型电池 PACK 工艺为例进行介绍。

2.2.1　模块焊接

1. 电芯分选

1)工艺步骤

第 1 步:打开程序。

(1)打开分选机程序,选择用户名输入密码,进入“分选机”界面。

(2)点击“分选设置”选项。

第 2 步:开启分选界面。

(1)点击“分选”进入分选界面。

(2)确认所选方案分选参数与“分选参数变更记录表”中参数是否一致(如不一致需向组长反馈)。

第 3 步:启动设备。

(1)先按黄色“复位”按钮,进行行程复位。

(2)待设备复位完成后,按下绿色“启动”按钮,开始分选。

第 4 步:上料(图 2.2.9)。

将待分选电芯盒打开,如图 2.2.9 所示放入上料传送带划线区域内且保证两电芯盒的间距不小于一拳头宽。

图 2.2.9　电芯上料

第 5 步:取料(图 2.2.10)。

分选出的电芯将按组别不同,存放于对应颜色周转盒内。(注意:①采用抓取工装进行电芯抓取;②取料过程中注意观察电芯外观,无破损、变形、漏液等现象;③ 9 号为档外一次分选,需放入物料盒内进行二次分选)

图 2.2.10 取料

第 6 步:满盒存放。

(1)将满数周转盒整齐堆放在电芯周转车上。

(2)取完满数料槽电芯后需核对周转盒电芯数,核对完成后按下满槽指示灯按钮,消除满槽报警。

第 7 步:满车存放。

周转车电芯满数后,填写周转车上标识牌(电芯批号、电压范围、内阻范围、数量等),再将周转车存放到临时存放区。

注意:标识牌填写批号为电芯批次号 - 容量代号 - 分选机编号,如 GB13-V2-3,电压、内阻范围与分选机显示屏显示的范围一致。

2)技术标准要求

(1)内阻差≤ 2 mΩ。

(2)静态压差≤ 4 mV。

注意:当日班次分选参数参见“分选参数变更记录表”。

3)安全、品质注意事项

(1)禁止私自调试机台参数或私自维修异常机台。

(2)禁止在设备未暂停情况下进入运行区域。

(3)分选参数确认无误后才可开始生产。

(4)机台运行过程中双手勿放置于机台运行区域。

(5)分选过程中定时查看物料盒及物料周转盒中电芯是否有电芯外观变形、生锈或漏液现象,防止机台批量性不良。

(6)分选后电芯禁止混档位。

(7)测试控针每测试 3 万次须更换,生产过程中出现内阻测试异常时须立即更换。

(8)分选参数确认无误后才能开始分选。

(9)禁止未取得上岗证人员操作机台。

(10)周转车电芯堆叠不得超过 7 盒。

4)安全防护要求

安全防护要求如图 2.2.11 所示。

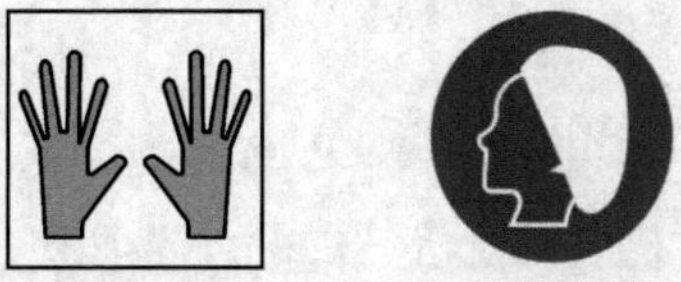

图 2.2.11　安全防护要求(电芯分选)

5)自主质量控制

Ⅰ. 上工序流入检查项目

(1)检查电芯盒内粉尘是否过多。

(2)电芯“领料核对表”是否填写。

(3)电芯领料栈板号是否按先后顺序进行。

Ⅱ. 本工序重点检查项目

(1)检查电芯外观有无变形、漏液、破损、生锈。

(2)检查电芯表面是否有异物黏附。

Ⅲ. 本工序自检项目

(1)开班前是否进行分选参数点检确认。

(2)领料后“领料核对表”是否填写。

(3)周转车电芯满数后标识牌是否填写完成。

(4)下班前检查一次不合格(No Good,NG)满盒后是否进行二次 NG。

(5)下班后是否对二次 NG 和不良品进行统计。

2. 装支架、清洁正负极

1)工艺步骤

第 1 步:准备下支架。

(1)拿取一个下支架(有负极符号“-”)。

(2)检查支架外观是否清洁、干燥、无变形等。

(3)在备料区取一盒已筛选合格的电芯,双手拿取,检查电芯数量是否正确。

第 2 步:安装防错工装(图 2.2.12)。

在下支架中先放入防错工装。

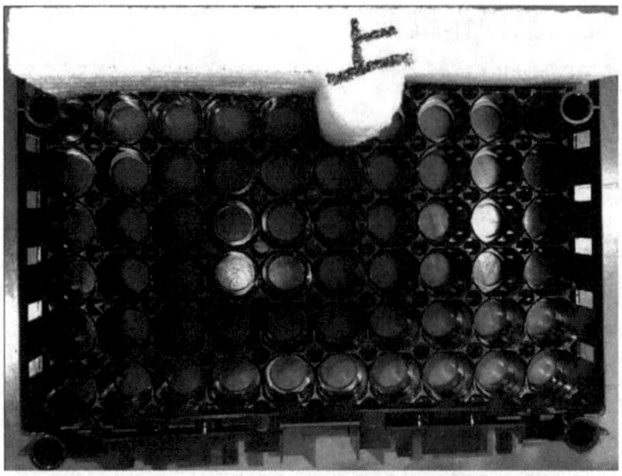

图 2.2.12　安装防错工装

第 3 步:装电芯(图 2.2.13)。

采用抓取电芯工装将已经准备好的电芯以负极“-”朝下,正极“+”朝上装入下支架。

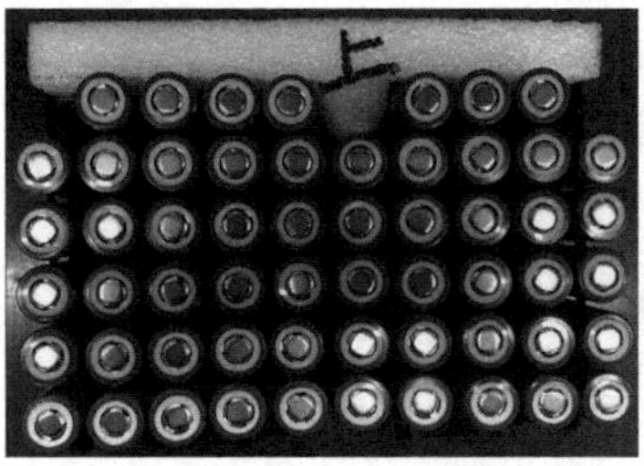

图 2.2.13　装电芯

第 4 步:清洁正极面。

用无尘布蘸取酒精从前到后擦拭电芯正极,清理电芯正极面的污渍和杂物。

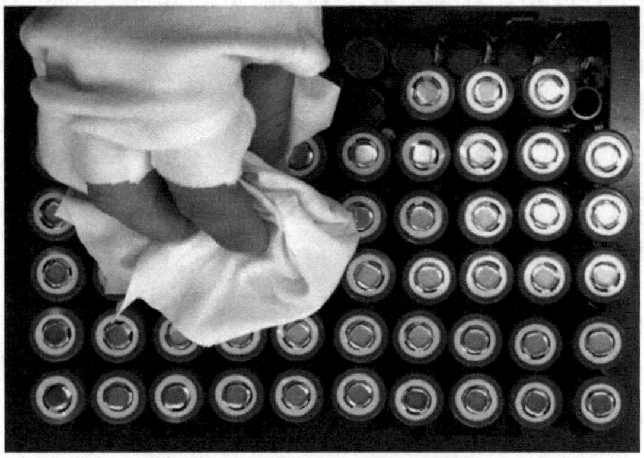

图 2.2.14　清洁正极面

第 5 步:安装上支架。

(1)检查支架外观是否清洁、干燥、无变形等。

(2)双手托取上支架两端调整上支架位置使其与下支架的卡扣点对应一致,电芯对应上支架孔位,上支架向下扣紧。

第 6 步:检查模块。

扣紧上支架后检查卡扣的每个卡扣点是否扣到位及每个电芯是否对应到每个孔的位置。

第 7 步:清洁负极面(图 2.2.15)。

翻转模块使正负极面朝上放置,用无尘布蘸取酒精从前到后擦拭电芯负极,清理电芯负极面的污渍和杂物。

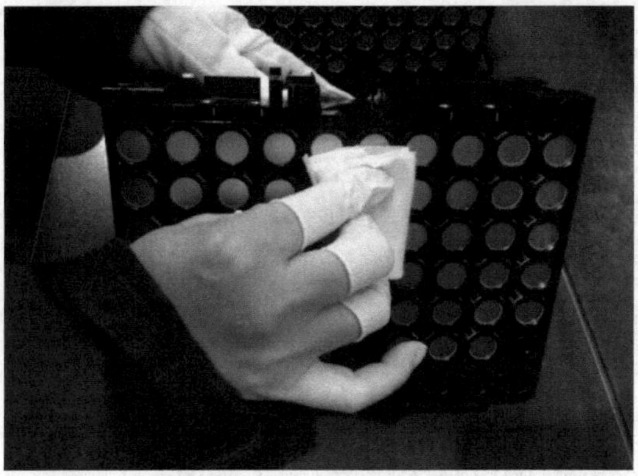

图 2.2.15　清洁负极面

第 8 步:粘贴二维码(图 2.2.16)。

确认模块编码内容正确并将贴到对应下支架上,良品放置到流水线上。

图 2.2.16　粘贴二维码

2)安全、品质注意事项

(1)按标准穿戴劳保用品。

(2)防错用工装夹具必须严格按要求进行使用。

(3)工作台面上保持干净,不能有任何金属物。

(4)注意电芯正负极面和支架异物控制。

(5)不同电池总成电芯不得混料。

3)安全防护要求

安全防护要求如图 2.2.17 所示。

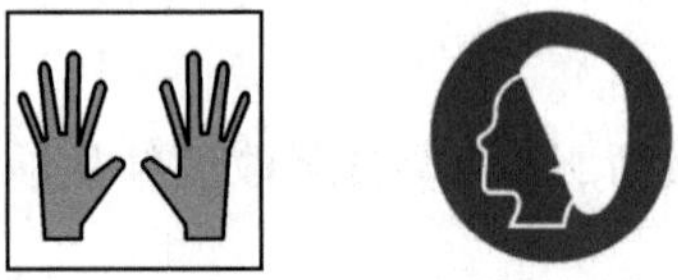

图 2.2.17 安全防护要求(装支架、清洁正负极)

4)自主质量控制

Ⅰ.上工序流入检查项目

(1)周转车领料时需检查电芯盒数是否够数(144 盒)。

(2)检查周转盒中电芯数量是否够数(57 颗)。

(3)检查电芯有无绝缘胶破损、漏液不良。

(4)检查电芯周转车标识卡是否填写。

(5)检查上下支架是否达到使用标准。

(6)检查二维码是否清晰、编码是否正确、有无重码。

Ⅱ.本工序重点检查项目

(1)检查电芯极性是否正确、有无放置错误。

(2)检查电芯排布位置是否正确。

(3)卡扣点是否扣到位及每个电芯是否对应到每个孔的位置。

Ⅲ.本工序自检项目

(1)检查电芯正负极面是否清理干净。

(2)检查二维码有无漏贴、粘贴位置是否正确。

3. 模块焊接

1)工艺步骤

第 1 步:焊前准备(图 2.2.18)。

(1)参照“焊接参数对照表”确认焊接机参数是否在标准范围内。

(2)按下焊机启动按钮开始运行。

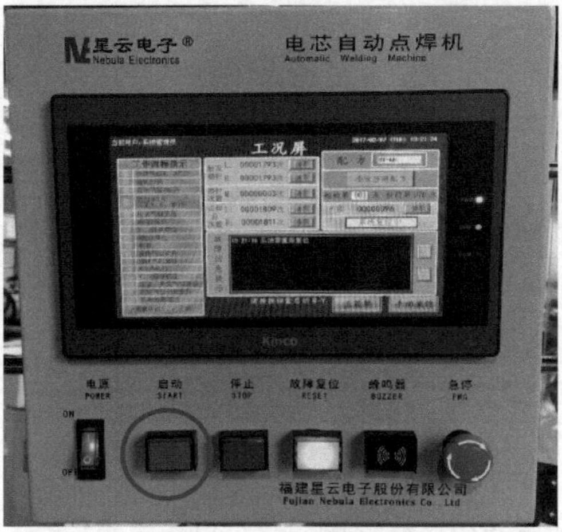

图 2.2.18　焊前准备

第 2 步:装铜镍片(图 2.2.19)。

(1)拿取待焊接模块,先检查是否粘贴二维码,然后放置到工作台上。

(2)双手拿取铜镍片检查外观有无生锈、缺极耳和明显变形。

(3)将铜镍片安装于电池模块两极。

图 2.2.19　装铜镍片

第 3 步:装入焊接工装(图 2.2.20)。

(1)将焊接工装盖子卸下。

(2)如图 2.2.20 所示左手扶住夹具底部,右手护住装有铜镍片的模块以低端朝下摆放于治具中。

注意:装入电池模块时需要确认镍片是否安装。

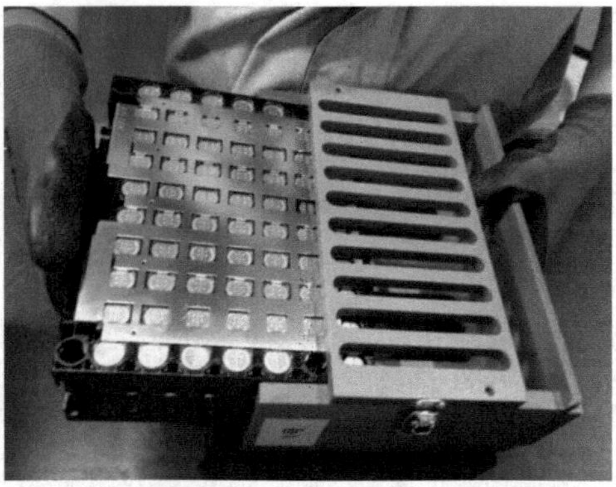

图 2.2.20　装入焊接工装

第 4 步：检查镍片安装与否（图 2.2.21）。

检查模块正负极镍片是否安装。

图 2.2.21　检查镍片安装与否

第 5 步：安装上盖（图 2.2.22）。

按图 2.2.22 示方向盖上工装上盖，确认模块放置到位，且铜镍片无偏位。

图 2.2.22　安装上盖

第 6 步：放入传送带（图 2.2.23）。

按图 2.2.23 示方向将焊接工装放入点焊平台传送带，开始点焊。

图 2.2.23　放入传送带

第 7 步:焊点效果确认。

同焊点检查人员确认焊点效果,若有异常及时反馈给设备调试人员,焊点合格才可正常投料焊接。

2)技术标准要求

(1)焊接拉力值:正极为 80~140 N,负极为 60~140 N。穿孔数为 4 个,首件 3 PCS 合格后方可正常生产(每 4 h 进行一次)。

(2)点焊机焊针每次开班前必须进行打磨。

(3)焊接工艺参数对照如图 2.2.24 所示。

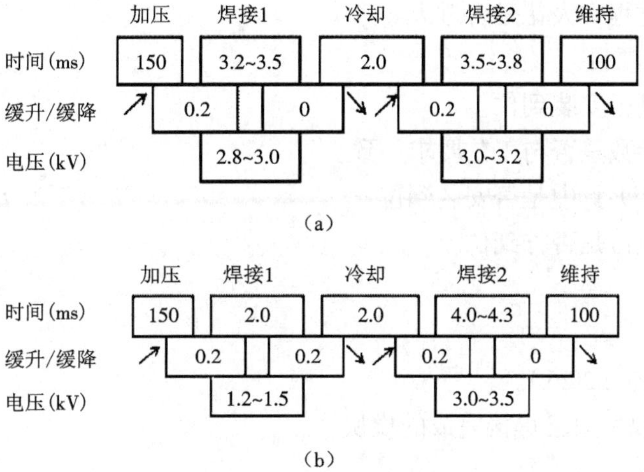

图 2.2.24　焊接工艺参数对照

(a)正极点焊参数 (b)负极点焊参数

3)安全、品质注意事项

(1)首件合格后开始生产。

(2)严禁私自调试机台参数。
(3)严禁私自维修机台,应立即通知机修人员处理。
(4)发现不良模块需隔离放置,标示不良原因。
(5)必须双手拿取产品。
(6)注意电芯正负极面、镍片和支架异物控制。
4)安全防护要求
安全防护要求如图 2.2.25 所示。

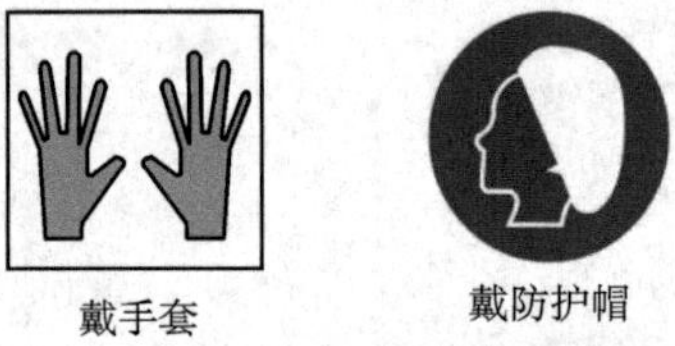

图 2.2.25 安全防护要求(模块焊接)

5)自主质量控制
Ⅰ. 上工序流入检查项目
(1)检查电芯是否装到位,卡扣是否卡紧。
(2)检查二维码粘贴位置与方向是否正确。
(3)检查二维码有无折皱、模糊、破损。
Ⅱ. 本工序重点检查项目
(1)检查镍片外观有无生锈、缺极耳。
(2)确认焊点是否漏焊、虚焊、焊黑、偏位。
(3)检查夹具内有无颗粒物。
(4)查看焊接过程中火花是否过大。
Ⅲ. 本工序自检项目
(1)检查镍片是否安装到位。
(2)确认焊接参数是否与工艺要求一致。
(3)确认模块在夹具中是否安装到位。
(4)确认紧固螺钉是否拧到位。
4. 焊点检查
1)工艺步骤
第 1 步:取料(图 2.2.26)。
在接驳台上拿取一块已焊接完成的模块。

图 2.2.26　取料

第 2 步：卸去焊接工装（图 2.2.27）。

（1）松开侧面紧定螺钉。

（2）取盖板。

（3）取出模块。

（4）将焊接工装放入回流线。

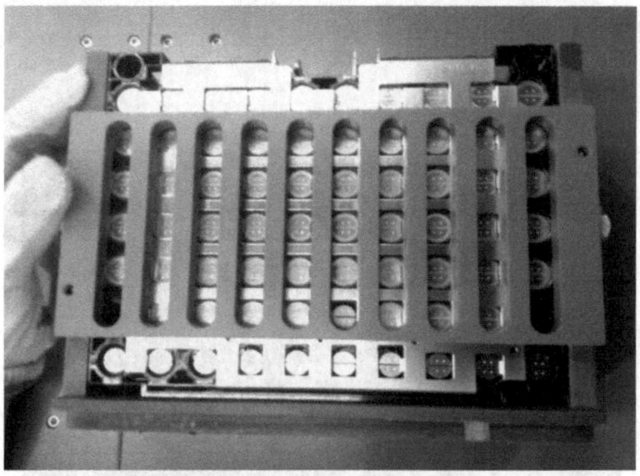

图 2.2.27　卸去焊接工装

第 3 步：目检负极焊点。

双手扶住电池模块，目检电芯负极的焊点外观是否有空焊、漏焊、烧黑、过焊等不良。

第 4 步：抽查并确认负极焊点（图 2.2.28）。

（1）对目检中发现外观异常的电芯用专用的工具试撬镍片验证焊接效果，如果没有异常就用同样的方法抽十个电芯检测焊接效果。

（2）将翘起的镍片复位按平整。

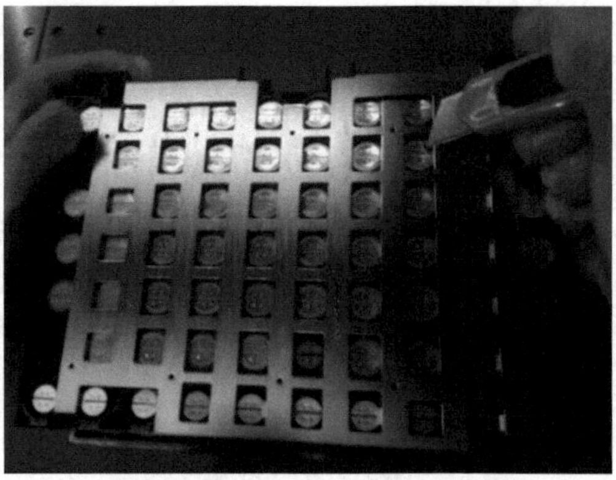

图 2.2.28 抽查并确认负极焊点

第 5 步:目检正极焊点。

双手扶住电池模块翻转 180º 平放在工作台面上,目检电芯正极的焊点外观是否有空焊、漏焊、烧黑、过焊等不良。

第 6 步:抽查并确认正极焊点(图 2.2.29)。

(1)对目检中发现外观异常的电芯用专用的工具试撬镍片验证焊接效果,如果没有异常就用同样的方法抽十个电芯检测焊接效果。

(2)将翘起的镍片复位按平整。

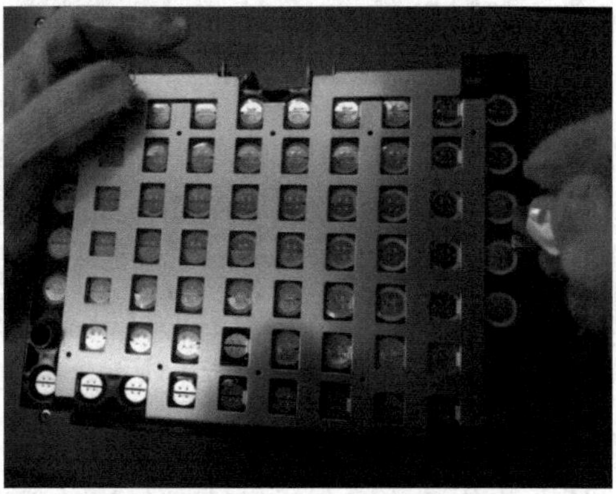

图 2.2.29 抽查并确认正极焊点

第 7 步:检查确认。

(1)检查确认正负极焊点是否需要补焊(注意:任何一个镍片虚焊点数≥ 2 时,必须进行补焊)。

(2)将不良品放置到不良品区域(发现焊接异常时应立即将异常反馈至焊接工序),良品放置到流水线上。

2)技术标准要求

(1)抽样数量:单侧抽取 10 个镍片进行焊点检测。

(2)任何一个镍片虚焊点数≥ 2 时,必须进行补焊。

(3)单侧 4 个以上镍片存在 1 个虚焊点,必须进行补焊。

(4)开班或设备维修后首次焊点检查必须进行全检。

3)安全、品质注意事项

(1)按标准穿戴劳保用品。

(2)拿取物料必须用双手。

(3)撬焊点的工具必须是专用工具。

(4)撬焊点时用力要适度,不要过大。

(5)抽查的电芯必须随机抽取。

(6)禁止无证人员上岗作业。

4)安全防护要求

安全防护要求如图 2.2.30 所示。

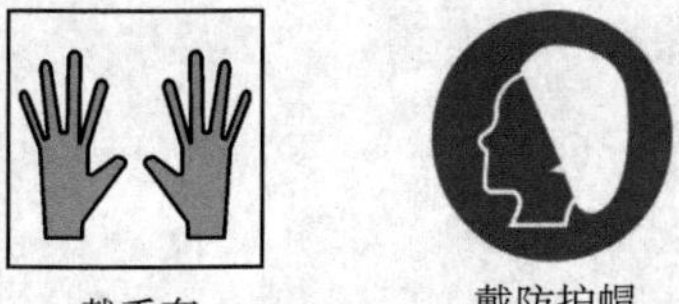

图 2.2.30　安全防护要求(焊点检查)

5)自主质量控制

Ⅰ. 上工序流入检查项目

(1)检查电池模块正负极是否全部焊接。

(2)检查电池模块是否完好。

(3)检查二维码是否完整清晰。

Ⅱ. 本工序重点检查项目

(1)检查是否有过焊、漏焊、焊黑等。

(2)检查是否有虚焊、焊穿、焊焦等焊接不良。

Ⅲ. 本工序自检项目

(1)检查撬过的焊点是否有镍片断裂。

(2)正负两极面是否都进行检查。

5. 线末测试一(End of Line 1,EOL1)

1)工艺步骤

第 1 步:开启测试仪(图 2.2.31)。

打开测试仪电源开关,调到待测试界面,等待测试。

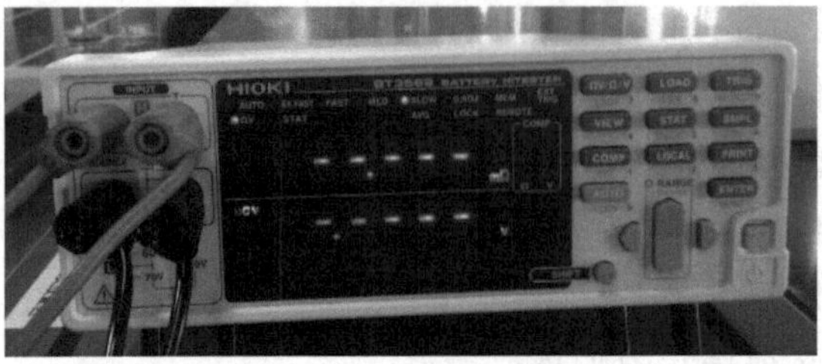

图 2.2.31 开启测试仪

第 2 步:拿取模块(图 2.2.32)。

从流水线双手拿取电池模块,将模块贴有二维码的一面朝上,底部放置在 L 形定位槽内。

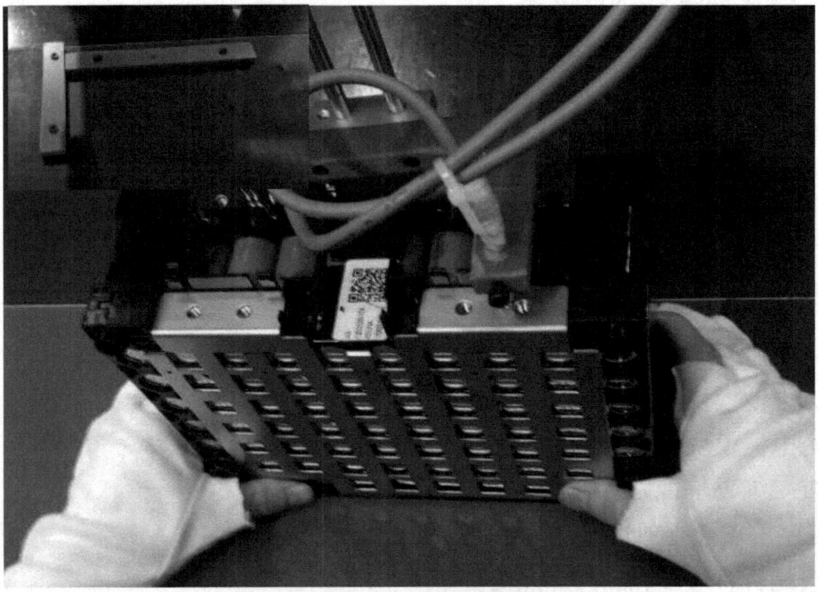

图 2.2.32 拿取模块

第 3 步:开始测试(图 2.2.33)。

(1)确认模块放置到位后,踩下启动踏板测试针头接触到镍片。

(2)观察数据显示情况。

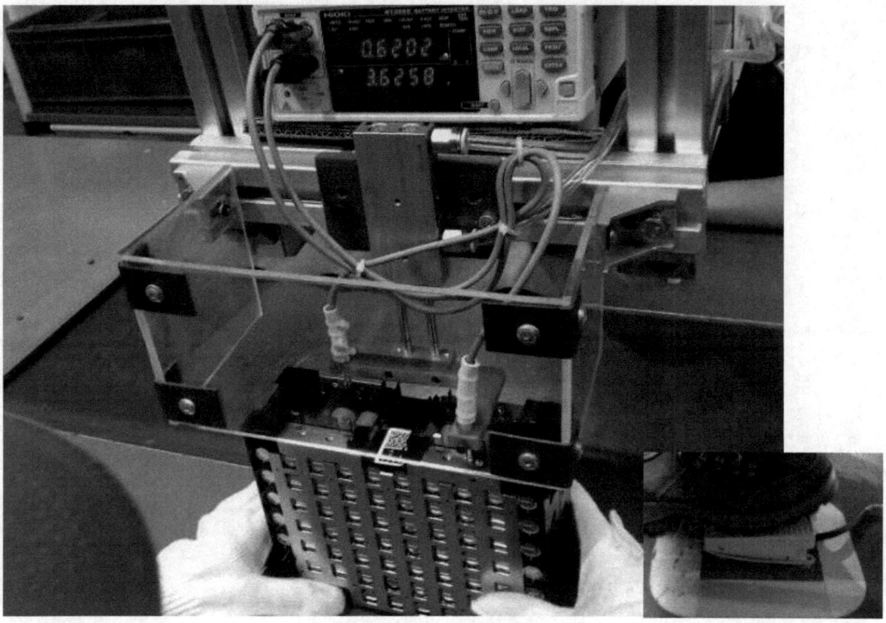

图 2.2.33　开始测试

第 4 步:数据记录(图 2.2.34)。

测出模块的电压和内阻值,将数据记录入表单。

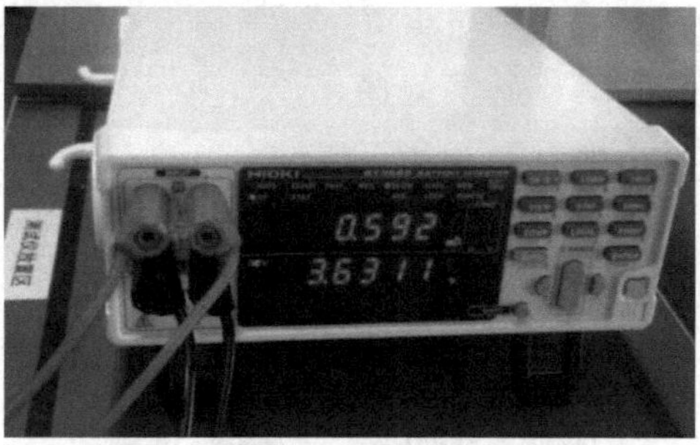

图 2.2.34　数据记录

第 5 步:送入流水线(图 2.2.35)。

将测试合格的电池模块放入流水线,不合格的电池模块放入不良品区域,通知检验人员进行处理。

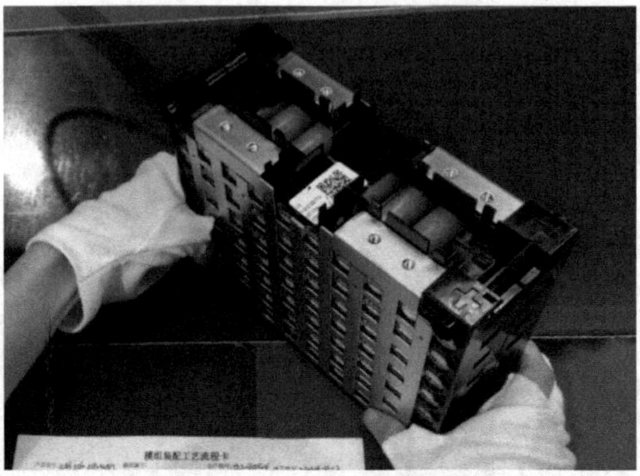

图 2.2.35 送入流水线

2）技术标准要求

（1）内阻差≤ 0.04 mΩ。

（2）静态压差≤ 4 mV。

（3）3.620 V< 静态电压 <3.635 V。

（4） 0.56 mΩ< 内阻 <0.66 mΩ（对应电芯内阻范围 25~27 mΩ），0.53 mΩ< 内阻 <0.63 mΩ（对应电芯内阻范围 23~25 mΩ）。

3）安全、品质注意事项

（1）按标准穿戴劳保用品。

（2）拿取物料必须用双手。

（3）测试时避免正负极短路。

（4）轻拿轻放，避免损坏电池。

4）安全防护要求

安全防护要求如图 2.2.36 所示。

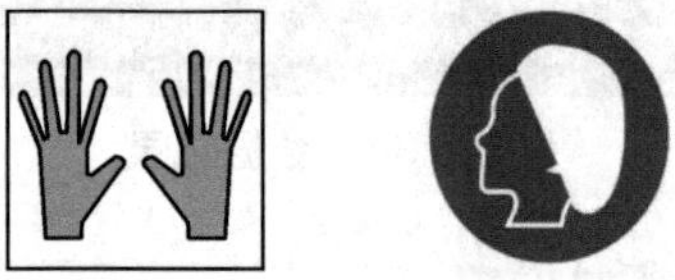

图 2.2.36 安全防护要求（线末测试一）

5）自主质量控制

Ⅰ. 上工序流入检查项目

（1）检查电池模块外观是否完好。

（2）检查镍片翘起后是否都按平复位。

（3）检查镍片表面是否干净无异物。

（4）检查二维码粘贴位置是否正确。

Ⅱ. 本工序重点检查项目

（1）核算电池模组的电压、内阻值是否在技术要求范围内。

（2）检查测试笔尖是否干净、有无磨损。

Ⅲ. 本工序自检项目

（1）是否进行电压、内阻值确认核算。

（2）是否进行电压、内阻数据记录。

6. 贴 PC 片

1）工艺步骤

第 1 步：PC 片备料（图 2.2.37）。

按当天生产量领取相应数量 PC 片。

图 2.2.37　PC 片备料

第 2 步：拿取模块（图 2.2.38）。

（1）从流水线双手拿取电池模块，将模块平放于工作台面上。

（2）检查镍片是否有翘起，如有未按平整的镍片需要反馈给焊点检查人员，将其按平整。

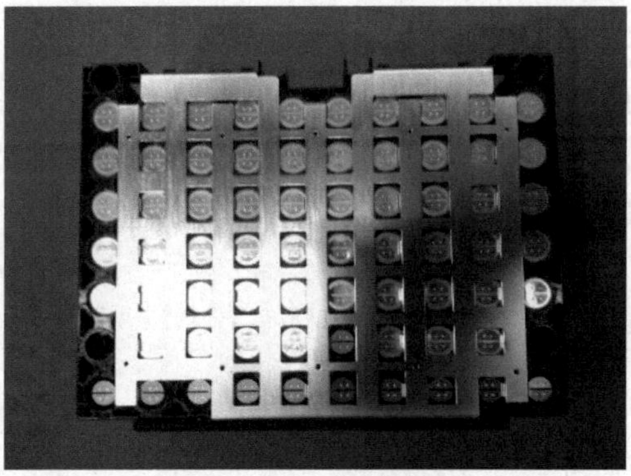

图 2.2.38　拿取模块

第 3 步：撕油纸（图 2.2.39）。

撕下 PC 片上双面胶条上的油纸。

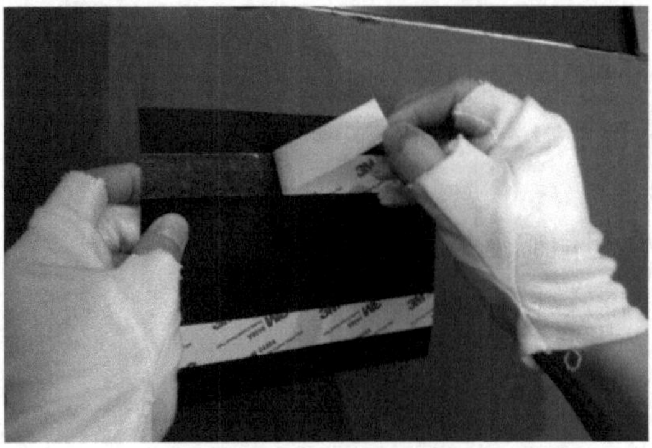

图 2.2.39 撕油纸

第 4 步:贴 PC 片(图 2.2.40)。

模块两端铜镍片上贴附 PC 片。

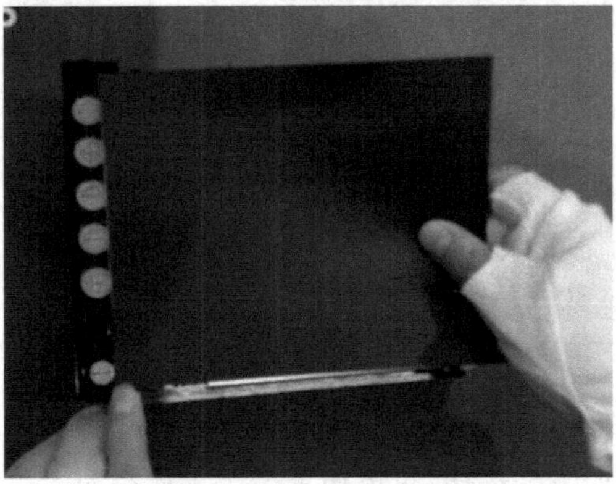

图 2.2.40 贴 PC 片

第 5 步:摆放模块。

模块按正极一致向外的方式串联摆放。

2)安全、品质注意事项

(1)按标准穿戴劳保用品。

(2)拿取物料必须用双手。

(3)轻拿轻放,避免损坏电池。

(4)不得有异物夹杂在 PC 片和镍片之间。

(5)控制 PC 片及镍片清洁度。

3)安全防护要求

安全防护要求如图 2.2.41 所示。

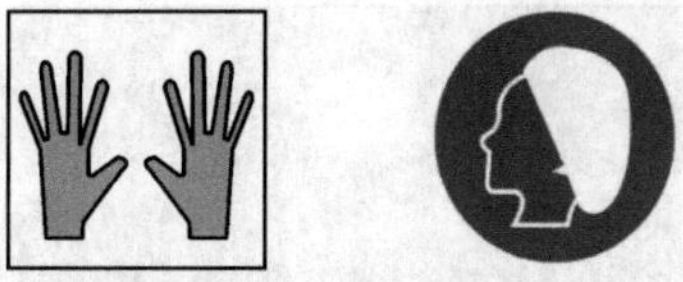

图 2.2.41　安全防护要求（贴 PC 片）

4）自主质量控制

Ⅰ. 上工序流入检查项目

（1）检查镍片是否有翘起未按平整。

（2）检查二维码粘贴位置是否正确。

Ⅱ. 本工序重点检查项目

（1）检查镍片表面是否干净无异物。

（2）模块拼接摆放是否整齐、正确。

（3）摆放模块之间是否有异物夹杂。

Ⅲ. 本工序自检项目

（1）检查两侧 PC 片是否都粘贴到位。

（2）检查模块正负极摆放方向是否正确。

2.2.2　模组总成装配

1. 模组装配

1）工艺步骤

第 1 步：准备（图 2.2.42）。

选用同一档位已检查合格的电池模块，电池模块负极一致朝右，连接片端朝上，从左到右依次摆放。

图 2.2.42　准备

第 2 步：安装绝缘板、螺杆套管（图 2.2.43）。

（1）安装两侧绝缘板。

（2）将螺杆套管插入挡板四角孔位。

图 2.2.43 安装绝缘板、螺杆套管

第 3 步：安装铝板、穿螺杆（图 2.2.44）。

（1）将模组负极一侧铝板安装在螺纹套管上。

（2）从负极端孔穿螺杆（4 根）。

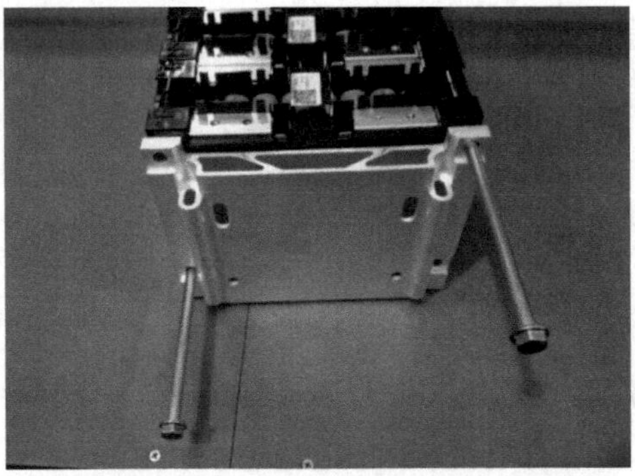

图 2.2.44 安装铝板、穿螺杆

第 4 步：打螺纹胶、安装端板（图 2.2.45）。

（1）打螺纹胶。

（2）在模组正极侧的螺纹端安装铝板。

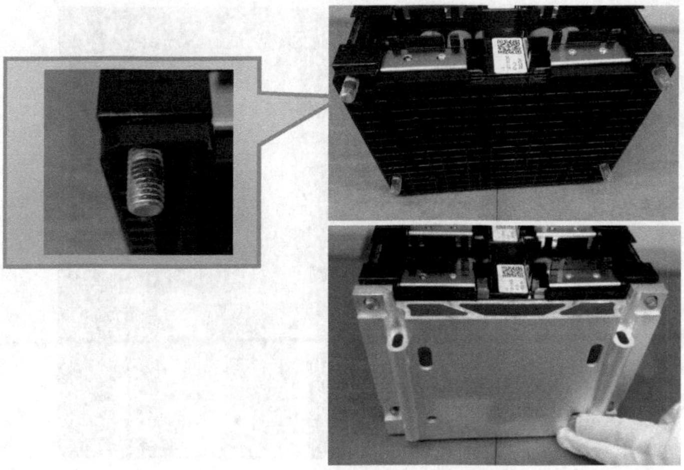

图 2.2.45　打螺纹胶、安装端板

第 5 步：拧入螺母（图 2.2.46）。

在 4 个螺杆上分别拧入 4 颗螺母。

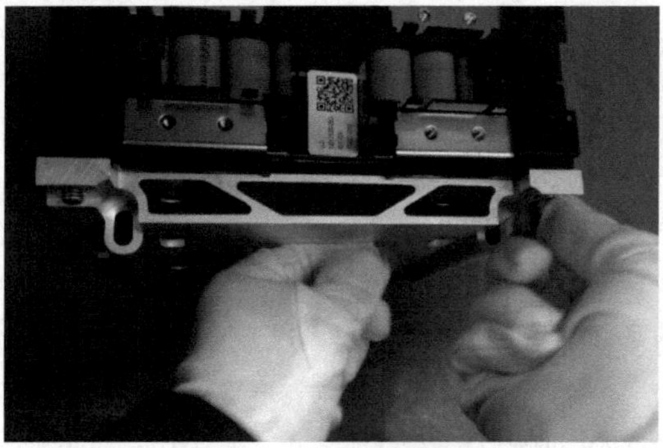

图 2.2.46　拧入螺母

第 6 步：预拧紧螺母。

用充电螺丝刀预拧紧 4 颗螺母。注意：先拧紧底部 2 颗螺母，再拧紧顶部 2 颗螺母。

第 7 步：再拧紧螺母。

用扭力扳手锁紧 M8 螺母，达到要求拧紧力矩 12.0~12.5 N·m。

第 8 步：做标记（图 2.2.47）。

检查 4 颗螺母是否拧到位，确认后用记号笔在螺母处做标记。

注意：规范标记如图 2.2.47 右下角放大图所示。

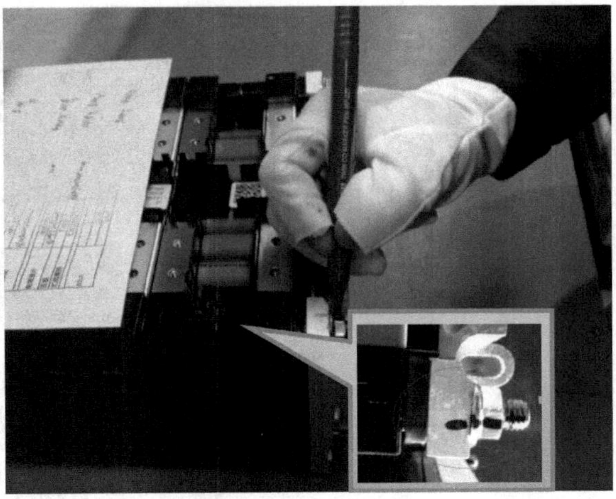

图 2.2.47　规范标记

2）技术标准要求

M8 螺母拧紧力矩为 12.0~12.5 N·m。

3）安全、品质注意事项

（1）按标准穿戴劳保用品。

（2）拿取物料必须用双手，避免掉落。

（3）禁止佩戴任何金属首饰，避免造成模块短路。

（4）扭力扳手的拧紧力矩必须按时校准。

（5）紧固完成并检查合格后用记号笔做标记。

（6）使用的金属工具必须做绝缘保护。

4）安全防护要求

安全防护要求如图 2.2.48 所示。

图 2.2.48　安全防护要求（模组装配）

5）自主质量控制

Ⅰ. 上工序流入检查项目

（1）检查电池模块上的二维码是否清晰。

（2）检查电池模块外观是否完好。

（3）检查导柱的绝缘层是否完好。

（4）检查模块正负极是否摆放正确。

（5）检查螺母和螺杆的型号是否正确。

Ⅱ. 本工序重点检查项目

（1）检查端板是否有异物。

（2）检查模块与模块之间是否卡紧。

（3）确认锁紧螺母拧紧力矩是否达到要求（12.0~12.5 N·m）。

Ⅲ. 本工序自检项目

（1）检查螺杆和端板是否安装。

（2）检查螺纹处是否涂有紧固胶。

（3）锁紧螺母以后用记号笔做标记。

2. 锁连接铜排

1）工艺步骤

第 1 步：取连接铜排。

（1）在备料区取 8 个连接铜排。

（2）检查是否有变形、表面是否有异物，将不良品放置到不良品区域，良品待用。

第 2 步：摆放连接铜排（图 2.2.49）。

分别将 8 个连接片放置到模块与模块之间的正负极镍片连接平台上，连接铜排的孔位与模块镍片连接螺孔对齐。（注意：连接铜排凸面向上）

图 2.2.49　摆放连接铜排

第 3 步：固定连接铜排（图 2.2.50）。

（1）同一电池总成前两个模组按如图 2.2.50 所示方向摆放。

（2）在备料区取 32 颗 M4 × 10 组合十字槽凹穴六角头螺钉。

（3）分别用调试好的电动螺丝刀拧紧 32 个连接片上的螺钉。

（注意：同箱 4 个模组有 2 种不同的连接方式）

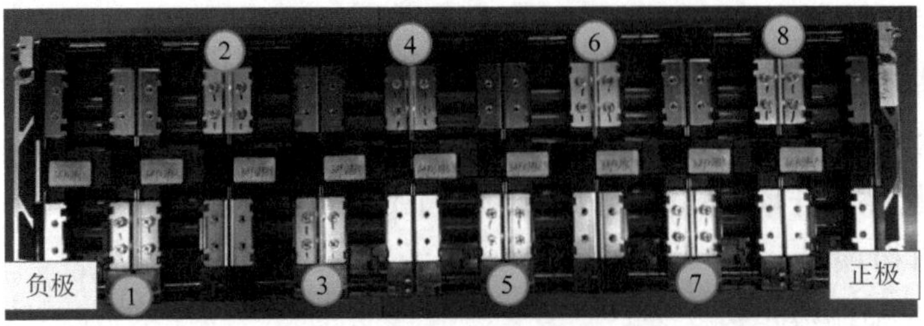

图 2.2.50 固定连接铜排

第 4 步：做标记（图 2.2.51）。

（1）检查确认螺钉固定无异常。

（2）用记号笔给紧好的螺钉做上标记。

图 2.2.51 画线标记

第 5 步：贴模组标签（图 2.2.52）。

在模组两侧板侧面正上方贴二维码标签，用手按压，并自查是否贴到位。

图 2.2.52 贴模组标签

2）技术标准要求

M4 螺母拧紧力矩为 2.00~2.20 N·m。

3）安全、品质注意事项

（1）按标准穿戴劳保用品。

（2）拿取物料必须用双手，避免掉落。

（3）禁止佩戴任何金属首饰，避免造成模块短路。

（4）扭力扳手的拧紧力矩必须按时校准。

（5）紧固完成并检查合格后用记号笔做标记。

（6）使用的金属工具必须做绝缘保护。

4）安全防护要求

安全防护要求如图 2.2.53 所示。

图 2.2.53　安全防护要求（锁连接铜排）

5）自主质量控制

Ⅰ. 上工序流入检查项目

（1）检查电池模块上的二维码是否清晰。

（2）检查电池模块外观是否完好。

（3）检查导柱的绝缘层是否完好。

（4）检查模块正负极是否摆放正确。

（5）检查螺母和螺杆的型号是否正确。

Ⅱ. 本工序重点检查项目

（1）检查端板是否有异物。

（2）检查模块与模块之间是否卡紧。

（3）确认锁紧螺母拧紧力矩是否达到要求（12.0~12.5 N·m）。

Ⅲ. 本工序自检项目

（1）检查螺杆和端板是否安装。

（2）检查螺纹是否涂有紧固胶。

（3）锁紧螺母以后用记号笔做标记。

3. 线末测试二（EOL2）

1）工艺步骤

第 1 步：准备（图 2.2.54）。

打开测试仪电源开关，调到待测试界面，等待测试。

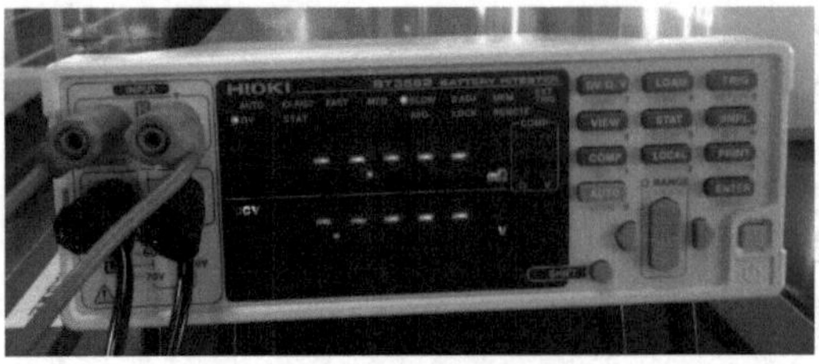

图 2.2.54 准备

第 2 步：测试（图 2.2.55）。

将测试仪的红色测试笔接到模组正极镍片的凸出位置，黑色测试笔接在模组负极镍片的凸出位置，记录测试数据。

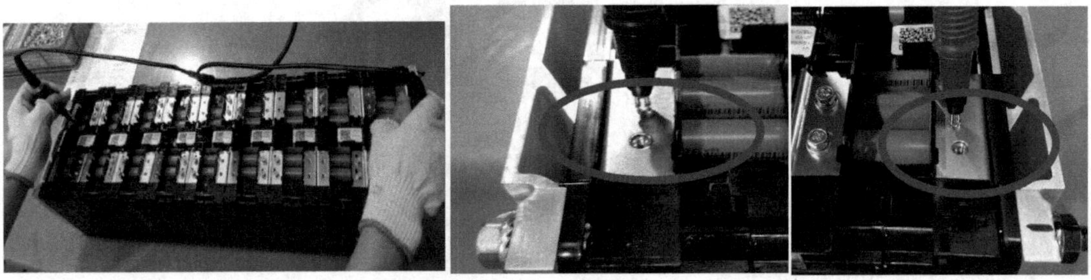

图 2.2.55 测试

第 3 步：记录测试数据（图 2.2.56）。

（1）测出模块的电压和内阻值。

（2）确认测试值是否在技术要求范围内。

（3）将数据记入表单。

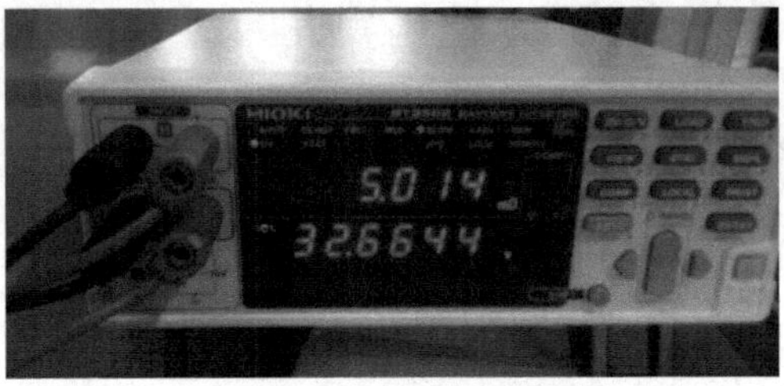

图 2.2.56 记录测试数据

第 4 步：模组放置。

测试完成后将一箱模组暂放于同个周转车。

2）技术标准要求

（1）内阻差≤ 0.36 mΩ。

（2）静态压差≤ 4 mV。

（3）32.58 V< 静态电压 <32.715 V。

（4）5.5 mΩ< 内阻 <6.5 mΩ（对应电芯内阻范围 25~27 mΩ），5.2 mΩ< 内阻 <6.2 mΩ（对

应电芯内阻范围 23~25 mΩ）。

3）安全、品质注意事项

（1）按标准穿戴劳保用品。

（2）拿取物料必须用双手，避免掉落。

（3）使用吊装工装吊装电池模组时一定要轻拿轻放。

（4）在测试过程中一定要避免测试笔短路。

（5）红色测试笔接模组正极端，黑色测试笔接模组负极端。

4）安全防护要求

安全防护要求如图 2.2.57 所示。

图 2.2.57　安全防护要求（线末测试二）

5）自主质量控制

Ⅰ. 上工序流入检查项目

（1）检查电池模组连接片位置是否排布正确。

（2）检查电池模组连接片是否全部拧紧。

（3）检查电池模组是否完好。

（4）检查所有螺钉是否都已做标记。

（5）标签二维码是否贴好。

Ⅱ. 本工序重点检查项目

（1）核算电池模组的电压、内阻值是否在技术要求范围内。

（2）检查测试笔尖是否干净、有无磨损。

Ⅲ. 本工序自检项目

（1）是否进行电压、内阻值确认核算。

（2）是否进行电压、内阻数据记录。

2.2.3　模组装箱

1. 箱体检查

1）工艺步骤

第 1 步：拿取垫板放置到滚筒线箱体检查工位上。

第 2 步：先将箱盖取下放置在箱盖周转车上，确认摆放方向将空箱体摆放在已经摆好的垫板上。

第 3 步：进行箱体检查。检查外观油漆质量、焊接质量、接插件安装孔有无变形、凸焊螺母位置及螺纹有无焊渣、变形。

第 4 步:在箱体右侧安装低压信号线束插座,安装方式如图 2.2.58 所示。

注意:不同号箱体对应的低压信号线束插座不同。例如:1 号箱对应 1 号信号线束。

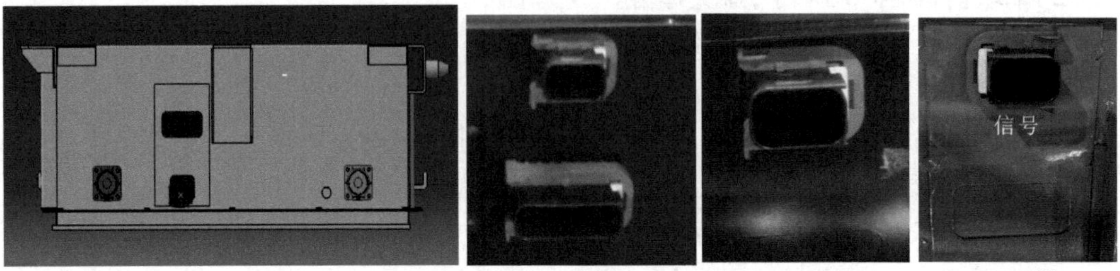

1 号箱 2 号箱 3、4 号箱

图 2.2.58 安装低压信号线束插座

2)安全、品质注意事项

(1)拿放箱体时必须轻拿轻放,避免造成箱体变形和掉漆现象。

(2)在检查箱体时注意别砸到手。

(3)在摆放箱体时注意箱体摆放方向。

(4)在检查外观时发现批量性不良时应立即提出。

(5)不良品箱体禁止上线。

3)自主质量控制

Ⅰ. 上工序流入检查项目

(1)检查箱体外观是否变形。

(2)检查箱体外观是否掉漆。

(3)检查箱体外观是否生锈。

(4)检查信号线束是否破损断裂。

Ⅱ. 本工序重点检查项目

(1)检查箱体方向的摆放是否正确。

(2)检查信号线束对应的箱体是否正确。

Ⅲ. 本工序自检项目

(1)检查垫板是否摆放。

(2)检查需要检查的项目是否都已经检查确认。

2. 装配高低压接插件

1)工艺步骤

第 1 步:正极软铜排预加工,拿取霍尔传感器及正负极软铜排,将铜排按图 2.2.59 所示方向穿入传感器并使用 M4 I 型六角螺母固定(注意:仅有 1 号箱体正极软铜排需加工),拧紧力矩为 1.5~1.6 N·m。

第 2 步:先于 MSD 安装位置打一圈密封胶,再拿取 MSD 插座,并使用 M6 × 16 内六角组合螺钉按顺序固定,拧紧力矩为 6.0~6.2 N·m。

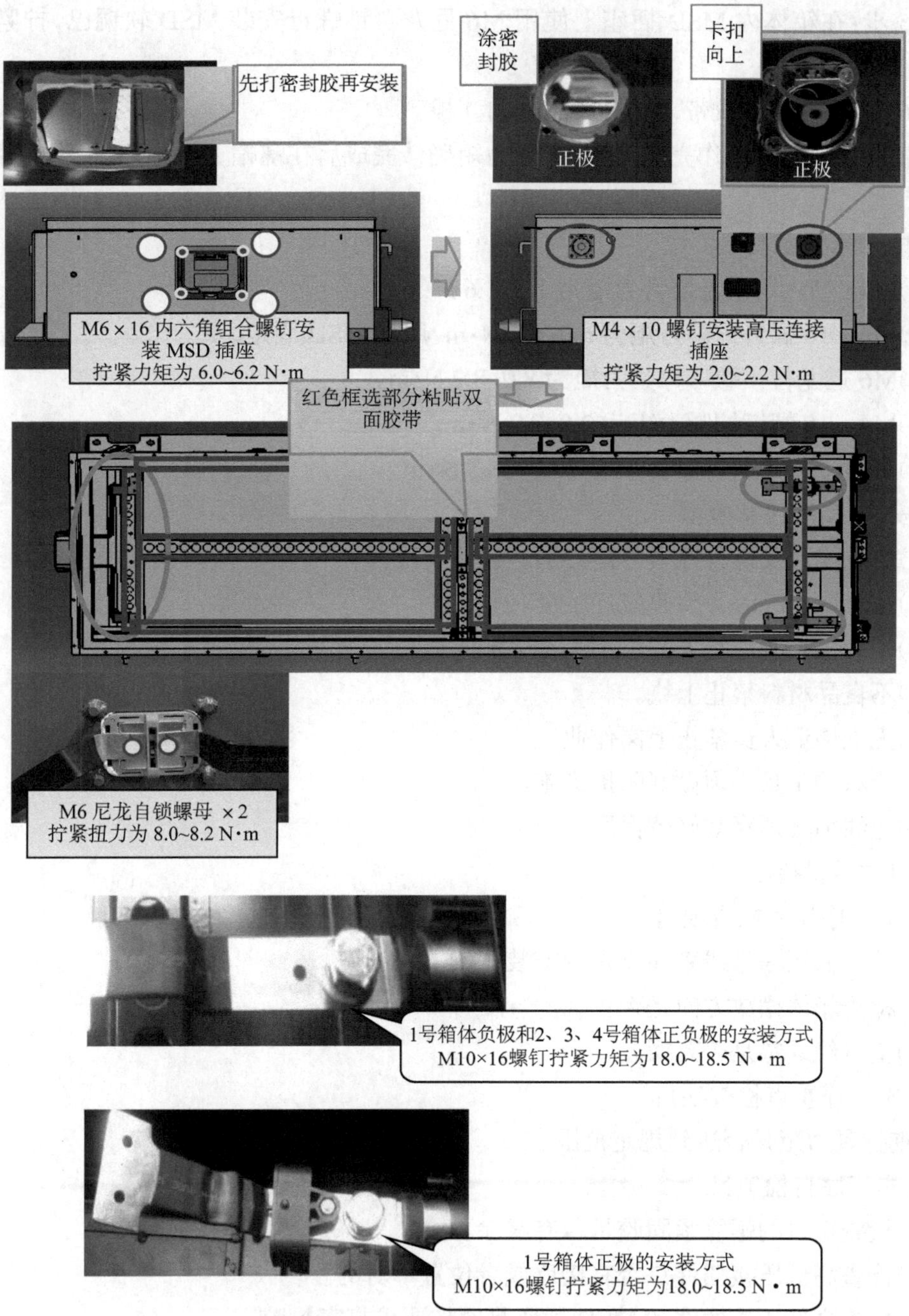

图 2.2.59　1 号箱体正极安装方式

第 3 步：在高压插座安装位置周围打一圈密封胶，把高压插座固定在高压接口处，正极插座芯为红色，负极为黑色（注意：1、2 号箱体为左负右正，3、4 号箱体为左正右负，确认箱体丝印与所安装插座对应）。

第 4 步：先将 M10 × 16 螺钉打上螺纹紧固胶，箱体内高压插座上使用打了螺纹紧固胶的螺钉安装正负极软铜巴，拧紧力矩为 18.0~18.5 N·m。

第5步：在箱体内MSD插座上使用M6尼龙自锁螺母安装MSD软铜巴，拧紧力矩为8.0~8.2 N·M。

第6步：粘贴双面胶带，横向6根，竖向4根。

完成后自检所有操作完成无误，拧紧力矩确认完成后在螺帽上做标记，再将产品推至下一工序。

2）技术标准要求

（1）M4 I型六角螺母拧紧力矩为1.5~1.6 N·m。

（2）M6×16螺钉拧紧力矩为6.0~6.2 N·m，用于MSD固定。

（3）M6尼龙自锁螺母拧紧力矩为8.0~8.2 N·m。

（4）M4×10螺钉拧紧力矩为2.0~2.2 N·m。

（5）M10×16螺钉拧紧力矩为18.0~18.5 N·m。

3）安全、品质注意事项

（1）所有螺母及螺钉拧紧力矩必须达到规定范围。

（2）在拿取材料时必须佩戴好手套。

（3）扭力扳手必须每4 h进行测试校准。

（4）不良品材料禁止上线。

（5）无上岗证人员禁止上岗作业。

（6）所有的工具必须做好防护措施。

（7）上线前必须穿戴好劳保用品。

4）自主质量控制

Ⅰ.上工序流入检查项目

（1）检查低压信号线束插座是否安装正确。

（2）检查箱体摆放方向是否正确。

（3）检查绝缘垫是否有摆放。

Ⅱ.本工序重点检查项目

检查拧紧力矩是否达到规定范围。

Ⅲ.本工序自检项目

（1）检查螺钉的螺纹紧固胶是否有漏涂。

（2）检查高低压接插件是否有接反或者位置不对的。

（3）检查高低压接插件和MSD插座是否按要求打密封胶。

（4）检查是否所有螺帽都做了拧紧力矩确认标记。

（5）检查各个接插件是否有漏装、错装。

3. 模组装箱

1）工艺步骤

第1步：安装CSC和BMU支架。

将CSC和BMU（1号箱体）分别安装于相应的支架上。

第 2 步：安装 CSC。

（1）将安装完支架的 2 个 CSC 依照螺纹孔位置安装于电池箱体中段（拧紧力矩控制在 2.0~2.2 N·m）。

（2）用记号笔在螺帽处做拧紧力矩确认标记。

第 3 步：模组入箱（图 2.2.60）。

使用悬臂吊将模组按图 2.2.60 中所示极性放入电池总成箱体中（1、2 号箱体及 3、4 号箱体安装极性分别如图 2.2.60 所示，严禁放反）。

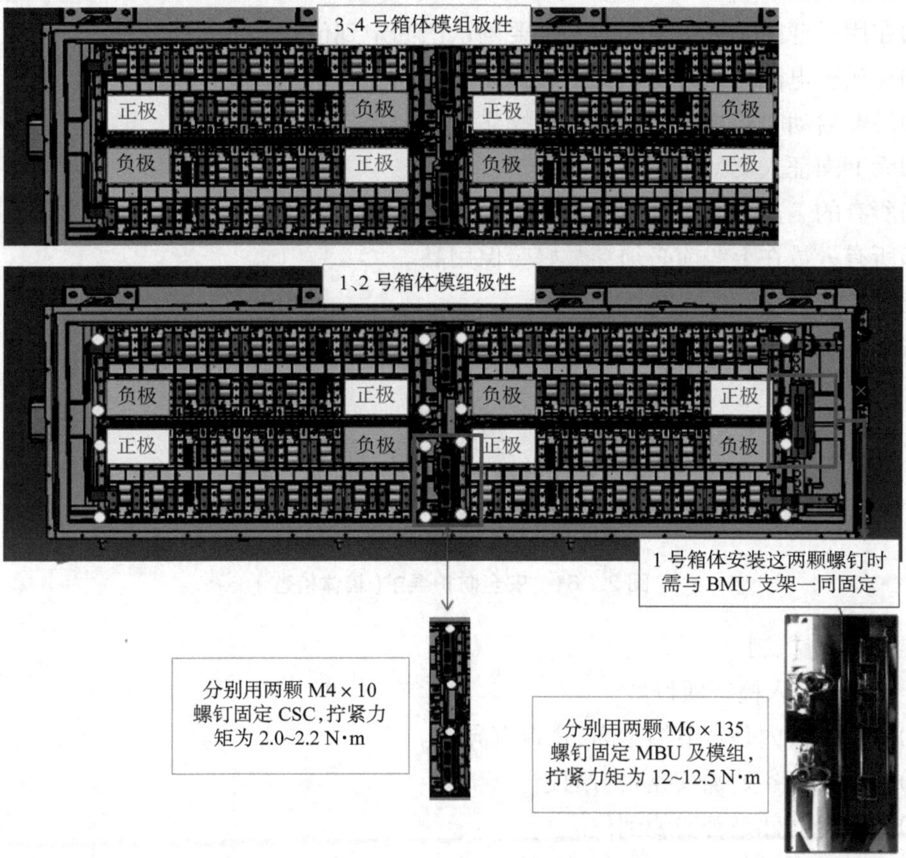

图 2.2.60　模组入箱

第 4 步：安装螺钉。

（1）拿取 M6 × 135 螺钉，螺钉头部 10 mm 范围内涂上紧固胶。

（2）将螺钉插入已对位到位的模组通孔内，再用充电螺丝刀预拧紧，拧紧顺序采用对角拧紧的方式。

（3）再使用扭力扳手拧紧到位，拧紧力矩范围控制在 12~12.5 N · m，拧紧顺序采用对角拧紧的方式。

第 5 步：自检确认。

（1）确认所有部件安装到位。

(2)确认拧紧力矩后在螺帽上做标记，再将产品推至下一工序。

2)技术标准要求

(1)M4×10 十字槽沉头螺钉拧紧力矩为 2.0~2.2 N·m。

(2)M6×135 螺钉拧紧力矩为 12~12.5 N·m。

3)安全、品质注意事项

(1)不良品材料禁止上线。

(2)所有螺钉拧紧力矩必须达到技术标准要求范围。

(3)扭力扳手必须每 4 h 进行一次测试校准。

(4)在用吊臂固定模组两端时一定要确认已固定到位。

(5)在放置电池模组时要确认正负极摆放方向。

(6)吊臂启动时必须确保作业范围操作安全和其他人员安全。

(7)无上岗证人员禁止上岗作业。

(8)所有的工具必须做好防护措施。

(9)所有人员在上线前必须穿戴好劳保用品。

4)安全防护要求

安全防护要求如图 2.2.61 所示。

图 2.2.61　安全防护要求(箱体检查)

5)自主质量控制

Ⅰ. 上工序流入检查项目

(1)检查箱体内是否清洁干净、是否有异物。

(2)检查贴胶条处螺纹孔是否通透。

(3)检查各插件是否安装到位。

Ⅱ. 本工序重点检查项目

(1)检查所有螺钉拧紧力矩是否在规定范围内。

(2)检查所有螺钉的螺纹紧固胶是否有漏涂。

(3)检查模组正负极方向是否正确。

Ⅲ. 本工序自检项目

(1)检查模组位置是否正确。

(2)检查螺钉是否有漏锁。

(3)检查 CSC 和 BMU(1 号箱体)是否安装到位。

(4)检查所有螺钉是否做了拧紧力矩确认标记。

4. 安装 CSC 和 BMU 组件

1)工艺步骤

第 1 步:安装 CSC 盒(图 2.2.62)。

将 CSC 盒用 12 个 M3×6 十字沉头螺钉固定在 CSC 背部支架上,拧紧力矩为 1.0~1.1 N·m。

图 2.2.62　安装 CSC 盒

第 2 步:安装 BMU 盒(图 2.2.63)。

将 BMU 盒子用 4 个 M3×6 十字沉头螺钉固定在 BMU 背部支架上,拧紧力矩为 1.0~1.1 N·m。

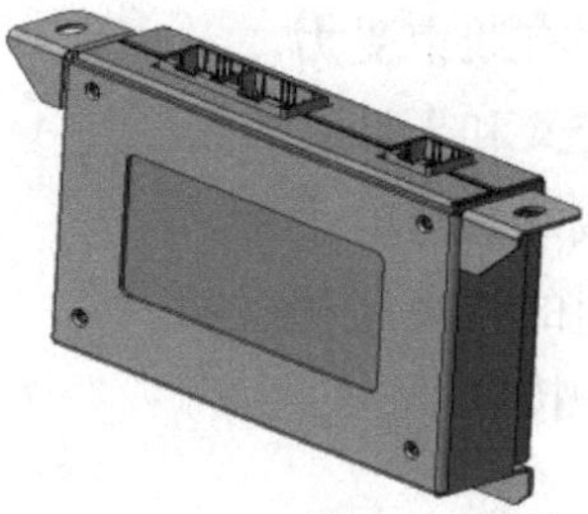

图 2.2.63　安装 BMU 盒

第 3 步:安装 CSC 组件。

用 4 个 M5×16 组合十字槽凹穴六角头螺栓将 CSC 组件固定到箱体上,拧紧力矩为 5.0~5.2 N·m。

第 4 步:安装 BMU 组件(1 号箱体(图 2.2.64))。

(1)用 2 个 M5×16 组合十字槽凹穴六角头螺栓将 BMU 组件固定到箱体上,拧紧力矩为 5.0~5.2 N·m。

(2)安装完成后,连接好相应的低压线束,最后用扎带固定。

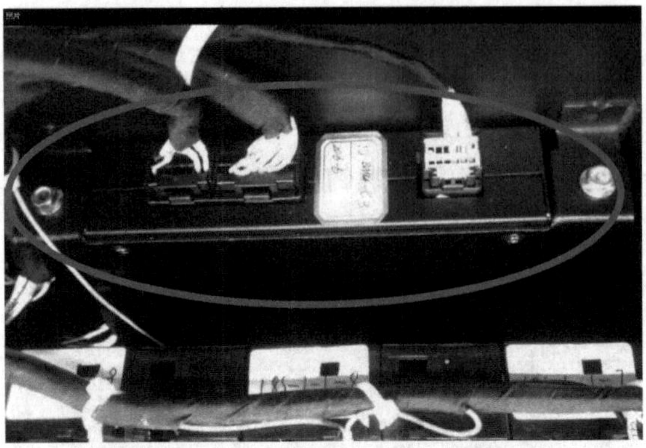

图 2.2.64　安装 BMU 组件（1 号箱体）

2）技术标准要求

（1）M3×6 螺钉拧紧力矩为 1.0~1.1 N·m。

（2）M5×16 螺栓拧紧力矩为 5.0~5.2 N·m。

3）安全、品质注意事项

（1）在整理或固定线束时不要有线束受力。

（2）注意整理线束时不要有交叉和干涉。

（3）在拿取测试版时必须要戴好防静电手套。

（4）在整理线束时不能使模组的正负极相碰触。

（5）所有的工具必须做好防护措施。

4）安全防护要求

安全防护要求如图 2.2.65 所示。

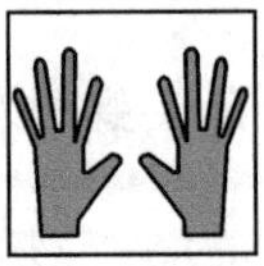

戴手套

图 2.2.65　安全防护要求（安装 CSC 和 BMU 组件）

5）自主质量控制

Ⅰ. 上工序流入检查项目

（1）检查 OT 端子头部平面较大的一侧是否是朝下放置。

（2）检查固定的端子是否有松动。

（3）检查采集线锁的位置是否正确。

Ⅱ. 本工序重点检查项目

（1）检查线束整理的位置是否正确。

（2）检查线束是否有交叉。

（3）检查测试线束的测试版本是否正确。

Ⅲ. 本工序自检项目

（1）检查线束是否有交叉。

（2）检查线束整理的位置是否正确。

（3）检查所有的线束是否都有捆扎。

5. 装线束

1）工艺步骤

第 1 步：来料检查。

拿取采集线束并确认采集线束无脱皮、断裂等异常。

第 2 步：排布线束（图 2.2.66）。

（1）按图 2.2.66 所示位置将 4 根采集线摆放到位。

（2）确认采集线摆放位置是否正确。

注意：①采集线尾端 OT 端子头部红色对应模组靠箱体两端负极；②采集线尾端 OT 端子头部蓝色对应模组靠箱体两端正极。

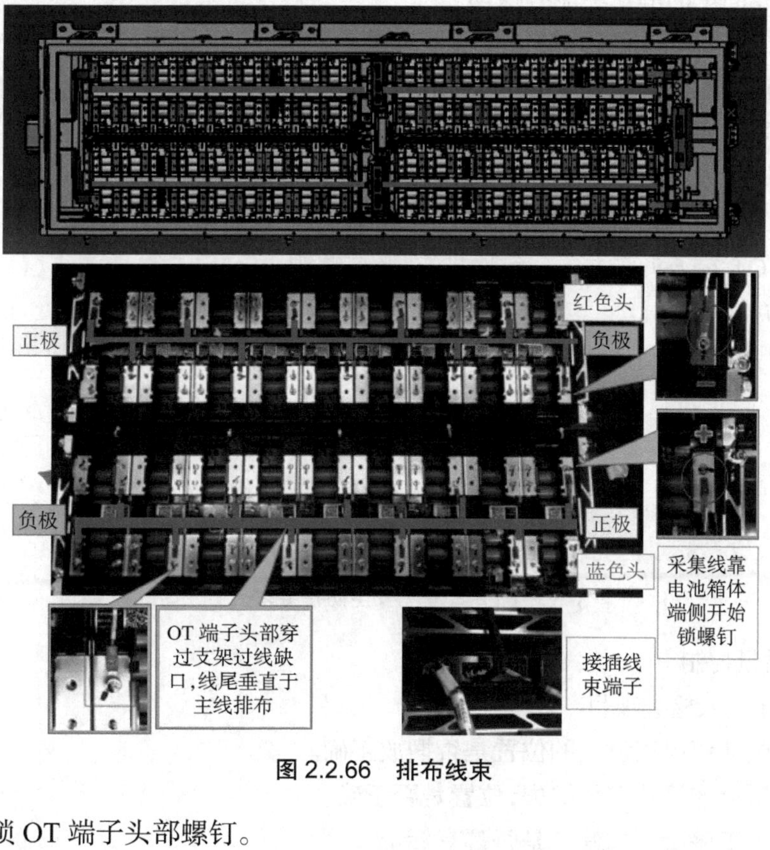

图 2.2.66　排布线束

第 3 步：锁 OT 端子头部螺钉。

（1）OT 端子头部平面侧朝下，OT 端子头部线沿支架缺口拉直与主线成垂直排布处连接端子朝 CSC 位置。

（2）按图 2.2.66 用 M4 × 10 组合十字槽凹穴六角头螺钉从靠箱体两端处开始将 OT 端子头部固定于模块铜排上，拧紧力矩为 2.0~2.2 N·m。

（3）确认 OT 端子头部安装位置是否正确，方向一致整齐美观。

第 4 步：接插线束。

（1）确认线束排布位置是否正确。

（2）将线束端子插入相对应的 CSC 盒中。

（3）确认是否接插到位。

第 5 步：自检确认。

（1）确认所有部件安装到位。

（2）确认拧紧力矩后在螺帽上用记号笔做标记，再将产品推至下一工序。

质量隐患注明：采集线位置摆放错误、连接错误会导致 CSC 电路板烧坏。

2）技术标准要求

M4 × 10 螺钉拧紧力矩为 2.0~2.2 N·m。

3）安全、品质注意事项

（1）拧紧力矩必须达到规定的范围。

（2）采集线固定的端子不能有松动。

（3）OT 端子头部平面较大的一侧朝下放置。

（4）电动扭力扳手必须每 4 h 进行测试校准。

（5）确保采集线排布正确和接插正确。

（6）无上岗证人员禁止上岗作业。

（7）所有的工具必须做好防护措施。

（8）确保 OT 端子头部方向一致性排布，整齐美观。

4）安全防护要求

安全防护要求如图 2.2.67 所示。

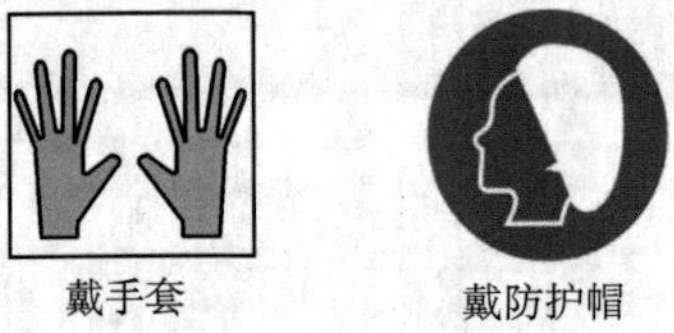

图 2.2.67 安全防护要求

5）自主质量控制

Ⅰ. 上工序流入检查项目

（1）检查电池模组正负极的位置是否摆放正确。

（2）检查所有连接片有无缺失，位置是否正确。

（3）检查上工序所有的螺钉是否都有标记。

（4）检查箱体内部是否有螺钉掉入。

Ⅱ. 本工序重点检查项目

（1）检查螺钉拧紧力矩是否在规定的范围。

(2)检查采集线排布位置是否正确。

Ⅲ. 本工序自检项目

(1)检查采集线排布位置是否正确。

(2)检查 OT 端子头部安装位置是否正确。

(3)检查 OT 端子头部平面较大的一侧是否朝下放置。

(4)检查 OT 端子头部安装方向是否一致,整齐美观。

(5)检查固定的端子是否有松动。

(6)螺帽是否用记号笔做标记。

6. 整理线束

工艺步骤如下。

第 1 步:整理线束。

采用“横直竖直”原则,保证线束拉直排布、整齐美观。

第 2 步:捆扎带(图 2.2.68)。

用扎带将采集线束固定于模块固定位置,并拉紧扎带。

注意:1 根采集线束捆扎 5 个点位。

第 3 步:涂导热硅胶(图 2.2.69)。

将热敏电阻用导热硅胶固定于模块电芯表面。

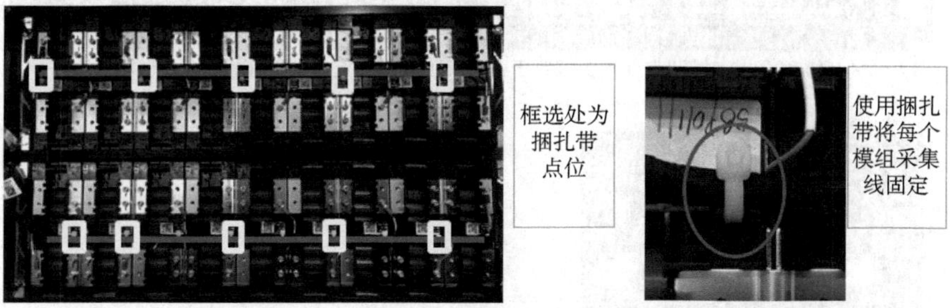

图 2.2.68　捆扎带

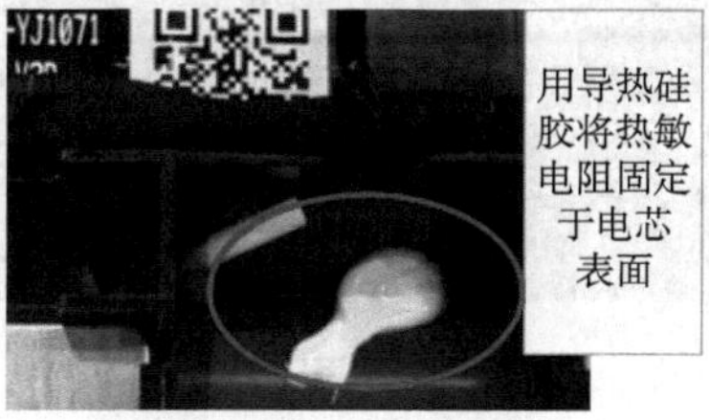

图 2.2.69　涂导热硅胶

第 4 步:自检确认。

确认操作完成,各导线固定好后,再将产品推至下一工序。

7. 连接电池模组

1）工艺步骤

第 1 步：贴 PC 片。

在靠近 MSD 接插件端铝板上粘贴 PC 片。

第 2 步：固定软铜巴（图 2.2.70）。

使用 M4 × 10 组合十字槽凹穴六角头螺钉于图 2.2.70 所示位置固定软铜巴连接模组（注意中间软铜巴折弯位置朝下安装）。

第 3 步：确认划线标记。

确认拧紧力矩后在螺帽上用记号笔做标记。

第 4 步：安装绝缘盖。

（1）整理安装绝缘盖位置处线束，防止压破线束，造成漏电隐患。

（2）确认不会压到线束后在电池模块上安装绝缘盖。

图 2.2.70　固定软铜巴

第 5 步：自检确认。

确认操作完成，各绝缘盖安装好后，再将产品推至下一工序。

2）技术标准要求

M4 × 10 螺钉拧紧力矩为 2.0~2.2 N·m。

3)安全、品质注意事项

(1)注意软铜巴位置不可连错。

(2)所有的工具必须做好防护措施。

(3)中间连接软铜巴须朝下安装。

(4)安装绝缘盖不得压到采集线束。

(5)严禁绝缘盖压到采集线,采集线被压变形存在漏电隐患。

(6)贴 PC 片是为防止软铜巴与铝板磨损接触漏电。

4)安全防护要求

安全防护要求如图 2.2.71 所示。

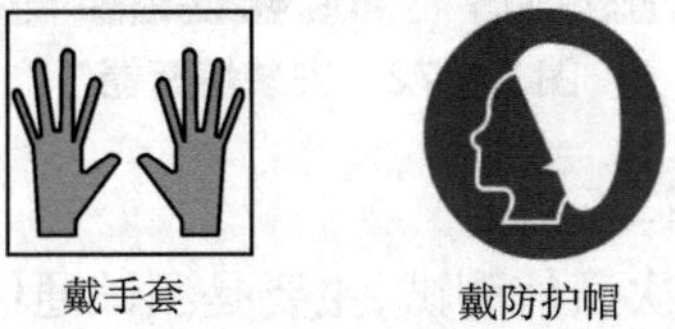

图 2.2.71　安全防护要求(连接电池模组)

5)自主质量控制

Ⅰ. 上工序流入检查项目

(1)检查热敏线是否固定好。

(2)检查线束固定位置是否正确。

Ⅱ. 本工序重点检查项目

检查螺钉拧紧力矩是否在规定的范围。

Ⅲ. 本工序自检项目

(1)检查软铜巴安装位置是否正确。

(2)检查中间连接软铜巴是否朝下安装。

(3)检查 PC 片是否粘贴并粘贴到位。

8. 线末测试

1)工艺步骤

第 1 步:安装熔断器(图 2.2.72)。

确认连接无异常,再插入 MSD,准备测试。

图 2.2.72 安装熔断器

第 2 步:一次通信测试(图 2.2.73)。

启动通信测试软件,进行一次通信测试,主要是测试通信是否正常。

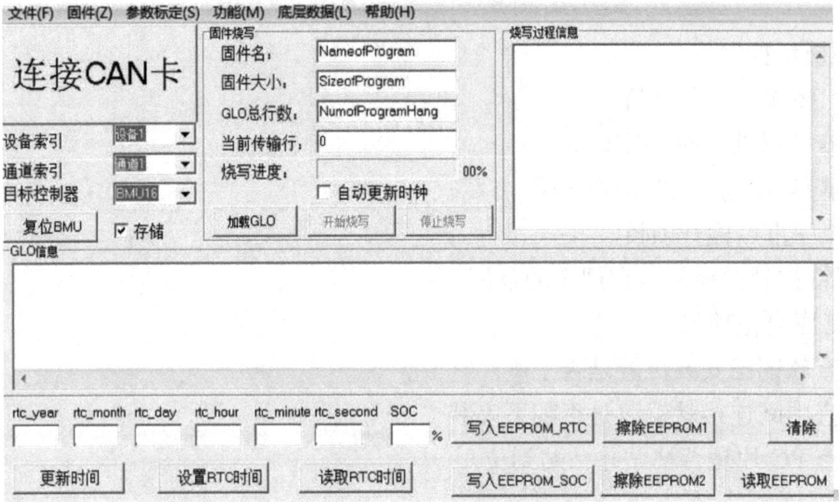

图 2.2.73 一次通信测试

第 3 步:测试电压内阻(图 2.2.74)。

(1)打开测试仪电源开关,调到待测试界面,等待测试。

(2)将测试仪表笔插在电池总成总正及总负上测试电压及内阻,将测试数值记录于流程卡中。

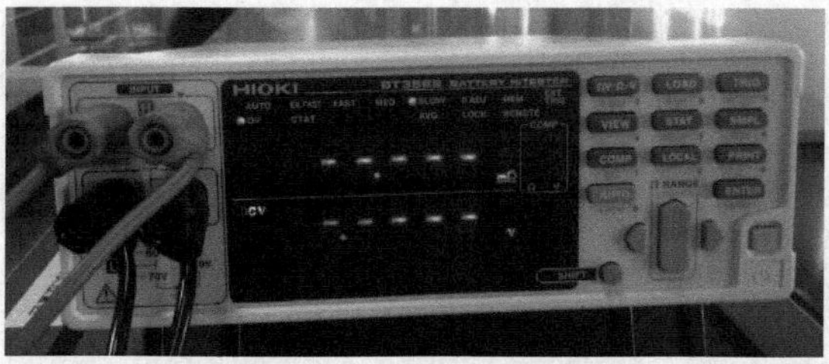

图 2.2.74　测试电压内阻

第 4 步：绝缘测试仪设置（图 2.2.75）。

开启绝缘测试仪，设置测试电压为 1 000 V，测试时间为 2 s，绝缘电阻设置为 20 MΩ，判定测试值≥ 20 MΩ。

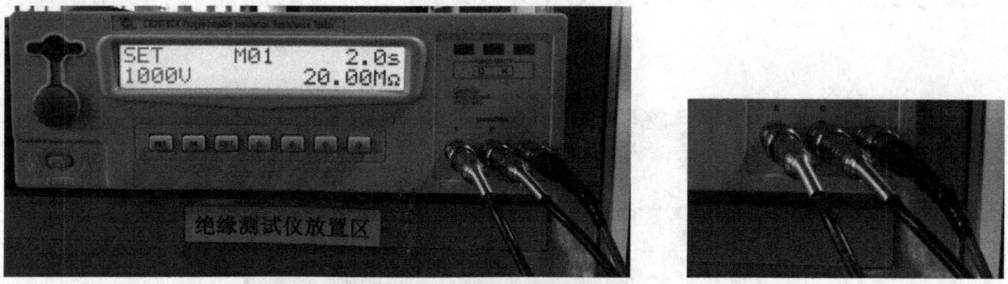

图 2.2.75　绝缘测试仪设置

第 5 步：正极绝缘电阻测试（图 2.2.76）。

戴绝缘手套，将 L（红色）测试夹固定于电池总正螺钉位置，E（黑色）测试夹固定于电池总成接地位置，确认接触良好。

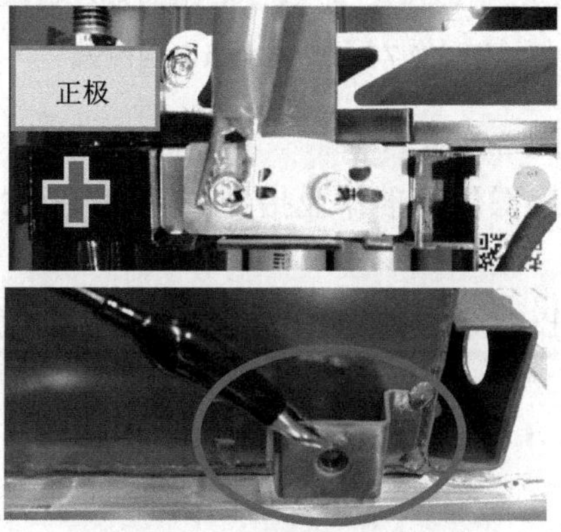

图 2.2.76　正极绝缘电阻测试

第 6 步：测量绝缘电阻值（图 2.2.77）。

戴绝缘手套，按下绿色按钮开始测试，直至测试仪左上角提示 PASS 字样时，完成测试，记录绝缘电阻值。（注意：高压测试过程中严禁触摸电池总成箱体任何位置）

图 2.2.77 测量绝缘电阻值

第 7 步:负极绝缘电阻测试(图 2.2.78)。

戴绝缘手套,将 L(红色)测试夹固定于电池总负螺钉位置,E 测试夹固定于电池总成接地位置,确认接触良好,重复第 6 步,完成对负极绝缘电阻值的测量,并将测量结果记入流程卡中。

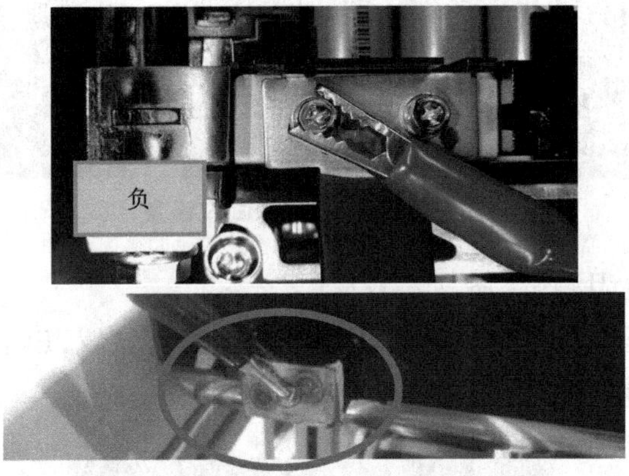

图 2.2.78 负极绝缘电阻测试

第 8 步:二次通信测试(图 2.2.79)。

(1)按照《EOL3 测试程序操作标准作业指导书》操作步骤,进行二次通信测试,并记录下测试数据。

(2)完成后将熔断器取出,跟箱体一起推至下一工序,若检测不合格则对不合格品进行原因排查。

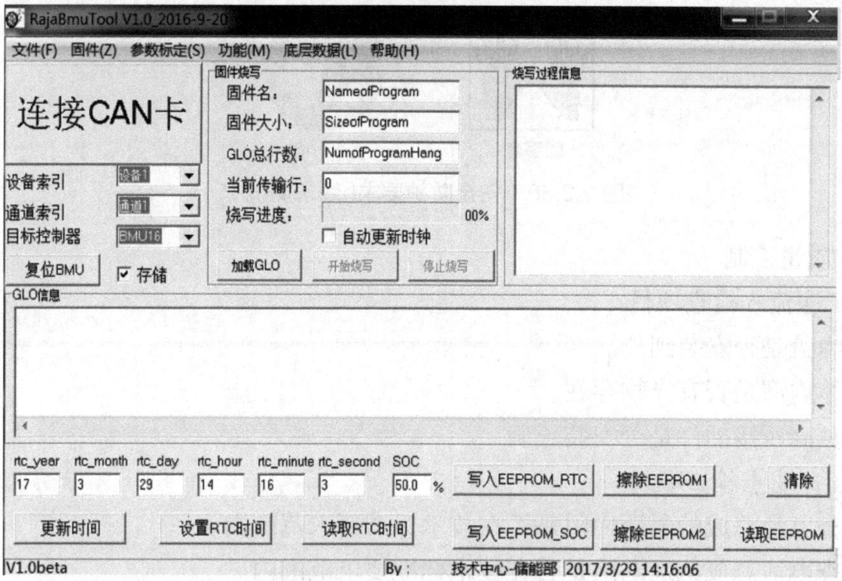

图 2.2.79　二次通信测试

第 9 步：安装箱盖。

(1)在箱盖周转车上取下对应编号的箱盖。

(2)将箱盖安装到箱体上。

(3)调整箱盖位置使箱体盖螺钉孔对齐。

(4)使用 M4×10 组合十字槽凹穴六角头螺钉，先对角定位锁两颗螺钉后依次拧入所有螺钉。

(5)确认所有螺钉拧入到位后，在螺钉头部用记号笔做标记。

2)技术标准要求

(1)绝缘电阻 1 000 V 电压下的电阻值≥ 20 MΩ。

(2)130.32 V< 静态电压 < 130.86 V。

(3)20 mΩ< 内阻 < 30 mΩ。

(4)单体压差≤ 4 mV。

(5)单体温差≤ 3 ℃。

(6)M4×10 螺钉拧紧力矩为 2.0~2.2 N·m。

3)安全、品质注意事项

(1)测试参数不合格产品严禁流入下一工序。

(2)所有的记录数据必须能够一一对应。

(3)电池总成的绝缘电阻≥ 20 MΩ。

4)安全防护要求

安全防护要求如图 2.2.80 所示。

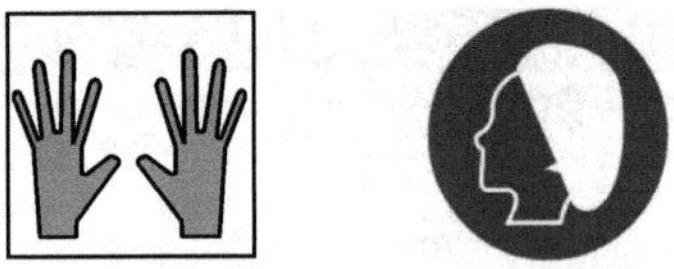

图 2.2.80 安全防护要求(线末测试)

5)自主质量控制

Ⅰ.上工序流入检查项目

(1)绝缘盖是否安装到位。

(2)箱体内部是否有异物存在。

(3)正负高压接插件是否安装正确。

Ⅱ.本工序重点检查项目

(1)检查电池总成的电压内阻是否在技术标准要求范围内。

(2)检查电池总成绝缘电阻是否在技术标准要求范围内。

Ⅲ.本工序自检项目

检查所有的记录与跟踪流程单上数据是否记录完成。

2.2.4 电池总成测试

1.功能测试

1)工艺步骤

第 1 步:测试单体电压。

(1)来料检查。

(2)确认无异常后安装 MSD。

(3)用万用表测试单体电压。

(4)将测试数据填写到流程卡相应位置。

(5)断开 MSD。

第 2 步:测试总电压(图 2.2.81)。

(1)按图 2.2.81 连接箱间高压连接线。

(2)连接绝缘连接线。

(3)确认无异常后依次安装上 4 个箱体的 MSD。

(4)用万用表测试总电压;

(5)记录下测试数据。

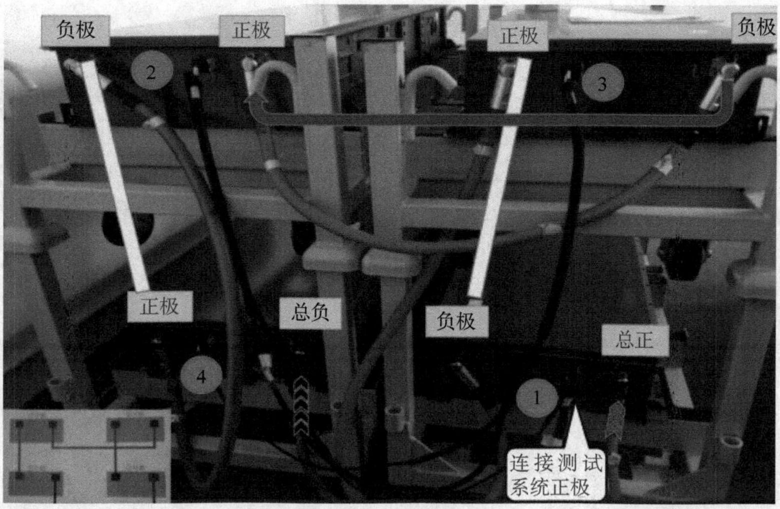

图 2.2.81　测试总电压

第 3 步:总成绝缘、耐压测试(图 2.2.82)。

(1)连接绝缘测试探针。

(2)测试总正对地绝缘电阻(使用 1 000 V),记录下测试数据。

(3)测试总负对地绝缘电阻(使用 1 000 V),记录下测试数据。

(4)系统耐压测试(通 1 000 V 直流电 5 s,漏电流 <1 mA),记录下测试数据。

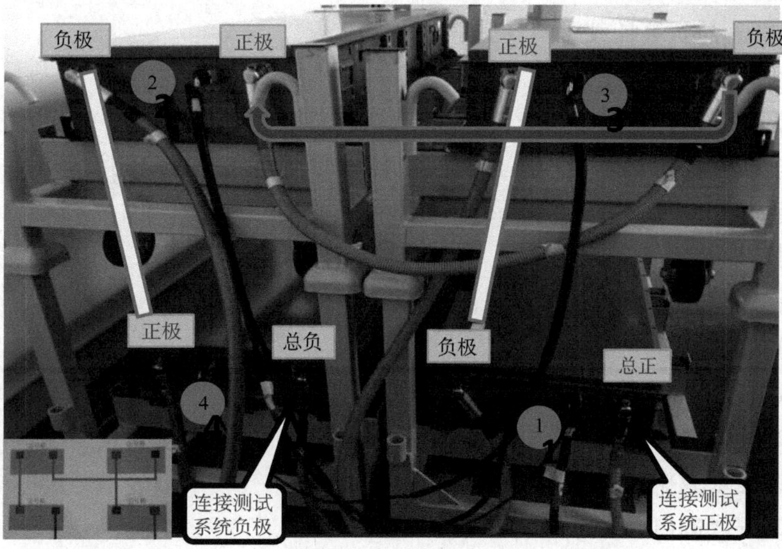

图 2.2.82　总成绝缘、耐压测试

第 4 步:连接通信线束(图 2.2.83)。

(1)断开 MSD。

(2)取下箱体绝缘连接线。

(3)按图 2.2.83 连接通信线束。

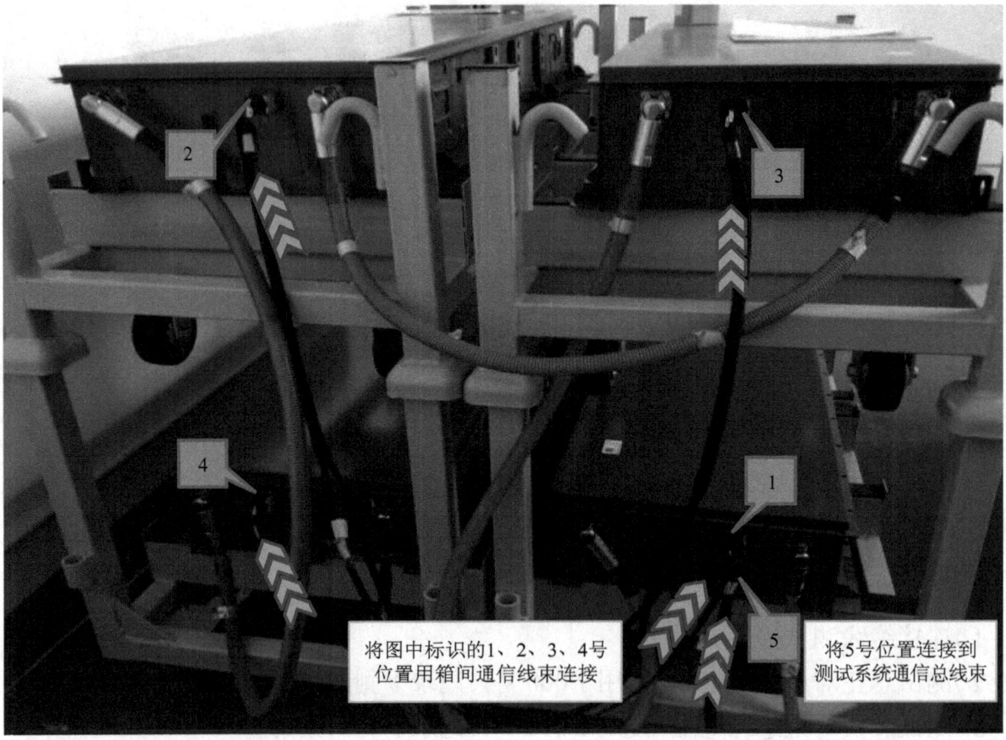

图 2.2.83 连接通信线束

第 5 步:连接总电源线。

(1)连接总正、总负高压线。

(2)检查所有连接线束是否正确。

(3)确认无误,安装 MSD。

(4)记下连接设备的号码(注意:启动测试软件时需要选择对应的设备)。

第 6 步:启动测试系统并跟踪记录。

(1)启动测试系统。

(2)测试完成后,确认 SOC 在合格范围内。

(3)导出测试数据。

(4)关闭、断开 BMU 程序上的电源及继电器。

(5)依次断开电池总成 MSD,总正、总负高压线,通信线,高压线束。

(6)整理并记录数据,完善流程卡。

(7)将测试完成的电池总成转运至暂存区。

2)技术标准要求

(1)初始单体电压为 130~130.68 V。

(2)初始系统总电压为 520~522.72 V。

(3)绝缘测试(条件为常温,湿度≥ 85%,1 000 V)绝缘电阻 >20 MΩ。

(4)系统耐压测试(条件为通小于 1 000 V 的直流电 5 s)漏电流 <1 mA。

(5)60% ≤ SOC ≤ 80%。

3）安全、品质注意事项

（1）必须按标准穿戴安全防护用品。

（2）必须在断开 MSD 情况下进行线束连接操作。

（3）操作范围内保持干净，不能有任何金属物、纸屑、线头等杂物。

4）自主质量控制

Ⅰ.上工序流入检查项目

（1）检查箱体外观是否有变形生锈。

（2）检查螺钉、铭牌、流程卡、MSD 是否完整。

（3）检查电池总成编号是否完整，箱体摆放顺序是否正确。

（4）禁止非本岗位人员进行操作。

Ⅱ.本工序重点检查项目

（1）检查单体电压是否在合格范围内。

（2）检查总电压是否在合格范围内。

（3）检查绝缘电阻是否在合格范围内。

（4）实时监控电池测试中的温度状态。

（5）检查电池容量是否在合格范围内。

（6）检查电池单体压差是否在合格范围内。

Ⅲ.本工序自检项目

（1）确认开班前是否进行设备点检。

（2）确认是否进行来料检查。

（3）检查线束是否连接正确。

（4）确认是否进行单体电压测试、总电压测试、漏电绝缘测试。

（5）确认是否按要求进行测试记录。

2. 气密性测试

1）工艺步骤

第 1 步：插高压线、信号线（图 2.2.84）。

插正负极高压线、信号线接头。

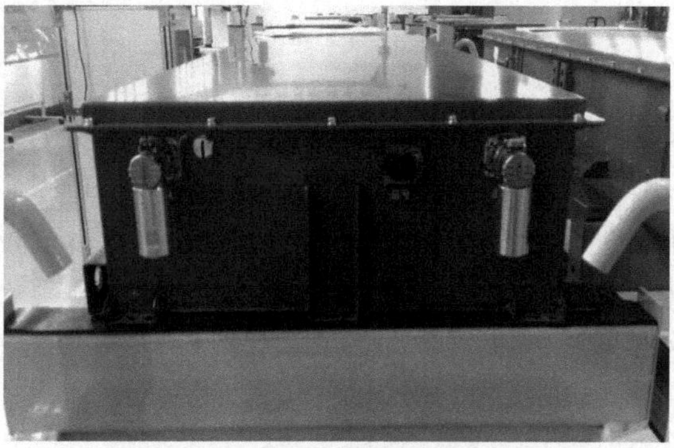

图 2.2.84　插高压线、信号线

第 2 步：安装吸铁接气头（图 2.2.85）。

双手紧握吸铁接气头，对准接气孔吸装到位（注意：吸铁磁性较强，小心碰伤箱体油漆面）。

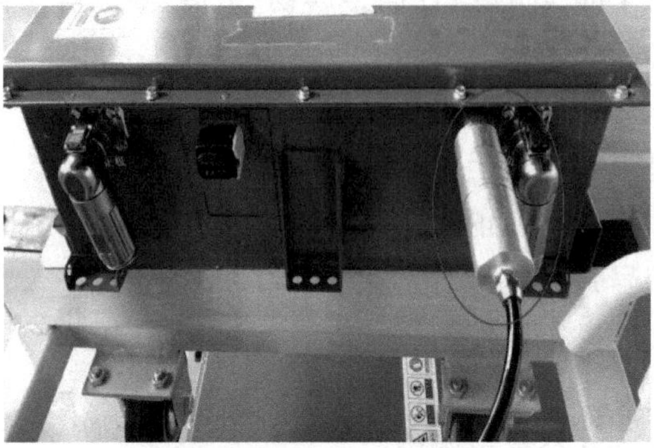

图 2.2.85 安装吸铁接气头

第 3 步：安装 MSD（图 2.2.86）。

确认连接无异常，再插入 MSD，准备测试。

图 2.2.86 安装 MSD

第 4 步：调入程序。

选择相应产品型号气密性测试程序进行调入。

第 5 步：启动测试程序。

确认无异常，按下检测按钮。

第 6 步：保压等待记录结果。

待保压测试状态显示结束时，确认结果显示是否合格，并在跟踪单相应位置进行结果填写，如不合格反馈给班组长进行处理。

第 7 步：断开 MSD（图 2.2.87）。

（1）切断熔断器 MSD。

（2）拔正负高压线、信号线接头。

图 2.2.87　断开 MSD

第 8 步:安装防爆阀(图 2.2.88)。
(1)拔充气管。
(2)拆卸下快插直通接气头。
(3)安装防爆阀,拧紧力矩为 3.0~3.2 N·m。
(4)在正负高压接头处装绝缘防尘盖。

图 2.2.88　安装防爆阀

2)技术标准要求
(1)防爆阀拧紧力矩为 3.0~3.2 N·m。
(2)气密标准为压降≤ 40 Pa。
3)安全、品质注意事项
高压作业,注意做好安全防护。
4)安全防护要求
安全防护要求如图 2.2.89 所示。

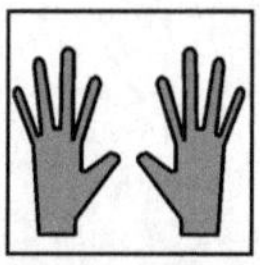

绝缘手套

图 2.2.89　安全防护要求(气密性测试)

3. 通信测试

1)工艺步骤

第 1 步:安装通信测试线束。

(1)确认电池总成箱体摆放顺序正确并连接通信线束,如图 2.2.90 所示。

(2)USB 接口插于电脑 USB 接口处。

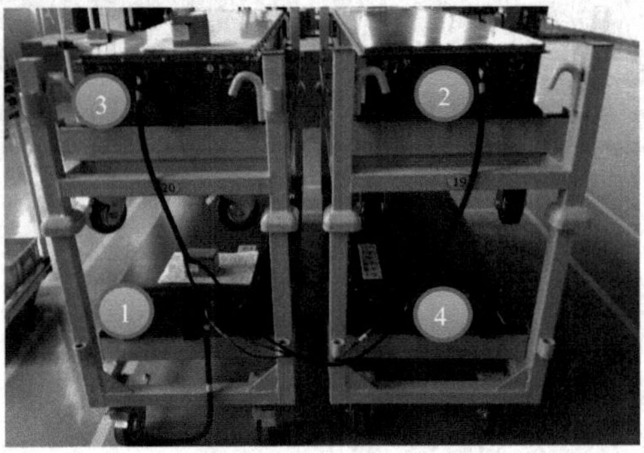

图 2.2.90 电池总成箱体顺序图

第 2 步:打开 BMS 测试程序。

(1)进入通信测试主程序。

(2)连接 CAN 卡。

第 3 步:复核 BMS 版本。

对照技术标准要求栏里 BMS 地址对显示版本进行复核。

第 4 步:查看底层数据及 CSC,如图 2.2.91 所示。

(1)点击菜单栏"底层数据"按钮。

(2)点击底层数据进入"CSC"界面,查看底层数据及 CSC,静候 2 min,至数据波动状态无异常。

(3)点击"整车(CAN(A))",进入整车 CAN 数据界面,查看电池容量 SOC 值。

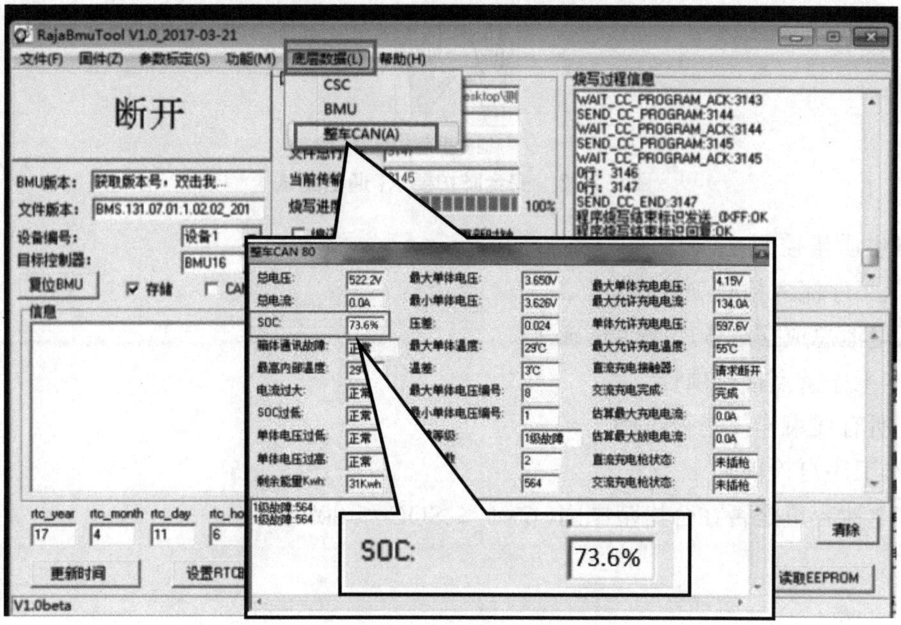

图 2.2.91　查看底层数据及 CSC

第 5 步：关闭 BMS 程序软件、断开通信线连接，如图 2.2.92 所示。

（1）点击“断开”并关闭 BMS 程序软件。

（2）拆卸通信测试线束，通信测试完成。

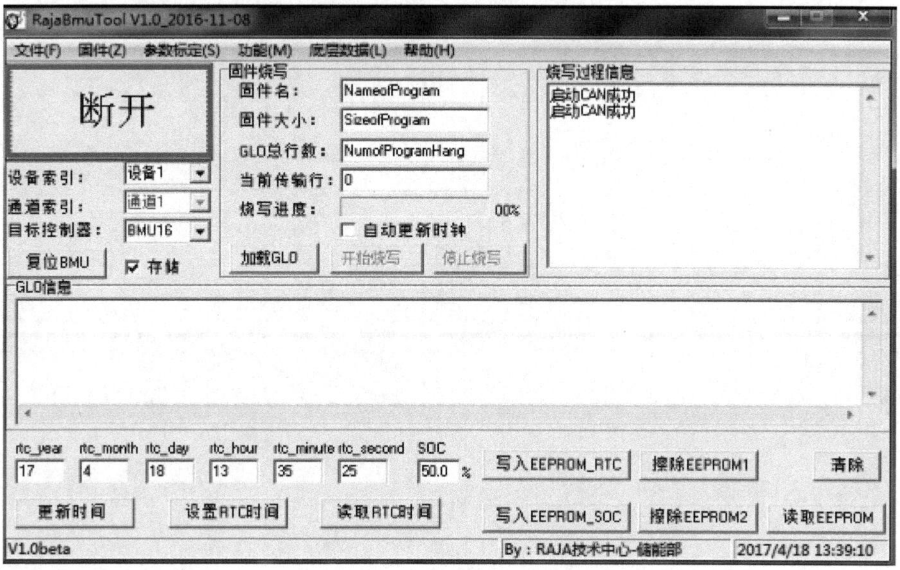

图 2.2.92　断开 BMS 测试

2）安全防护要求

安全防护要求如图 2.2.93 所示。

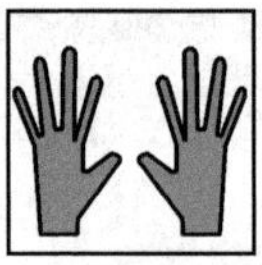

图 2.2.93　安全防护要求(通信测试)

3)自主质量控制

Ⅰ.上工序流入检查项目

确认电池总成摆放顺序是否正确。

Ⅱ.本工序重点检查项目

检查所有线束连接是否正确。

Ⅲ.本工序自检项目

确认电池容量是否在合格范围内(60% ≤ SOC ≤ 80%)。

第3章　电动汽车调试技术

下面以某型电动物流车为例进行介绍。

3.1　调试安全操作规范

为保证工厂人员整车调试检测操作过程中有效预防安全事故，保障人员和设备的安全，实现高效生产，须制定整车调试安全操作规范并经高压安全防护培训合格，具体内容如下。

1. 作业前准备

（1）准备与作业相关的劳保用品，包括防静电手套、绝缘手套、绝缘鞋、绝缘工具（螺丝刀、扳手类）、绝缘表、万用表等。

（2）涉及测试、调试高压系统部件时，务必认真检查各防护措施是否到位，具体主要有：①双手清洁干净且保持干燥状态，绝缘手套无破损，大小适中，穿戴时手套底部须包入衬衣或工装袖口，确保防护完全；②检查绝缘胶鞋外观有无破损，及时清理胶鞋底部铁钉及其他金属杂质（防止铁钉扎透胶鞋，造成触电），胶鞋须保持干燥状态，穿戴时鞋带松紧适中；③女性长发员工除严格执行上述要求外，工作时须将长发盘起并佩戴安全帽；④随身金属件上岗前应全部卸下，尤其是随身钥匙串及手机等。

2. 作业过程中的上下电顺序

（1）上电顺序为先上低压电，再上高压电。

（2）下电顺序为先下高压电，再下低压电。

高压系统中的接插件禁止热插拔，如测试需要断开高压系统中的接插件，必须按照以下顺序操作：

（1）停止高压部件的工作状态；

（2）断开整车低压供电；

（3）断开电池总成上的MSD；

（4）以上步骤完成后才能断开高压系统中的接插件。

3. 操作注意事项及防护

（1）持证上岗，禁止非专业人员拆装高压设备。

（2）通电前应确认高压线束正负极连接无误，避免错接或虚接对设备和人体造成伤害。

（3）高压部件内部检测应断开动力电池高压电源线路再实施。

（4）高压部件运行过程中需要进行测量或检查时，必须穿戴好绝缘鞋、绝缘手套，使用绝缘工具。

（5）使用万用表时应选择与部件工作电源匹配的挡位进行测量，避免不匹配造成人员误伤和设备损坏。

(6)使用绝缘表或万用表测量时应尽可能单手操作，避免触电对人体的伤害。

(7)严格执行操作规程，禁止擅自更改整车电路/电气部件。

(8)禁止检修高压电路时打开点火开关钥匙。

(9)严禁切断橙红色高压线束走向。

(10)严禁切割储能系统和控制器。

3.2 基础电路图识读

3.2.1 汽车电气图纸的形式

1. 汽车电路框图

汽车电路框图就是通过带注释的框或符号表示汽车电路系统的基本组成、相互关系及其主要特征的简图，是为在汽车电路学习和维修过程中方便掌握系统而绘制的。

2. 汽车电路布线图

汽车电路布线图(图 2.3.1)是按照汽车用电器在车身上的位置来进行布线制图的，重点表示线束的走向、插接件连接点及开关继电器的位置。

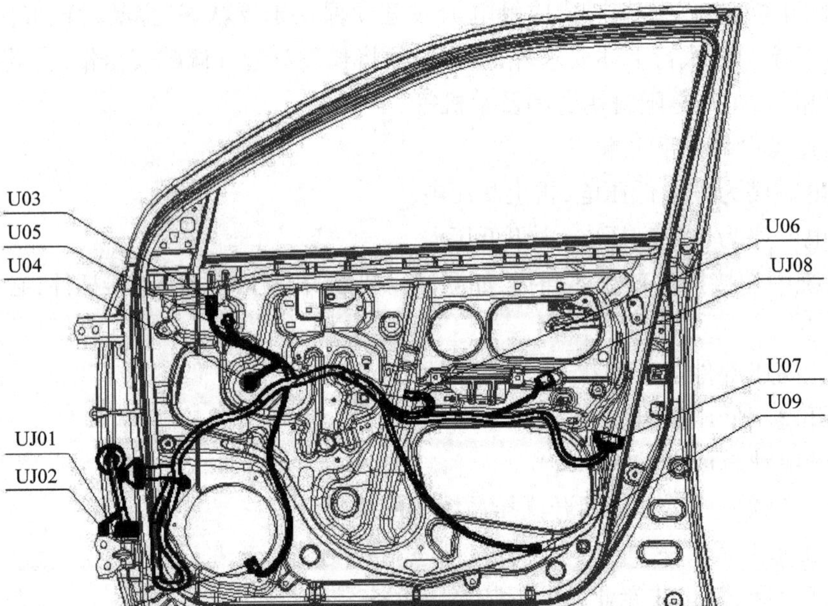

图 2.3.1 汽车电路布线图(以车门为例)

3. 汽车电路原理图

汽车电路原理图(图 2.3.2)就是通过电器图形符号并按工作顺序或功能排列，详细表示汽车电路的全部或部分组成的连接关系，而不考虑其实际布置的简图，能够清晰、明了地反映各电器的连接关系和电路原理，便于分析和查找电路故障。

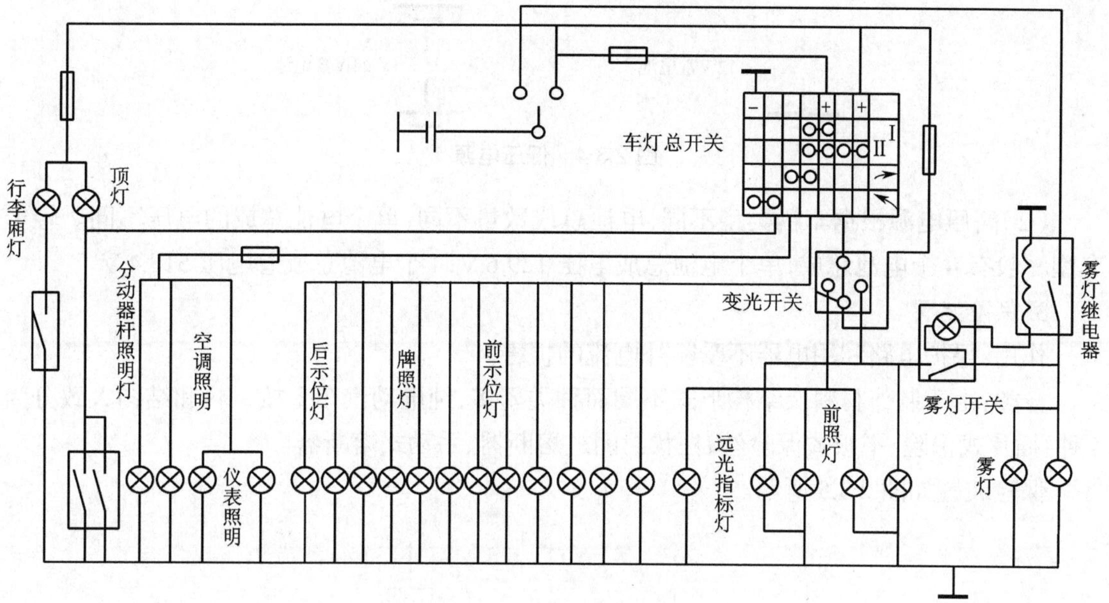

图 2.3.2　汽车电路原理图

3.2.2　汽车电路的基本组成

1. 导线

作用:将各种开关、用电器等装置连接起来构成电路。

分类:低压导线和高压导线。

导线如图 2.3.3 所示。

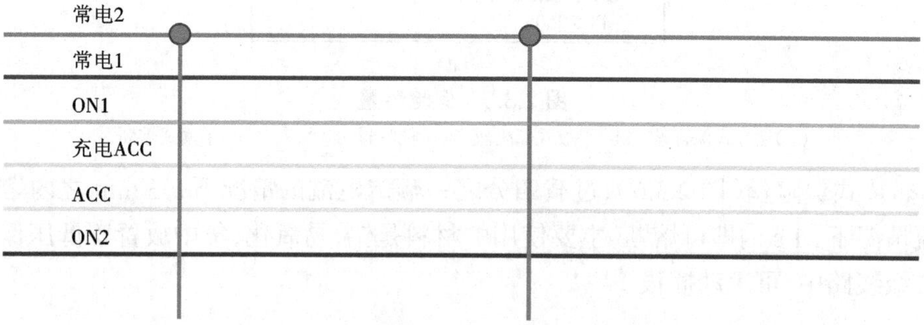

图 2.3.3　导线

注意:①线与线连接时,交叉点用实心圆点表示;②线与用电器连接时,连接点无须实心圆点,线束上的编号为线号。

2. 电源

作用:为各用电器提供电能。

分类:低压电源和高压电源。

(1)低压电源根据车辆低压系统可以选择 12V 或 24V,但一种车型只会出现一种电压的低压电源。

图 2.3.4 低压电源

(2)高压电源根据车辆类型不同,电池总成数量不同,单个电池总成的电压不同。轻卡车型一般有 4 个电池总成,单个电池总成电压 129.6 V,4 个电池总成总电压 518.4 V。

3. 保险装置

作用:保护电路和用电器不受额外电流的损害。

分类:由于制作材料及结构形式不同而种类繁多,纯电动汽车上按材料和结构大致分为 4 种:插片式保险、平板式保险丝、柱状封闭式熔断器、手动式熔断器。

保险装置如图 2.3.5 所示。

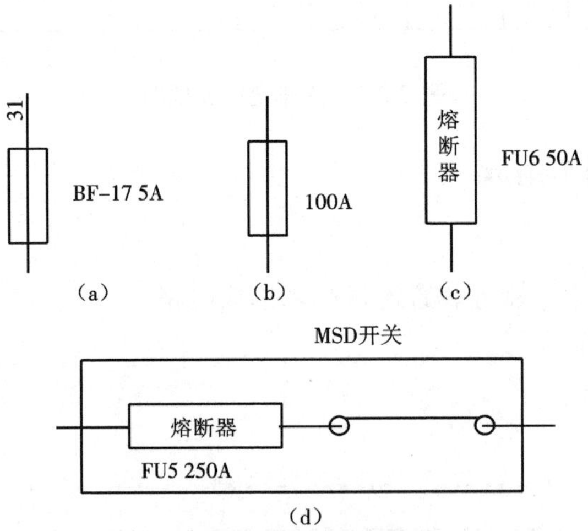

图 2.3.5 保险装置

(a)插片式保险丝 (b)平板式保险丝 (c)柱状封闭式熔断 (d)手动式熔断

(1)插片式保险丝(图 2.3.6),过载四分之一额定电流的情况下, 3 min 之内熔断,过载一倍电流情况下,1 s 内即可熔断,主要使用的材料是铅,易氧化,集中放置于低压保险盒中,多用于二级线路中,可手动插拔。

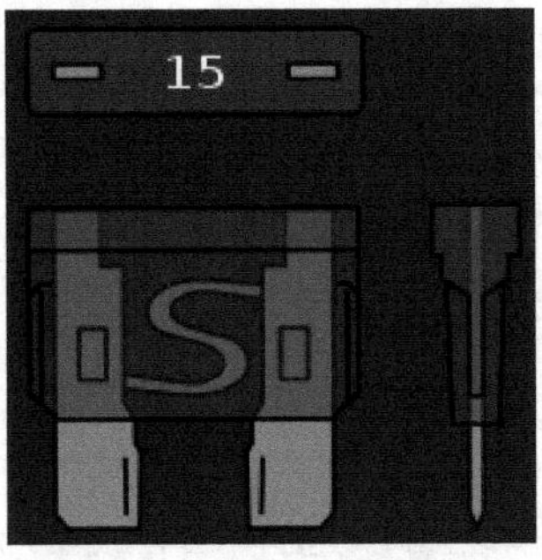

图 2.3.6 插片式保险丝

（2）平板式保险丝（图 2.3.7），超过额定电流后一定时间就会因为发热熔断，电流越大，熔断的时间越短，主要使用的材料是铜芯或合金线，不易氧化，主要布置在低压蓄电池正极接线处，多用于一级线路中，需要借助工具安装。

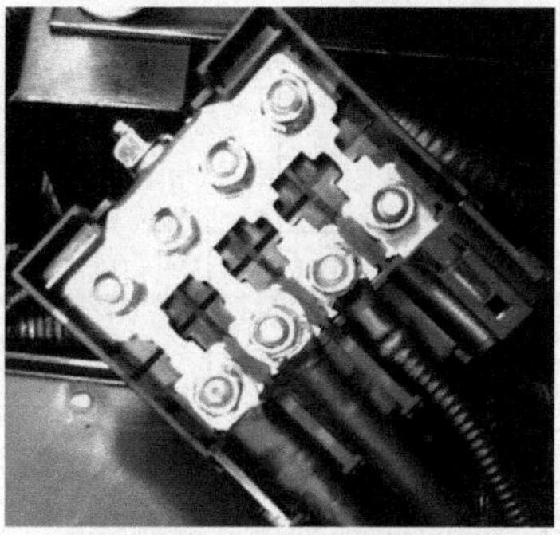

图 2.3.7　平板式保险丝

（3）柱状封闭式熔断器（图 2.3.8），是当过载或短路电流通过熔体时，因其自身发热而熔断，从而分断电路的一种电器，熔体材料有铜丝或者铅锑合金，分高压和低压熔断器，主要布置在用电器内部，多用于一级线路中，需要借助工具安装。

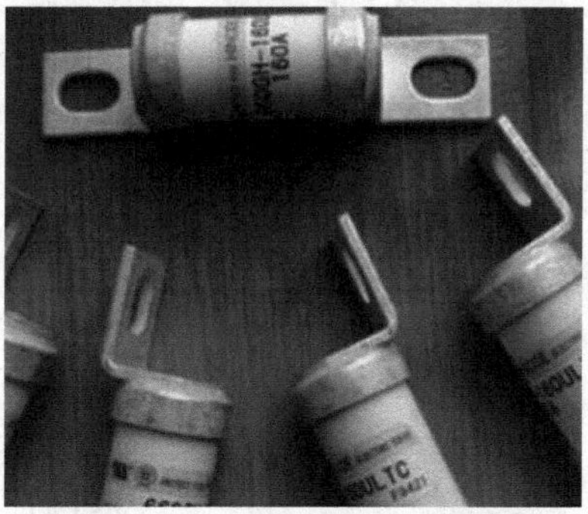

图 2.3.8　柱状封闭式熔断器

（4）手动式熔断器（图 2.3.9），原理、材料与柱状封闭式熔断器相同，主要用于高压电路，布置在用电器外部，用于一级线路中，可手动插拔。

图 2.3.9　手动式熔断器

4. 控制器件

作用:控制电路的闭合和断开。

分类:开关(机械开关、压力开关、温控开关)、电子控制模块(继电器与接触器)。

控制器件如图 2.3.10 所示。

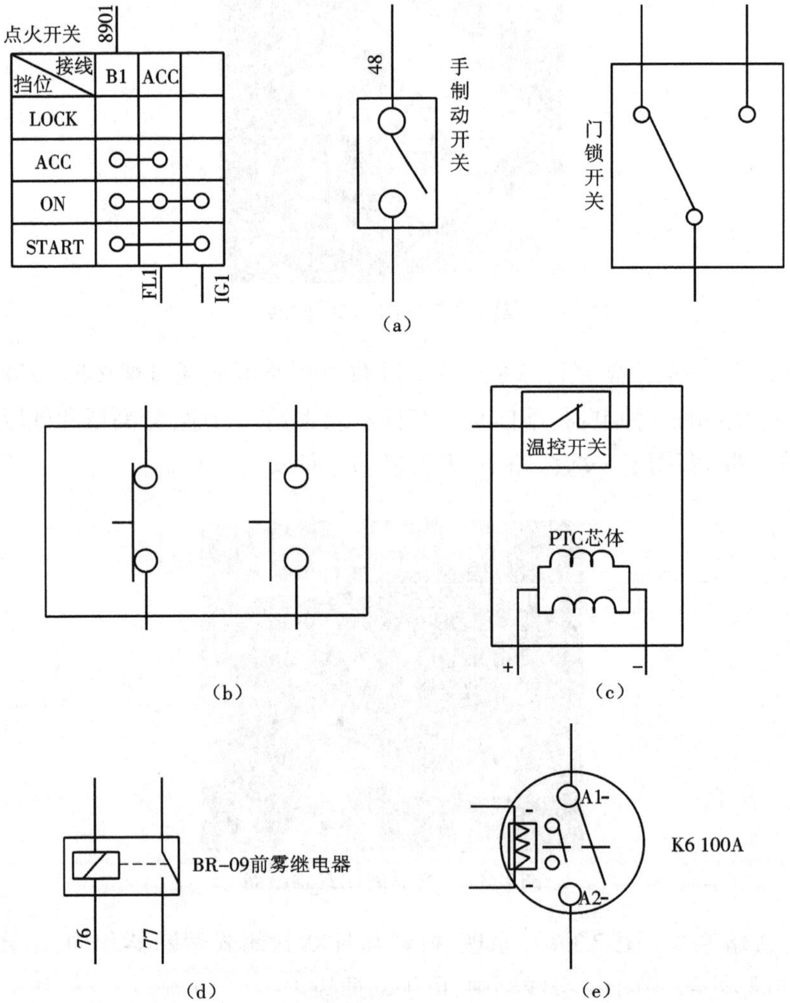

图 2.3.10 控制器件

(a)机械开关 (b)压力开关 (c)温控开关 (d)继电器 (e)接触器

继电器与接触器是利用电磁原理实现自动接通或切断,以一对或多对触点完成用小电流控制大电流的装置。在电路中设置继电器可以减小控制开关的电流负荷,减少烧蚀等现象的发生,保护电路。

继电器一般用于低压电路,额定电流较小,没有灭弧装置。

接触器一般用于高压电路,额定电流较大,有灭弧装置。

5. 用电器

用电器是使用电流做功、发光、发热的电器，如电机、灯泡、电除霜芯体等。

常见用电器如下。

(1)灯具类，如图 2.3.11 所示。

(a)　　(b)

图 2.3.11　类具类

(a)大灯　(b)小灯

小灯包括转向灯、倒车灯、刹车灯、雾灯、牌照灯、阅读灯、仪表内照明灯、视廓灯等。

大灯包括汽车前灯，有近光灯和远光灯。

仪表台指示灯如图 2.3.12 所示。仪表上若该指示灯点亮表示其相应的功能在运作。

1		12 V 蓄电池充电故障报警灯	5		电机故障报警
2		系统故障灯	6		高压断开报警
3		充电线连接指示灯	7		动力电池故障
4		制动故障报警灯	8		ABS 故障
			9		驱动电机过热报警

图 2.3.12　仪表台指示灯

(2)电机类，如图 2.3.13 所示。

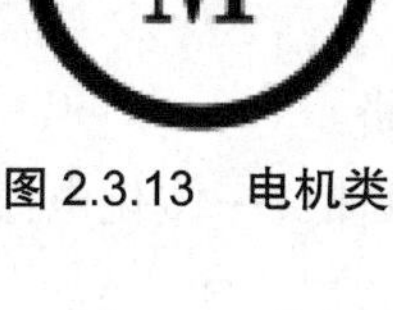

图 2.3.13　电机类

(3)喇叭,如图 2.3.14 所示。

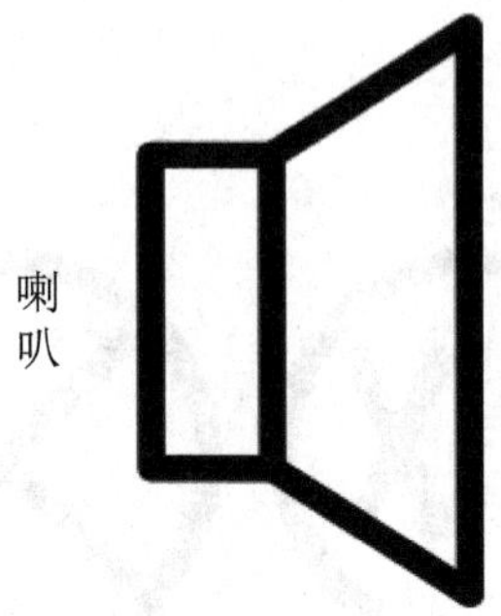

图 2.3.14 喇叭

(4)其他用电器基本用框图形式表示,如图 2.3.15 所示。

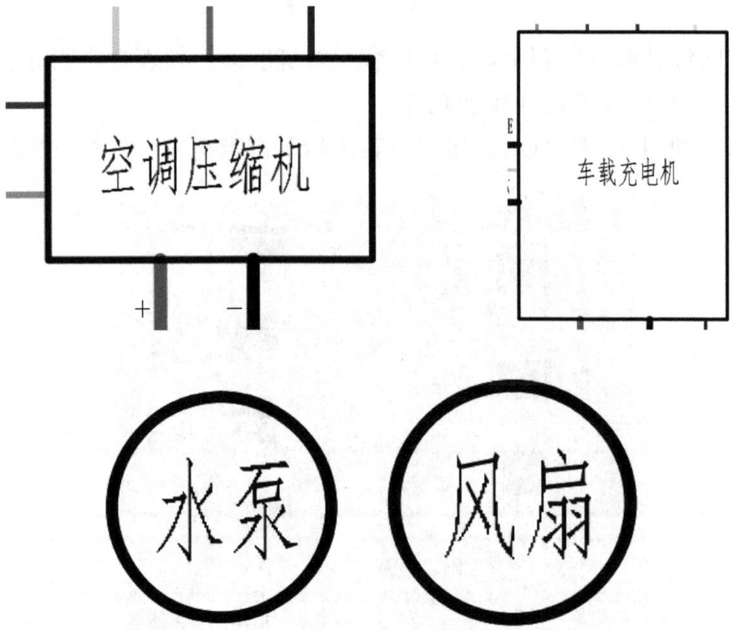

图 2.3.15 其他用电器

3.2.3 纯电动汽车电路的特点

(1)双电源:低压蓄电池(12 V 或 24 V),高压电池总成(大于 220 V)。两个电源输出的都是直流电。

(2)低压系统中都是直流电路。

(3)高压系统中有直流和交流电路。

直流电路:电池总成→一体化电源柜、一体化电源柜→空调压缩机、一体化电源柜→电除霜芯体。

交流电路：一体化电源柜→驱动电机、一体化电源柜→转向电机。

（4）低压单线制：汽车上所有低压电器的正极均采用导线相互连接，而所有的负极则直接或间接通过导线与车架或车身金属部分连接，即搭铁（回到低压），且蓄电池的负极也与车身连接。故电流从正极出发经导线流入用电器后，再由用电器自身或负极导线搭铁，通过车架或车身流回电源负极而形成回路。

（5）低压并联连接：各用电器均采用并联连接。

（6）高压先串联再并联，如图 2.3.16 所示。

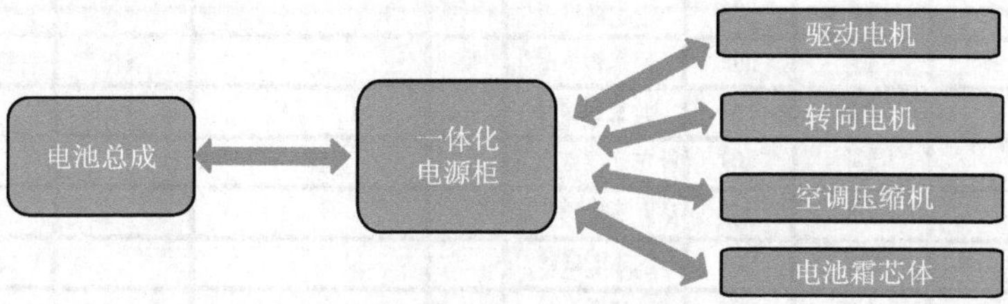

图 2.3.16　高压连接示意

3.2.4　电路图的基本识读要素

1. 阅读图注

首先需要阅读图注（图 2.3.17 和图 2.3.18），清楚该部分电路所包含的用电器，有利于理解线路中相应符号的含义。

原理图连接线中主要关注：常电 1、常电 2、ON1、ON2、ACC、充电 ACC、搭铁线、高压正、高压负等线在图中的颜色。

继电器					接触器				
编号	继电器型号	继电器类型	负载电流	备注	编号	继电器型号	继电器类型	负载电流	备注
BR-01		4脚	30A	鼓风机继电器	K1		高压	50A	预充
BR-02		4脚	30A	喇叭继电器	K2		高压	200A	地面充电机
BR-03		4脚	30A	冷凝风扇继电器	K3		高压	200A	驱动
BR-04		4脚	30A	小灯继电器	K4		高压	40A	DC/DC
BR-05		4脚	30A	空调继电器	K5		高压	50A	总电
BR-06		4脚	30A	远光继电器	K6		高压	100A	电池加热
BR-07		4脚	30A	近光继电器	K7		高压	40A	车载充电机
BR-09		4脚	30A	前雾继电器	K8		高压	10A	PTC
BR-10		4脚	30A	后雾继电器					
CR-01		5脚	40A	行车互锁继电器					
CR-02		4脚	30A	交流充电继电器					
CR-03		4脚	30A	倒车继电器					
CR-04		4脚	40A	风扇继电器					
CR-05		4脚	40A	真空泵继电器					
CR-06		4脚	40A	水泵继电器					
CR-07		5脚	40A	电压检测继电器					
CR-08		4脚	40A	ACC继电器					

图 2.3.17 继电器及接触器明细图

图 2.3.17 中主要关注：

（1）编号栏、备注栏；

（2）BR、CR 开头的编号为继电器；

（3）K 开头的未接触器；

（4）备注栏为继电器或接触的使用位置。

熔断器											
编号	类型	负载电流	备 注	编号	类型	负载电流	备 注	编号	类型	负载电流	备 注
BF-01	快熔	15A	中控锁电源	BF-18	快熔	10A	制动	CF-15	快熔	40A	鼓风电机
BF-02	快熔	20A	水泵	BF-19	快熔	15A	雨刮	CF-16	快熔	40A	冷凝风机
BF-03	快熔	15A	危险报警常电	BF-20	快熔	10A	转向灯电	CF-17	快熔	30A	BMS
BF-04	快熔	5A	中控锁控制器	BF-21	快熔	20A	风扇	CF-18	快熔	150A	DC/DC
BF-05	快熔	20A	真空泵	BF-22	快熔	20A	空调控制面板	FU1	高压	32A	转向电机
BF-06	快熔	15A	雾灯	BF-23	快熔	15A	远光	FU2	高压	32A	预留
BF-07	快熔	10A	小灯	BF-24	快熔	15A	近光	FU3	高压	32A	空调压缩机
BF-08	快熔	10A	顶灯、时钟、厢灯	BF-25	快熔	5A	BMS	FU4	高压	32A	DC/DC
BF-09	快熔	5A	OBD诊断	BF-26	快熔	15A	车载充电机	FU5	高压	250A	维修
BF-10	快熔	10A	VCU常电	BF-27	快熔	25A	电压检测继电器	FU6	高压	50A	电池加热
BF-11	快熔	15A	喇叭	BF-28	快熔	15A	倒车灯保险	FU7	高压	32A	车载充电机
BF-12	快熔	5A	GPS	BF-29	快熔	5A	仪表ACC	FU8	高压	32A	电除霜
BF-13	快熔	5A	组合仪表常电	BF-30	快熔	15A	点烟器,收放机				
BF-14	快熔	10A	电机控制器	BF-31	快熔	30A	ABS9				
BF-15	快熔	10A	换挡	BF-32	快熔	30A	ABS25				
BF-16	快熔	5A	VCU ON信号								
BF-17	快熔	5A	电除霜								
BF-33	快熔	40A	鼓风机								
BF-35	快熔	30A	门锁电机								
BF-34	快熔	40A	冷凝器								
BX1	快熔	80A	主保险								

图 2.3.18　熔断器明细图

图 2.3.18 中主要关注：

（1）编号栏、类型、备注栏；

（2）BF、CF 开头的编号为快融熔断器；

（3）FU 开头的为高压熔断器；

（4）备注栏为熔断器的使用位置。

2. 注意开关的作用

开关是控制电路通断的关键，通常按开关的功能及不同工作状态来分析电路的工作原理。在标准电路图中，开关总是处于零位，即开关处于断开状态。

有的用电器受两个以上开关（或继电器）的控制，当开关接线柱较多时，首先以电源来的一两个接线柱为源头，逐个分析与其他各接线柱相连的用电器处于何挡位，从而找出控制关系。

3. 了解继电器的工作状态

汽车电路经常采用各种继电器对一些复杂电路进行控制，了解继电器的工作状态，对分析电路会大有帮助。

4. 浏览全图，分割各个单元系统（善于化整为零）

化整为零就是按整车电路系统的各功能及工作原理把整车电气系统划分成若干个独立的电路系统，结合该电路中的电器功能、特性，分别进行原理分析。

从整车电路来讲，各局部电路除电源电路公用外，其他单元电路都是相对独立的，但它们之间也存在着内在联系（如信号共享）。因此，识图时要熟悉各局部电路的组成、特点、工作过程和电流流经的路径，还要了解各局部电路之间的联系和相互影响。

5. 回路原则

任何一个完整的电路电流都是从正极出发，经过熔断器、开关、控制装置、导线到达用电器，再经过导线回到负极，构成回路。因此电路识图时，有如下三种思路。

思路 1：沿着电路电流的流向，由正极出发，经过用电器、开关、控制装置等，回到电源负极。

思路 2：逆着电路电流的方向，由电源负极开始，经过用电器、开关、控制装置等，回到电源正极。

思路 3：从用电器开始，依次查找其控制开关、连线、控制单元，最后到达电源正极和负极。

实际应用时，可视具体电路选择不同思路。但还需要注意：大多数电气设备电路同时具有主回路和控制回路，读图时要兼顾两回路。

3.3　调试常用工具、设备介绍

3.3.1　万用表

1. 基本释义

万用表（图 2.3.19）是一种带有整流器的，可以测量交、直流电流、电压及电阻等多种电学参量的磁电式仪表。对于每一种电学量，一般都有几个量程。万用表是由磁电系电流表（表头），测量电路和选择开关等组成的。通过选择开关的变换，可以方便地对多种电学参量进行测量。其电路计算的主要依据是闭合电路欧姆定律。

图 2.3.19　万用表

2. 结构组成

万用表由表头、测量电路、转换开关及表笔等四个主要部分组成。

3. 万用表的操作规程

（1）使用前应熟悉万用表各项功能，根据被测量的对象，正确选用挡位、量程及表笔插孔。

（2）在被测数据大小不明时，应先将量程开关，置于最大值，而后由大量程往小量程挡处切换。

（3）测量电阻时，在选择了适当倍率挡后，将两表笔相碰使指针指在零位，如指针偏离零位，应调节“调零”旋钮，使指针归零，以保证测量结果准确。

（4）在测量某电路电阻时，必须切断被测电路的电源，不得带电测量。

（5）使用万用表进行测量时，要注意人身和仪表设备的安全，测试中不得用手触摸表笔的金属部分，不允许带电切换挡位开关，以确保测量准确，避免发生触电和烧毁仪表等事故。

3.3.2　绝缘表

1. 基础释义

绝缘表由中大规模集成电路组成，特点是输出功率大、短路电流值高、输出电压等级多。工作原理为由机内电池作为电源经 DC/DC 变换产生的直流高压由 E 极输出经被测试品到达 L 极，从而产生一个从 E 极到 L 极的电流，经过电流 / 电压（Intensity/Voltage，I/V）变换经除法器完成运算直接将被测的绝缘电阻值由液晶显示器（Liquid Crystal Display，LCD）显示出来。

电器产品的绝缘性能是评价其绝缘好坏的重要标志之一，通过绝缘电阻反映出来。绝缘表用来测量电器产品最大电阻值、绝缘电阻，它本身带有高压电源。

2. 结构组成

1）直流高压发生器

测量绝缘电阻必须在测量端施加一高压，此高压值在绝缘表国标中被规定为 50 V、100 V、250 V、500 V、1 000 V、2 500 V、5 000 V。

2）表头、测量电路、转换开关、表笔

表头、测量电路、转换开关、表笔如图 2.3.20 所示。

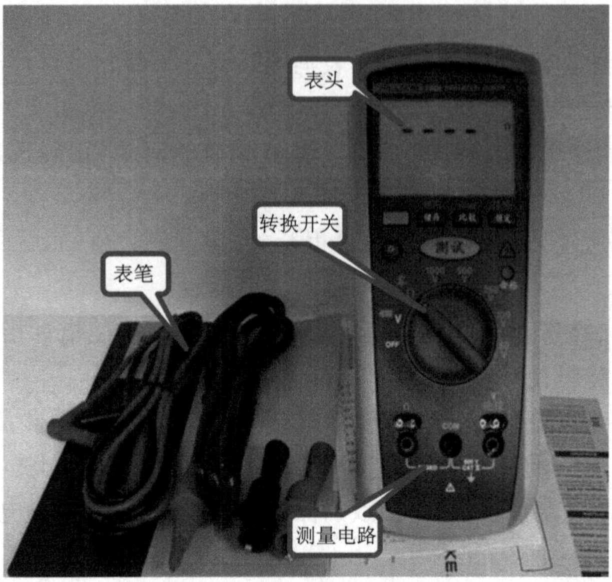

图 2.3.20 绝缘表结构图

3. 操作规程

绝缘表在工作时，自身产生高电压，而测量对象又是电气设备，所以必须正确使用，否则就会造成人身或设备事故。使用前，首先要做好以下各准备工作。

(1)测量前必须将被测设备电源切断，并对地短路放电，决不允许设备带电进行测量，以保证人身和设备的安全。

(2)对可能感应出高压电的设备，必须在消除这种可能性后，再进行测量。

(3)保证被测物表面清洁，减少接触电阻，确保测量结果的正确性。

(4)测量前要检查万用表是否处于正常工作状态，主要检查其“0”和“∞”两点。绝缘表在短路时应指在“0”位置，开路时应指在“∞”位置。

(5)绝缘表使用时应放在平稳、牢固的地方，且远离大的外电流导体和外磁场。

3.3.3 钳形表

1. 基本释义

钳形电流表简称钳形表(图 2.3.21)，其工作部分主要由一只电磁式电流表和穿心式电流互感器组成。穿心式电流互感器铁芯制成活动开口，且成钳形，故名钳形电流表，是一种不需断开电路就可直接测量电路电流的携带式仪表，在电气检修中使用非常方便，应用相当广泛。

图 2.3.21　钳形表

2. 结构原理

钳形表是由电流互感器、钳形扳手和一只带有整流作用的电流表组合而成其工作原理和变压器一样。

3. 操作规程

（1）使用高压钳形表时应注意其电压等级，严禁用低压钳形表测量高电压回路的电流。用高压钳形表测量时，应由两人操作，测量时应戴绝缘手套，站在绝缘垫上，不得触及其他设备，以防止短路或接地，如图 2.3.22 所示。

（2）读取钳形表数据时，要特别注意保持头部与带电部分的安全距离，人体任何部分与带电体的距离不得小于钳形表的整个长度。

（3）在高压回路上测量时，禁止用导线从钳形表另接表计测量。测量高压电缆各相电流时，电缆线间距离应在 300 mm 以上，且绝缘良好，待认为测量方便时，方能进行。

（4）测量低压可熔保险器或水平排列低压母线电流时，应在测量前将各相可熔保险或母线用绝缘材料加以保护隔离，以免引起相间短路。

（5）当电缆有一相接地时，严禁测量。防止出现因电缆头的绝缘水平低发生对地击穿爆炸而危及人身安全。

（6）测量结束后把钳形表开关拨至最大量程挡，以免下次使用时不慎过流，并应将钳形表保存在干燥的室内。

图 2.3.22　钳形表操作及注意事项

3.3.4　扭力扳手

1. 基本释义

扭力扳手又叫扭矩扳手（图 2.3.23），是扳手的一种，一般分为三类：手动扭力扳手、气动扭力扳手和电动扭力扳手。定值扭力扳手广泛用于对拧紧工艺有严格要求的装配线，使产品各个紧固件拧紧力矩一致，生产出来的产品质量有保障。

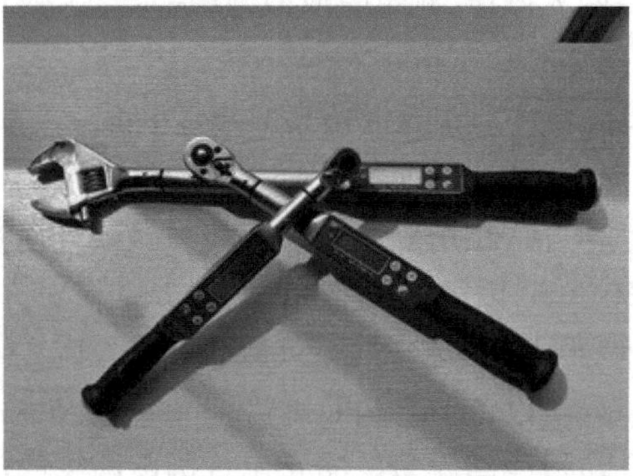

图 2.3.23　扭力扳手

2. 种类

1）手动扭力扳手

手动扭力扳手分为机械音响报警式、数显式、指针式（表盘式）、打滑式（自滑转式）四种。

（1）机械音响报警式手动扭力扳手：采用杠杆原理，当拧紧力矩到达设定拧紧力矩时会出现“咔”的声音，如再用力，会出现过力现象。由于其价格便宜，是市场的主流产品。

（2）数显式和指针式（表盘式）手动扭力扳手差不多，都是把作用力矩可视化。现阶段的数显和指针都是在机械音响报警式手动扭力扳手的基础上改进而来的。

（3）打滑式（自滑转式）手动扭力扳手：采用过载保护、自动卸力模式，当拧紧力矩到达设定拧紧力矩时会自动卸力，此后扳手自动复位，如再用力，会再次打滑，不会出现过力现象。

2)气动扭力扳手

气动扭力扳手是由空压机中的压缩空气作气源,带动扭力扳手中的气动马达驱动齿轮对螺栓进行拧紧。气动扭力扳手分为油压脉冲式、离合器式、动态扭力传感器式三种。动态扭力传感器式是当达到设定拧紧力矩,控制器控制电磁阀断气,扳手停转。油压脉冲式和离合器式气动扭力扳手根据拧紧力矩到达后通过顶针来自动断气。气动定值扭力扳手精度通常是 ±(7%~12%)。油压脉冲式扭力扳手不适合软连接螺栓的拧紧,但因无反作用力而受用户喜爱。

3)电动扭力扳手

可以设定拧紧力矩的电动扳手一般也叫定值扭力电动扳手。电动扭力扳手一般用来紧固大六角高强螺栓,使用时,先把拧紧力矩调到需要的值,然后紧固螺栓。

定值电动扭力扳手分为电流式和动态扭力传感器式两种,由控制器和拧紧轴组成。电流式定扭扳手根据电机拧紧过程中电流值的变化来判断拧紧力矩,当达到预定拧紧力矩时,电机停止工作。动态扭力传感器式是在拧紧轴上安装有传感器,时刻监测拧紧力矩的变化,当达到预定拧紧力矩时,电机停止工作。

电动扭力扳手具有精度高(±2%)、故障率低、寿命长、可编程,可对拧紧力矩和角度控制、可多种拧紧力矩选择的优点。

3. 操作规程

(1)使用扭力扳手时,应平衡缓慢地加载,切不可猛拉猛压,以免造成过载,导致输出扭力失准。在达到预置拧紧力矩后,应停止加载。

(2)不能使用预置式扭力扳手去拆卸螺栓或螺母。

(3)严禁在扭力扳手尾端加接套管延长力臂,以防损坏扭力扳手。

(4)根据需要调节所需的拧紧力矩,并确认调节机构处于锁定状态才可使用。

(5)预置式扭力扳手使用完毕,应将其调至最小拧紧力矩,使测力弹簧充分放松,以延长其寿命。

(6)应避免水分侵入预置式扭力扳手,以防零件锈蚀。

(7)所选用的扭力扳手的开口尺寸必须与螺栓或螺母的尺寸相符合,扳手开口过大易滑脱并损伤螺件的六角,在维修进口汽车中,应注意扳手公英制的选择。

(8)各类扳手的选用原则,一般优先选用套筒扳手,其次为梅花扳手,再次为开口扳手,最后为活动扳手。

(9)为防止扳手损坏和滑脱,应使拉力作用在开口较厚的一边,这一点对受力较大的活动扳手尤其应该注意,以防开口出现八字形,损坏螺母和扳手。

3.3.5　冷媒加注机

1. 基本释义

冷媒加注机(图 2.3.24)是集抽真空、加注、检漏等多功能于一体的机器,所有操作由电脑自动控制,可精确控制抽真空时间和 R134a 加注的重量,通过面板上的按键设置功能指令,操作方便。

图 2.3.24 冷煤加注机

2. 操作规程

(1)严格执行持证上岗制度,没有操作证坚决不能上岗。

(2)维护设备干净整洁,检查设备管路有无滴漏、插件有无松脱现象。

(3)接通总电源,打开开关启动设备,此时电源指示灯亮,系统进入主界面。

(4)旋转“手动 / 自动”旋钮,选择自动工作模式,准备指示灯亮起。

(5)取下加注枪,将真空加注软管与汽车空调管路对应连接好后,按下绿色“加注”按钮,绿色指示灯亮起,设备开始加注。初次使用时,操作者可根据需要设置工艺参数。具体操作方法为: ①在主界面状态下按“参数设置”,输入工艺密码后进入参数设置界面;②操作者根据需要设置不同参数。

(6)黄色指示灯亮起,设备自动补液。

(7)加注完成后设备自动蜂鸣报警以示完成,此时按下加注枪上的脱开按钮将加注枪与加注口脱开并将加注枪复位。

(8)红灯亮起时,表示设备出现故障,此时须先排查完故障,确认正常后再使用。

(9)手动操作只能在维护、保养、调试时使用。

(10)下班时务必关闭设备总电源。

(11)设备负责人须每周查看加注泵的润滑油量,发现不足时及时添加,严禁无油运行。设备负责人须对操作过程的异常情况进行记录。

3.4　电气调试工艺及典型故障分析思路

3.4.1　电动汽车常见电气故障

1. 车辆无法启动

启动不了的同时，车辆电气件没有工作，也就是整个电气系统都无法工作。

2. 电气设备不工作

纯电动汽车主要电气设备有各种灯具、收音机、喇叭、真空泵、雨刮器、组合仪表、电动助力转向器、空调等。现场调试过程中，收音机、真空泵、空调常出现不工作故障。

3. 电气设备工作不正常

电气设备工作不正常主要是指工作状态与设计状态不一致，如真空泵不停地抽气、空调压缩机异响等。

3.4.2　电气故障的常用分析方法

由于纯电动汽车是以车载电源为动力，用电机驱动车轮行驶，并且部分机械带动部件也是通过电机驱动的，同时要考虑高压电绝缘等方面的问题，所以，纯电动汽车上发生频率较高的故障一般为电气故障。以下介绍五个常用的电气故障分析方法。

1. 结合随车电路图查找故障

由于现在车型相对丰富，所以不同车型的电路原理图会有一定差别，但是整体的控制逻辑不会改变。一般情况下，先在电路图上找到故障用电器，然后通过查看用电器的控制电路逆推，查出该用电器的整个控制电路以及电路上的控制元件，如继电器、保险丝等。比如真空泵，在整车控制器正常发出启动真空泵信号的情况下，真空泵不工作，查看其控制电路图时发现有一个 20 A 保险丝和一个继电器同时控制着真空泵的电源电路通断，其中一个不能正常导通时真空泵就没有电源驱动其工作，如图 2.3.25 所示。

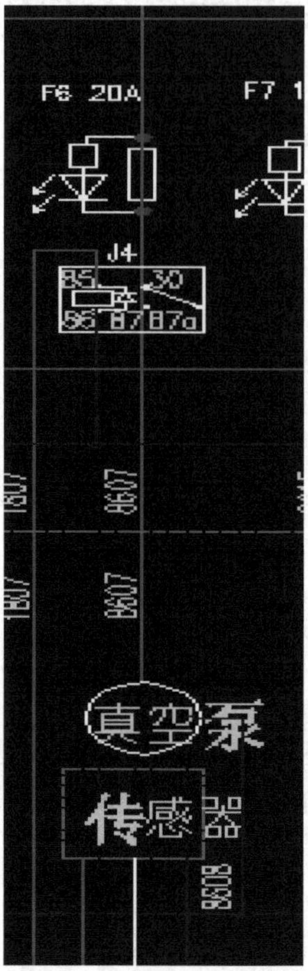

图 2.3.25 真空泵连接图

2. 缩小故障查找范围

当车辆出现故障时，应该先冷静分析可能出现该故障现象的原因，切勿急于求成，通过分析确认后针对一个小范围进行故障排查，可以节省大量时间。比如，当灯光正常的二类底盘车辆在吊装货厢后出现开灯时烧保险的现象，我们可以判断故障是由货厢引起的，这样就避免了排查整车灯光电路。

3. 采用排除过滤法来分析问题

排除过滤法在一定程度上与缩小故障查找范围相似，通过排除不可能出现故障的部分，从而确定故障点，但是此方法可以更加精确地确定故障的具体位置。如空调系统不制冷问题，在空调系统冷媒充足的情况下，测量压缩机高低压电，如果高压驱动电源和低压控制电源都通电，我们可以排除电路上面的问题，从而确定是压缩机零部件问题，这样就可以非常快速精准地找到故障源。

4. 灵活使用顺查法、逆查法、中分法

在电路故障排查中，顺查法是指查找电路故障时顺着电气原理图从头开始，一步一步向后查找，直到查到故障发生点的方法。该方法适用于查找故障容易发生在电路前半部分或者电路的电气元件较少的情况。

逆查法是指查找电路故障时逆着电路原理图从尾部开始,一步一步向前倒退查找,直到查到故障发生点为止的方法。该方法适用于查找故障容易发生在电路后半部分或者电路的电气元件较少的情况。

中分法是指查找电路故障时从电路中间开始,或从故障现象发生点开始,先从中间点来分析故障出现在前半部分还是后半部分,如果电路的线路较长,可多次使用中分法,从而快速定位查找方向,减少故障查找点,节省时间。该方法适用于所有电路的故障查找,但对故障查找人员的素质要求较高的情况。

5. 灵活使用电压查找法、电阻查找法

电压查找法是通过利用万用表的电压挡测量相应元件的电压来检查电路是否有故障的。使用中要注意万用表的量程、所测电压方向性(对直流电而言)等问题。该方法为带电检测,所以需要十分注意安全。

电阻查找法是通过利用万用表的电阻挡测量相应元件的电阻来检查电路是否有故障的。该方法在使用中应该注意以下几点:

(1)电路检查前要先断电,不要带电检查,否则有可能会烧坏万用表;

(2)检查电路是否通断时要将电阻量程设置为 ×10 挡及以下,只有电阻为 0 才说明电路是通的,当电路断路时电阻可能并不一定为无穷大,因为所测的电路中可能会并入一些线圈造成有一定的回路电阻。

6. 电气设备不工作的故障分析与处理

电气设备工作需要符合一定的条件,普遍的条件是需要有电源供给、搭铁。电气设备不工作多是因为没有电源供给,首先使用万用表确定有无电源供给,确认线束插接口有无松动情况出现,再确认搭铁是否正常。如果均无上述情况,则有可能是此电气设备自身问题,可以换一个同款设备接上尝试。这类故障一般是线束环节导致电源供给中断,可以根据电气原理图往前推确定故障点。

7. 电气设备工作不正常故障分析与处理

这类故障需分析电气设备的工作原理,依据故障表现推测故障模式。思路是先保证输入条件符合工作条件,如果输入条件不符合则从不符合项入手,按电气原理图往前查找不符合的源头。其次,如果输入正常,则排查机械问题,如果没有机械问题就是电气件本身出现了故障,可以通过互换零部件对比确认零部件问题。

3.4.3　典型故障案例分析

在某型电动轻型卡车上,整车的绝缘故障是通过绝缘监测仪来实现监测的,该车型最低报警绝缘电阻值设定为 500 kΩ。下面就针对整车绝缘故障排查的具体方法和步骤进行说明。

1. 绝缘故障报警的实现

某型纯电动轻型卡车上,最低报警绝缘电阻值设定为 500 kΩ,由绝缘监测仪来承担检测功能，当检测到的绝缘电阻值低于 500 kΩ 时，绝缘监测仪将对应的绝缘故障代码上报给整车控制器，由驾驶室的组合仪表来进行代码显示和故障灯报警。当组合仪表上显示了故障代码或报警灯时，表示此时车辆出现了绝缘故障，必须马上进行故障排查，以免出现人身安全事故。

2. 绝缘报警初步排查

绝缘故障的种类和故障部件表现多样，可根据以下步骤进行初步排查。

（1）如车辆的仪表绝缘信息能正常显示，并正确反映报警提示，那么说明绝缘监测仪本身应该是正常工作的。

（2）如车辆的仪表显示绝缘无连接，此时应该检查低压控制线路是否正确或可靠连接。

（3）排除低压连接线路问题后，则需要排除 CAN 总线的通信故障，检查终端电阻阻值是否正常，若正常应该是 60 Ω，而测出是 40 Ω，则可能是信号被削弱而导致 CAN 通信不正常。

（4）当确认检测报警系统没有问题后，表明车辆的绝缘故障发生在高压回路上。由于绝缘监测仪无法对绝缘故障点进行定位，这时需要进行逐步的人工排查。

3. 高电压回路的排查

高电压回路的构成：电动汽车高压电回路的构成如图 2.3.26 所示，所有高压部件通过高压线连接到高压配电箱上，相应位置均有超过人体安全电压的高压电，操作时需要特别关注。

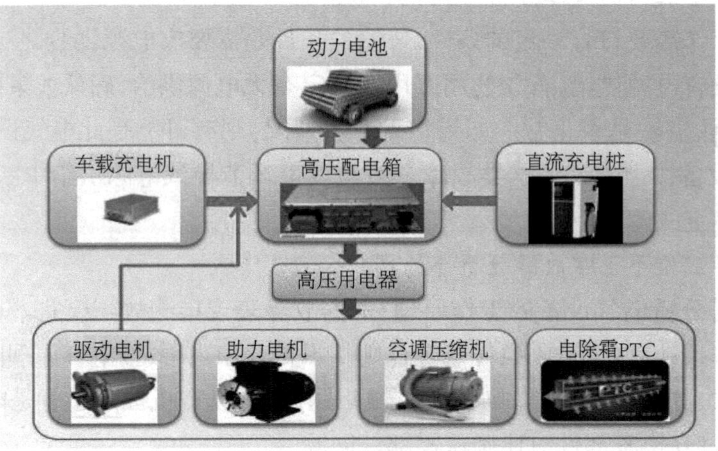

图 2.3.26 电动汽车高压回路构成

在进行高压回路的排查前，为了确保安全，一定要按照相应的高压安全操作规程进行作业，操作人员按规定穿戴好防护用品，检查工具的绝缘性。操作时应戴绝缘手套，穿绝缘靴，站在绝缘垫上。对于电控部件的残余高电压，必须完全释放后再进行操作，预防残余高压电造成人体触电的风险。

高压电故障排查步骤如下。

（1）确认车辆高低压电源完全断开，残余高压电释放完全后再进行操作。

（2）断开动力电池总正总负高压线束，分别测量电池端绝缘值和线束端绝缘值，如果电池端绝缘值达不到要求，说明故障点在动力电池处，反之，则继续排查。

（3）断开快充高压线束与高压配电箱连接，分别测量线束端和箱体端绝缘值，如果线束端绝缘值不达标，说明故障点在快充线束处，反之，则继续排查。

（4）断开慢充高压线束与高压配电箱连接，分别测量线束端和箱体端绝缘值，如果线束端绝缘值不达标，说明故障点在车载充电机或线束处，反之，则继续排查。

（5）断开转向助力电机高压线束与高压配电箱连接，分别测量线束端和箱体端绝缘值，如果线束端绝缘值不达标，说明故障点在转向助力电机或线束处，反之，则继续排查。

（6）断开空调高压线束与高压配电箱连接，分别测量线束端和箱体端绝缘值，如果线束端绝缘值不达标，说明故障点在空调压缩机、电除霜 PTC 板或线束处，反之，继续排查。

（7）断开驱动电机高压线束与高压配电箱连接，分别测量线束端和箱体端绝缘值，如果线束端绝缘值不达标，说明故障点在驱动电机或线束处，反之，故障点在高压配电箱。

第 4 章　自主质量保障

4.1　质量和质量意识的概念

4.1.1　质量

(1)产品满足客户的明确要求或潜在的需要的特性。

(2)产品符合标准要求——技术条件、图纸、作业指导书、检验文件及标准等的特性。

(3)生产过程符合管理要求——6S(整理(Seiri)、整顿(Seiton)、清扫(Seiso)、清洁(Seiketsu)、素养(Shitsuke)、安全(Safety))管理、交接班注意点、管理制度等。

4.1.2　质量意识

所谓质量意识:首先要保证我们的产品是合格的。符合产品的规格要求,另外整个生产流程要严格遵照企业生产的管理。

作为员工,不仅仅是被动地接收,要更不断地提出改善意见,促进质量意识的提高。

4.2　生产自主质量保障的介绍

(1)概念:生产自主质量保障的介绍是指由生产工位全数保证产品质量的过程质量管理系统。

(2)目的:对制造工序发生的质量问题进行统计分析,形成自主检查管理体系,加强员工自检、互检、巡检及专检的各级自主检验把关及响应机制,从而达到稳定产品质量的目的。

4.3　生产自主质量保障实施方案及流程

为推进生产过程自主质量保障体系,公司在过程质量实施过程中规划了质量自检、过程巡检、质量门检验、制程异常处理、设备异常处理、物料质量异常处理等流程,保证过程质量的检验和处理流程化、标准化,以实现过程质量的生产完全自主化。

4.3.1　质量自检

(1)定义:质量自检是指生产工人在产品制造过程中,按照质量标准和有关技术文件的要求,对自己生产的产品或完成的工作任务,按规定的时间和数量进行自我检验,把不合格品主动地“挑”出来,防止流入下一工序的过程。

(2)流程:质量自检流程如图 2.4.1 所示。

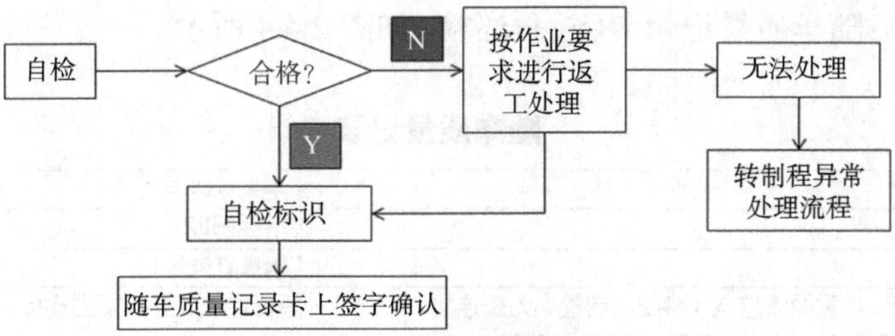

图 2.4.1　质量有检流程

（3）使用表单：随车质量记录卡（质量自检）如图 2.4.2 所示。

随车质量记录卡

车型号：				车架 VIN 号：				
上线日期：				下线日期：				
配置：				销售订单号：				
检验等级描述：A：重要管控点（装配前自检、力矩连接）　B：一般管控点（结构紧固连接）　C：常规外观管控点(无划伤、掉漆、变形、漏装、错装)								
序号	工位	装配项目	关重技术要求	检验等级	自检	互检	巡检	质量门
1	AC01	安装尾门护框总成	前板内表面至尾门框外表面（4 180±5）mm；检查尾门护框对角线差≤5 mm，厢体空间对角线差≤10 mm，无漏钻孔，无漏铆接；检查前板内表面到尾门护框外表面尺寸，左右差≤5 mm，上下差≤5 mm；连接板：无漏焊、假焊、虚焊	A				

图 2.4.2　随车质量记录卡（质量自检）

4.3.2　过程巡检

（1）定义：过程巡检是指在生产过程中，对所生产产品（软件、硬件、服务、流程性材料等）以各种质量控制手段根据产品工艺要求对其规定的参数进行检测检验，达到对产品质量进行控制目的的检验活动。

（2）流程：过程巡检流程如图 2.4.3 所示。

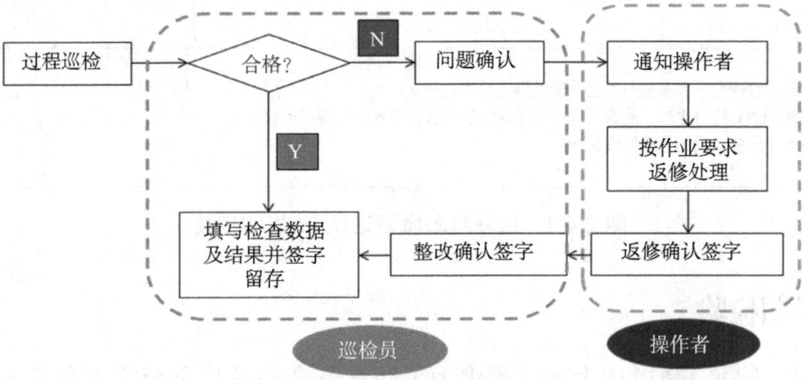

图 2.4.3　过程巡检流程

（3）使用表单：随车质量记录卡（过程巡检）如图 2.4.4 所示。

随车质量记录卡

车型号：					车架 VIN 号：					
上线日期：					下线日期：					
配置：					销售订单号：					
检验等级描述：A：重要管控点（装配前自检、力矩连接） B：一般管控点（结构紧固连接） C：常规外观管控点（无划伤、掉漆、变形、漏装、错装）										
序号	工位	装配项目	关重技术要求	检验等级	自检	互检	巡检	质量门	交检	
1	AC01	安装尾门护框总成	前板内表面至尾门框外表面（4 180±5）mm；检查尾门护框对角线差≤5 mm，厢体空间对角线差≤10mm，无漏钻孔，无漏铆接；检查前板内表面到尾门护框外表面尺寸，左右差≤5 mm，上下差≤5 mm；连接板：无漏焊、假焊、虚焊	A						
2	AC02	雨篷安装	雨篷安装位置正确，铆钉无漏装；	C						

问题记录

序号	问题描述	返修确认	返修验审
1			
2			
3			
4			
5			
6			
7			
8			
9			

备注：
1. 常规过程问题必须在生产线上处理返修完后才能下线；
2. 异常问题，经过生产、质量、工艺人员确认的问题可进入静态调试返修；
3. 所有项目在交检前必须处理完成。

图 2.4.4 过程随车质量记录卡（过程巡检）

4.3.3 质量门检验

（1）定义：质量门是指在生产过程中为了防止不合格品或不合格现象流入到下一工序

或流入到终端产品中而造成不必要的浪费而设置的质量检验点。

（2）质量门的设置：质量门的设置是根据产品零部件的关重程度及零部件对最终产品质量的决定程度进行的，质量门的设置无数量限定，可综合生产节拍及检验节拍进行设定，当然质量门的设定不是越多越好。

（3）流程：质量门检验流程如图 2.4.5 所示。

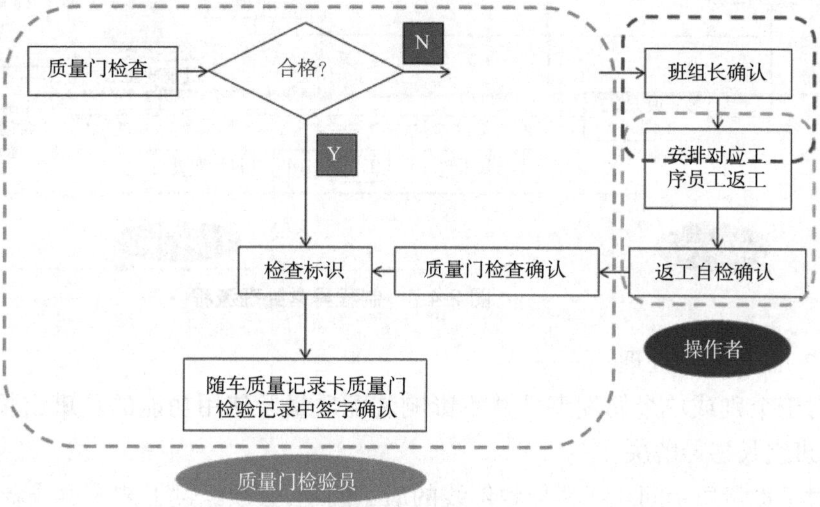

图 2.4.5　质量门检验流程

（4）使用表单：质量门记录卡如图 2.4.6 所示。

货厢质量门记录卡

质量门检验员：　　　　　　　　　　检验日期：

序号	项目	检验内容	确认记录
1	货厢尺寸	随车质量记录卡记录的自检尺寸与互检尺寸都在标准内	

图 2.4.6　质量门记录卡

4.3.4　制程异常处理

（1）定义：制程异常是指在生产制造过程中产生的或发现的零部件质量、装配技术、装配质量等不合格现象进而导致生产线无法进行正常生产甚至导致停线的现象。

（2）流程：制程异常处理流程如图 2.4.7 所示。

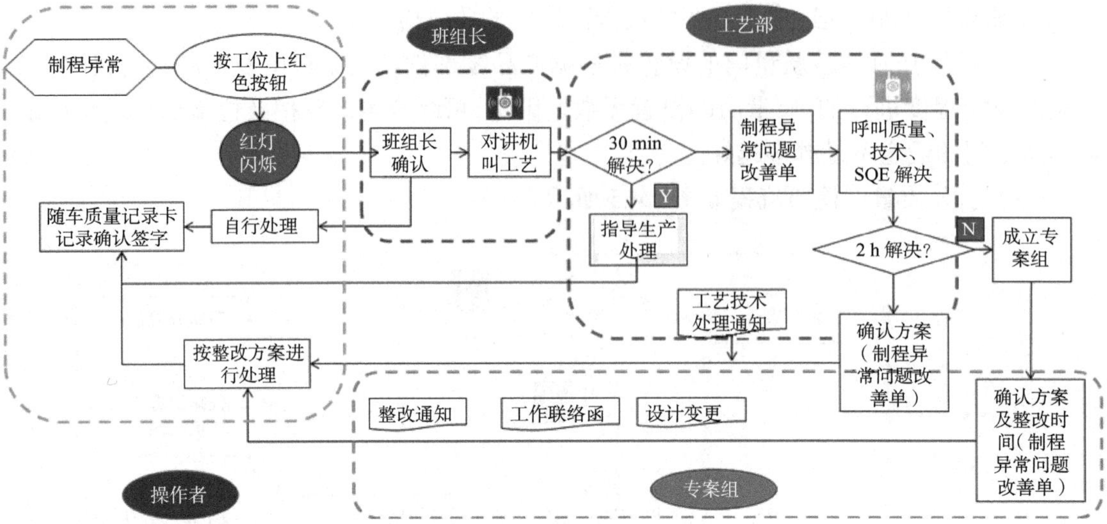

图 2.4.7 制程异常处理流程

(3)制程异常处理。

对于个别或单个偶发事件并不影响装配质量及使用功能的且班组长能自行指导解决的,由班组长指导解决。

对于批量质量问题或者导致停线的质量问题,必须经过工艺人员或者专案组确认,出具整改方案,由工艺部转化为“工艺技术处理通知”(图 2.4.8)或作业文件进行指导解决。

工艺技术处理通知

编号：TT-TPN-2017-013 号

主题	关于王牌货厢内厢灯线束与底盘线束插接头不匹配的临时工艺	下发时间	2017 年 5 月 6 日
产品名称	王牌 3360	产品代号	YJ106

问题描述：

根据生产部反馈，现生产货厢内厢灯线束与底盘线束插接头不匹配，导致线束无法插接、内厢灯无法工作。

临时措施：

1．用斜口钳将内厢灯线束插接头、底盘线束与内厢灯连接的插接头剪断；

2．将内厢灯正极线（红色）与底盘线束正极线（红色）绞接，要求绞接稳固反拉无松脱，如图 1 所示；

3．使用电工胶布将绞接铜芯裸露处缠绕，要求缠绕紧固无铜芯露出，如图 2 所示；

4．将负极线束绞接，要求绞接稳固反拉无松脱，如图 3 所示；

5．使用电工胶布将绞接铜芯裸露处缠绕，随后将线束裸露处全部缠绕至距波纹管管口10 mm 左右，要求缠绕紧固无线束裸露，如图 4 所示。

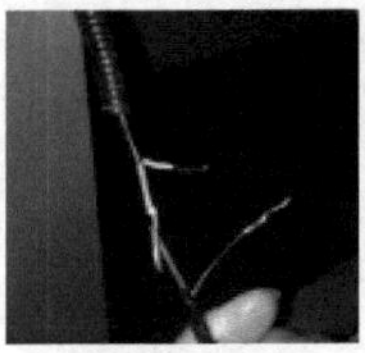

图 1

图 2

图 3

图 4

永久措施：技术中心将底盘线束插接头更改为与货厢线束插接头匹配的型号。

注：此临时工艺执行至技术中心将底盘线束更改至与货厢线束匹配为止。

发送单位：技术中心、质量部、生产部

编制	审核	批准
会签		

图 2.4.8　工艺技术处理通知

（4）使用表单：随车质量记录卡的遗留问题记录卡如图 2.4.9 所示。制品异常改善单如图 2.4.10 所示。

问题记录			
序号	问题描述	返修确认	返修验审
1			
2			
3			
4			
5			
6			
7			
8			
9			
备注： 1. 常规过程问题必须在生产线上处理返修完后才能下线； 2. 异常问题，经过生产、质量、工艺人员确认的问题可进入静态调试返修； 3. 所有项目在交检前必须处理完成。			

图 2.4.9　遗留问题记录卡

制程异常改善单

开单日期: 2016 年 9 月 20 日　　　　编号: YJ-QR-QC-87　　版本号: A0

发生地点	通途工厂	检验数	2	发现时间	2016-09-20
产品名称	5070 厢式货车	不良数	2	开单时间	2016-09-20
产品编号	170975、170574	不良率	100%	开单者(QC)	×××
异常现象说明: 对前期淋雨检验合格的 13 台 5070 厢式整车，抽取 2 台重新进行淋雨验证，其中 170975 货厢有 5 个点漏雨，170574 货厢有 1 个点漏雨。说明货厢防水质量稳定性差，现将该批 13 台车全部判为不合格，在整改合格前不得交付。请重新落实问题根本原因，制订整改措施，整改后重新交检。					确认时间 2016-09-20 QC ×××
(1) 原因分析：				□人□机器□物料 □方法□环境 责任部门： 责 任 人：	提出时间
(1)改善对策及预防措施：					提出时间 生产工厂
(1)改善效果追踪确认:					确认时间 QC 确认者
(2)原因分析:				□人□机器□物料 □方法□环境 责任部门： 责 任 人：	提出时间 工艺部
(2)改善对策及预防措施:					提出时间 工艺部
(2)改善效果追踪确认:					确认时间 QC 确认者
意见栏				质量部经理	
意见栏				生产副总	

图 2.4.10　制品异常改善单

4.3.5　设备、工装、工具等异常处理

(1)设备、工装、工具异常或设备、工装、工具故障，将导致设备停机、工装无法使用或出错、工具无法使用或精度超差从而影响生产或者导致停线，因此设备、工装、工具的点检、维护及设备异常的及时处理是生产顺利进行的基本保障。

(2)流程：设备、工装、工具等异常处理流程如图 2.4.11 所示。

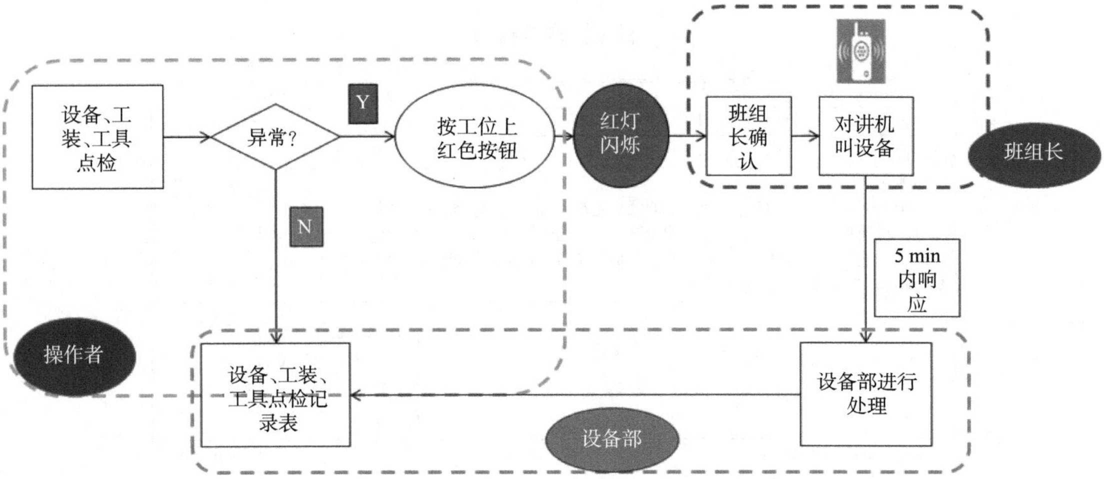

图 2.4.11 设备、工装、工具等异常处理流程

（3）使用表单：设备日常点检登记表如图 2.4.12 所示。

设备名称 ________ 设备型号 ________ 设备编号 ________ ____年 ____月

序号	检项 日期	1	2	3	4	5	6	7	8	9	10	11	12	13	14	15	16	17	18	19	20	21	22	23	24	25	26	27	28	29	30	31
1	开关开启时是否正常																															
2	指示灯是否正常																															
3	紧急停止按钮是否正常																															
4	是否出现异响																															
5	导轨润滑油量是否正常																															
6	丝杠润滑油量是否正常																															
7	链条润滑油是否正常																															
8	锯条是否掉带																															
9	锯条的规格是否与材质、材料相符																															
10	电气部分各按钮开关是否灵活有效																															
11	冷却液液面是否高于液标2/3																															
	检查方法：	开通电源开机，进行看、听、试点检																														
操作人：																																

故障栏	记录重要问题点及故障发生内容、发生了多长时间及维修内容	日期	故障内容	故障时间	解决措施	实施者

注:以上清扫,加油,点检,安全项目操作人每日上班操作前必须完成,完成后在每日对应的框内打"√"并签字，机器若有故障在故障栏按要求填写，本卡每月一张，妥善保管，月底交车间主任后交设备部门统计分析。如机器未使用在对应的框内填"O"字，班组长在确认人所对应的框内签字

标记符号： 标记： 良好 √ 有问题 △ 待修 × 修好 ⊛

班组检查人： 验收人：

图 2.4.12 设备日常点检登记表

4.3.6 物料质量异常处理

（1）每班在开班前，需要对现场物料配置、数量核对并对物料做首检，以保证工作使用

物料的正确性，对于自检发现质量问题的按物料质量异常处理流程进行处理。

（2）流程：物料质量异常处理如图 2.4.13 所示。

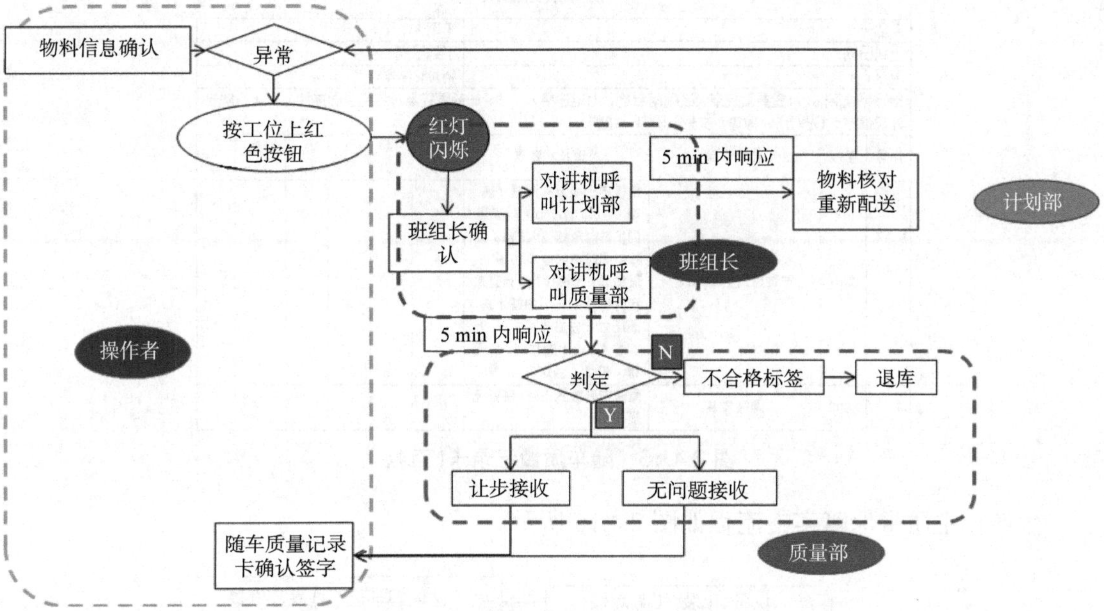

图 2.4.13　物料质量异常处理流程

（3）使用表单：随车质量卡中的问题记录卡如图 2.4.9 所示。

4.3.7　互检

（1）定义：互检就是生产工人相互之间进行检验。

（2）分类：互检主要有下一工序对上一工序流转过来的产品进行检验，小组质量员或班组长对本小组工人加工出来的产品进行抽检等。

（3）流程：互检流程如图 2.4.14 所示。

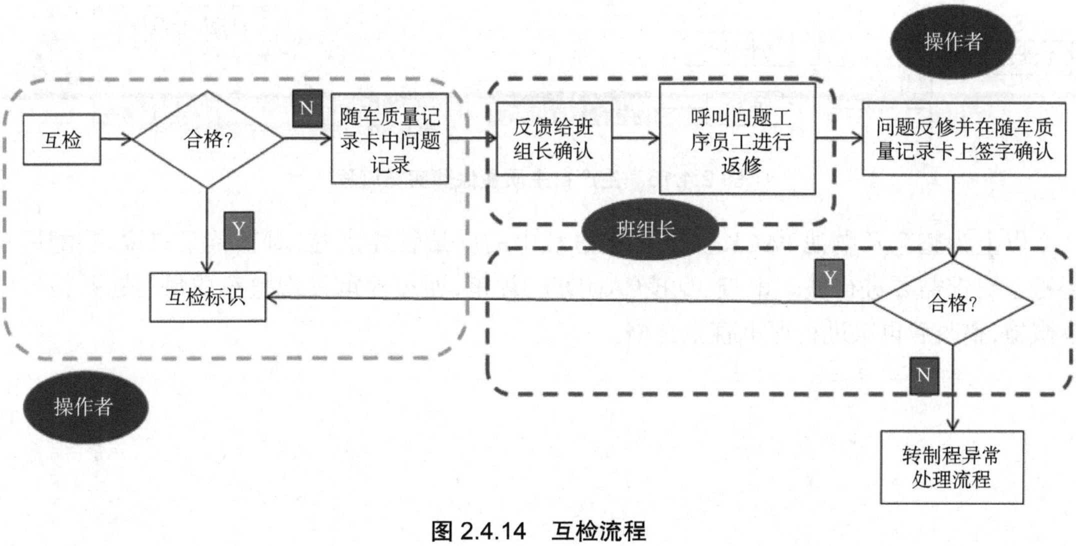

图 2.4.14　互检流程

（4）使用表单：随车质量记录卡（互检）如图 2.4.15 所示。

随车质量记录卡

车型号：				车架 VIN 号：					
上线日期：				下线日期：					
配置：				销售订单号：					
检验等级描述：A:重要管控点（装配前自检、力矩连接） B：一般管控点（结构紧固连接） C：常规外观管控点(无划伤、掉漆、变形、漏装、错装）									
序号	工位	装配项目	关重技术要求	检验等级	自检	互检	巡检	质量门	交检
1	AC01	安装尾门护框总成	前板内表面至尾门框外表面（4 180±5）mm；检查尾门护框对角线差≤5 mm，厢体空间对角线差≤10 mm，无漏钻孔，无漏铆接；检查前板内表面到尾门护框外表面尺寸，左右差≤5 mm，上下差 ≤5 mm；连接板：无漏焊、假焊、虚焊	A					
2	AC02	雨篷安装	雨篷安装位置正确，铆钉无漏装	C					

图 2.4.15 随车质量记录卡（互检）

生产自主质量保障实施流程如图 2.4.16 所示。

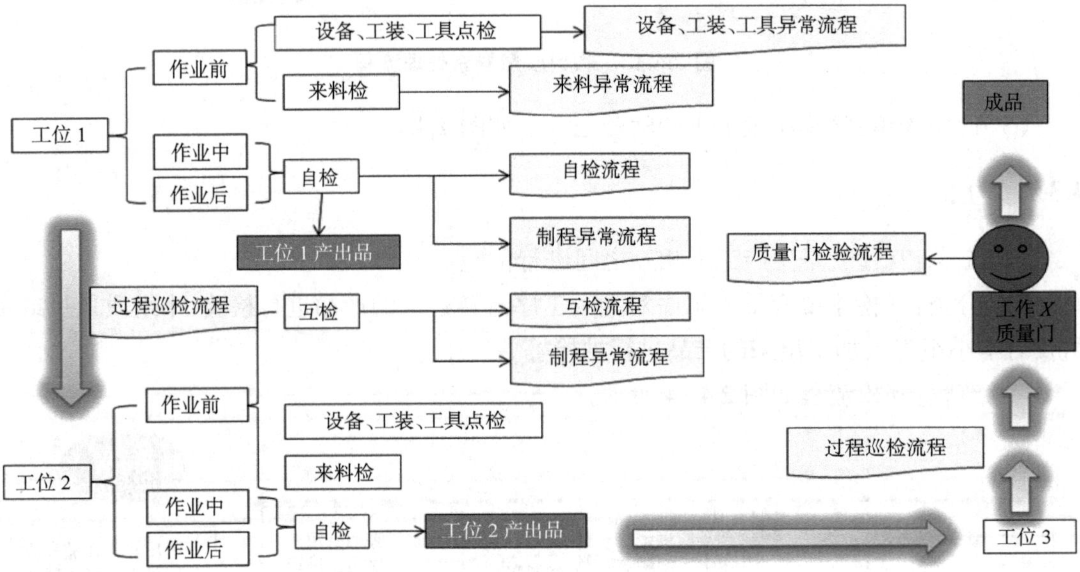

图 2.4.16 生产自主质量保障实施流程

以上为整车及电池 PACK 生产装配过程中的质量管控措施，对于整车来说，装配后是否符合要求需要进行整车审查、复核（AUDIT）评审，通过评审发现整车质量问题并提出整改措施，整改后再次进行评审直至合格。